从企业家到资本家

——中小企业新三板挂牌操作指南

主　编：王　力
副主编：刘　坤　王子松

责任编辑：王素娟
责任校对：李俊英
责任印制：丁淮宾

图书在版编目（CIP）数据

从企业家到资本家：中小企业新三板挂牌操作指南（Cong Qiyejia dao Zibenjia：Zhongxiao Qiye Xinsanban Guapai Caozuo Zhinan）／王力主编 .—北京：中国金融出版社，2015.12

ISBN 978-7-5049-7817-2

Ⅰ.①从… Ⅱ.①王… Ⅲ.①上市公司—企业管理—中国—指南 Ⅳ.①F279.246-62

中国版本图书馆 CIP 数据核字（2015）第 026158 号

出版
发行　中国金融出版社

社址　北京市丰台区益泽路 2 号

市场开发部　（010）63266347，63805472，63439533（传真）

网 上 书 店　http://www.chinafph.com

　　　　　　（010）63286832，63365686（传真）

读者服务部　（010）66070833，62568380

邮编　100071

经销　新华书店

印刷　北京市松源印刷有限公司

尺寸　169 毫米×239 毫米

印张　19.75

字数　350 千

版次　2015 年 12 月第 1 版

印次　2015 年 12 月第 1 次印刷

定价　56.00 元

ISBN 978-7-5049-7817-2/F.7377

如出现印装错误本社负责调换　联系电话（010）63263947

本书编委会

主　编：王　力
副主编：刘　坤　王子松
编委会成员（按姓氏笔画排序）
　　　　　　王　师　朱　峰　刘　宪
　　　　　　李圣刚　杨　璐　张红亮
　　　　　　胡春梅　祝玉坤

序　言

1971 年，美国纳斯达克市场建立之初，看好它的人寥寥无几。自 20 世纪 90 年代以来，纳斯达克从 330 点暴涨至当前的 5 000 余点，创造了几十倍的财富奇迹，汇聚了苹果、微软、谷歌、英特尔、亚马逊等当今全球最顶尖的高科技企业，通过资本的力量驱动着令人叹为观止的创新，重新构建了后工业时代美国领先全球的竞争优势。近年来，纳斯达克市场在交易量、公司总数、流通性及收益率等方面均超过纽约证券交易所（纽约证券交易所是纳斯达克之前全球最大的证券交易所），其成长性是传统证券交易所无法比拟的。纳斯达克的崛起，还使得美国的财富格局由工业、制造业、金融业等巨头向高新技术产业转移，使得美国的竞争优势从工业制造领域逐渐向科技创新领域转移，更造就了比尔·盖茨这样的全球首富以及越来越多的技术精英富豪。可以说，纳斯达克驱动着美国的创新，创造着美国的财富，是美国核心竞争力的重要组成部分。

2014 年以来，被称为中国"纳斯达克"的新三板市场开始强势崛起。不同于 A 股市场主要服务于大型、已盈利的成熟企业，新三板主要面向创新型、创业型和成长型中小微企业。从市场定位来说，新三板与纳斯达克有着天然的相似。在制度建设方面，新三板也是国内市场化程度最高的资本市场。无论是已经施行的"准注册制"挂牌制度、"小额、快速、灵活、多元"的投融资制度、多元交易制度（特别是做市商机制）、以信息披露为核心的监管制度、主办券商制度，还是预期中的分层管理、竞价交易以及转板制度，无不体现出市场化改革的思路，无不围绕着创新型、创业型和成长型中小微企业的成长需求。与现有的场内市场相比，新三板最能适应我国现阶段发展方式转型、产业结构升级和创新驱动战略的需求。

实施市场扩容以来，在数量意义上，新三板市场不负众望。截至 2015 年 8 月，新三板挂牌公司总数达到 3 359 家，远远超过 A 股上市公司的总量，约相当于扩容前挂牌公司数量的 10 倍规模；目前，已与券商签约、正在改制、完成股改、通过券商内核的拟挂牌企业有6 000多家,已形成我国最大的基础性证券市场。如此挂牌效率,使得A股市场相形见绌,既反映出A股市场难以满足大量拟上市公司融资需求的现实,也呈现出新三板市场的蓬勃生机和无限发展前景。

当前,新三板市场仍处于初期发展阶段,还存在许多这样那样的问题。但我们相信,对于定位于服务创新型、创业型和成长型中小微企业的新三板市场而言,问题是可以在发展中得到解决的,中国市场化程度最高的证券市场终将产生出最伟大的企业。未来,不断走向完善和成熟的新三板市场会不会产生中国市值最大的上市公司?会不会培育出中国的因特尔、微软、谷歌?会不会产生中国首富,甚至世界首富?我们拭目以待。

王力
2015年11月于北京

前　言

2013年12月13日，国务院发布《关于全国中小企业股份转让系统有关问题的决定》，使"新三板"突破试点高新区的限制，扩容至全国所有符合条件的企业，这标志着我国在多层次资本市场发展过程中又迈出了关键一步。由此，"新三板"步入发展的快车道，挂牌企业数量由2013年年底的356家猛增至目前的3 359家（2015年8月底），预计年底突破4 000家挂牌企业。并且，在交易制度上引入做市商制度，使挂牌企业股权流动性大为改善，为后续改革奠定了良好的基础。

新三板市场的扩容和发展为投资者与高科技企业带来了新的投资机会和融资渠道，同时也是对建设我国多层次资本市场体系中场外市场的又一次探索，也是国家大力推动产业结构升级、鼓励和实施"创新驱动战略"的有力举措。本书的编写建立在"新三板"迎来全国扩容的背景下，随着新三板挂牌企业的增加以及制度建设的完善，其服务于中小企业的功能越来越强。无论是挂牌公司本身的经营业绩，还是新三板市场的融资与服务功能，都呈现出积极的发展态势。

本次扩容，不仅为中国资本市场注入新鲜血液，也为中小企业开启融资大门，有利于解决企业在发展过程中遇到的管理与资金"瓶颈"问题。同时，吸引众多机构和个人投资者参与到中小企业的发展中来，与其一道分享创业成果、见证中国资本市场的发展历程。另外，企业一旦与资本市场成功对接，成为公众公司，就需要在经营理念上进行一次深刻变革。此次扩容正是借助金融之手，通过市场的调节，让资金流向最有利的地方，恢复经济结构平衡，实现中国经济产业结构升级。

为了让广大中小企业准确理解中国版纳斯达克——新三板的最新规则与动态，更好地帮助企业成功挂牌，早日和资本市场成功对接，特华博士后科研工作站与北京特华财经研究所联合编著此书，期冀能为怀有资本运作梦想的企业家提供帮助。

资本市场的繁荣发展，离不开各类市场机构的参与，全国中小企业股份转让系统的发展为各类市场机构提供了难得的机遇。特华财经研究所作为专业的财经研究机构，始终关注新三板的发展历程，并积极参与新三板企业挂牌服务。工作过程中，特华财经研究所搭建了与国内知名券商、投资机构的合作平台，拓展了与相关政府机构的合作关系，及时掌握了最新的法律政策，从不同的角度确保企业挂牌项目的顺利推进，为挂牌企业节约了大量工作时间与挂牌成本。

　　在我国加快多层次资本市场建设步伐和新三板市场发展提速的背景下，本书主要从拟挂牌企业的诉求出发，以一个从未接触资本市场的中小企业由浅到深了解新三板市场的逻辑为主线，将写作的内容聚焦于中小企业渴望了解的新三板挂牌信息。也就是说，本书以拟挂牌企业的管理层为主要受众对象，详细介绍了什么是新三板市场？哪些企业适合到新三板挂牌？新三板市场能给企业带来哪些好处？企业到新三板挂牌需要满足哪些条件？挂牌的流程包括哪些步骤？挂牌需要花费多少时间和费用？新三板挂牌如何组织实施？挂牌后的融资工具有哪些？我们期望，本书可以为中小企业主的资本市场之路提供最优导航，通过对本书的阅读，企业经营管理者可以快速认识和了解新三板挂牌相关事宜。

　　机遇总是垂青做好准备的人，希望各位企业家顺时应势，把握机遇，借助资本的力量，实现企业的跨越式发展。

目 录

第一章 新三板市场介绍 ... 1
第一节 新三板市场概况 ... 1
第二节 新三板的历史沿革 ... 7
第三节 新三版的功能与定位 ... 10
第四节 什么样的企业适合在新三板挂牌 ... 16

第二章 新三板挂牌的价值 ... 20
第一节 对接全新融资平台 ... 20
第二节 提高股份的流动性 ... 23
第三节 优化公司治理 ... 25
第四节 树立企业品牌形象的广告效应 ... 26

第三章 新三板挂牌条件 ... 28
第一节 依法设立且存续满两年 ... 28
第二节 业务明确,具有持续经营能力 ... 34
第三节 公司治理机制健全,合法规范经营 ... 40
第四节 股权明晰,股票发行和转让行为合法合规 ... 46

第四章 挂牌流程与挂牌所需要的时间、费用 ... 54
第一节 新三板挂牌总流程 ... 54
第二节 新三板挂牌的时间进度 ... 59
第三节 新三板挂牌的费用支出情况 ... 61

第五章　新三板挂牌项目启动阶段 ································ 64
第一节　成立项目组 ·· 65
第二节　选聘中介机构 ·· 66
第三节　召开项目启动会 ··· 74

第六章　股份制改造阶段 ··· 75
第一节　股份制改造流程与组织程序 ··································· 75
第二节　中介机构进场尽职调查 ··· 78
第三节　主办券商拟定股改方案 ··· 80
第四节　股份制改造有关资产评估 ······································ 85
第五节　股份制改造的会计报表审计 ··································· 91
第六节　履行股改法律程序 ··· 93
第七节　股份改制相关问题解读 ··· 95

第七章　尽职调查与材料制作申报阶段 ··························· 104
第一节　尽职调查 ·· 104
第二节　券商内核 ·· 116
第三节　申报材料制作 ··· 119
第四节　向股转系统申报 ·· 126

第八章　挂牌阶段 ··· 127
第一节　股份公司申请在全国中小企业转让系统的审查流程 ······ 127
第二节　挂牌的主要事项 ·· 129
第三节　退市公司的挂牌要求和程序 ································· 142

第九章　挂牌后的工作 ··· 183
第一节　企业挂牌后的持续信息披露的主要内容 ·················· 183
第二节　挂牌后的持续信息披露流程 ································· 186
第三节　证券简称或公司全称变更 ···································· 191
第四节　暂停与恢复转让业务 ·· 192

第五节 权益分派业务 194
   第六节 退出登记的程序 195

第十章 新三板的资本运作 196
   第一节 概述 196
   第二节 银行贷款 197
   第三节 股份转让 199
   第四节 定向增资 204
   第五节 私募债 208
   第六节 股权激励 213
   第七节 并购重组 216
   第八节 转板上市 232

第十一章 新三板挂牌涉税业务解读 234
   第一节 新三板挂牌企业的涉税问题 234
   第二节 存在问题的原因分析 242
   第三节 税务尽职调查 243

附录1 各省市新三板挂牌补贴政策汇总 247

附录2 新三板挂牌企业融资信息表 269

第一章　新三板市场介绍

企业的发展离不开资金的周转支撑，就像人的生命不能没有血液循环一样。对于中短期的融资需求，企业可以借助自身的积累或银行系统的信贷资金得到一定程度的满足。然而，当企业发展到一定规模，需要长期稳定的资金或资本时，民间借贷和银行都无法为企业提供长期的资金支持，只有资本市场（主要是股票市场和债券市场）可以满足企业的这一迫切需求。

我国的资本市场正是伴随着市场化改革早期国有企业的长期资金需求而产生并逐步发展壮大的。从资本市场的发展逻辑来说，市场主体的构成和发展阶段决定了对资本市场发展的要求，由此我国先后建设了主板市场、二板市场（中小板和创业板市场）与新三板市场，分别为不同层次、不同发展阶段的企业提供长期资金支持。如果说，发展主板市场是为了破解大型国有企业发展过程中资金匮乏的问题，发展二板市场是为了给中小型、成长型企业提供长期资金支持，那么发展新三板市场的目的就是为了更好地发挥金融对经济结构调整和转型升级的支持作用，缓解中小微企业融资难，为创新型、创业型、成长型中小微企业发展服务。

第一节　新三板市场概况

"新三板"是业界对"全国中小企业股份转让系统"的俗称，由全国中小企业股份转让系统有限责任公司负责运营管理，背后涵盖了我国场外股份交易从"两网"到"三板"再到"新三板"的漫长历程。目前，新三板服务的范围不再局限于中关村科技园区的非上市股份有限公司，也不局限于天津滨海、武汉东湖以及上海张江等试点地的非上市股份有限公司，而是全国性的非上市股份有限公司股权交易平台，主要的服务对象是创新型、创业型、成长型中小微企业，是我国多层次资本市场建设的重要组成部分。

早期阶段，由于试点范围有限和政策限制，新三板市场挂牌企业数量较少。2013年12月13日，国务院以国发〔2013〕49号文正式发布《国务院关于全国中小企业股份转让系统有关问题的决定》，由此开启了新三板市场的大扩容和大发展时代。经过短短1年又8个月时间，新三板挂牌公司的数量从2013年年末的343家增加至2015年8月底的3 359家，已大幅超过沪深两市的上市公司数量总和，总股本由137.42亿股增加至1 750.80亿股，增长11.74倍。

一、挂牌企业情况

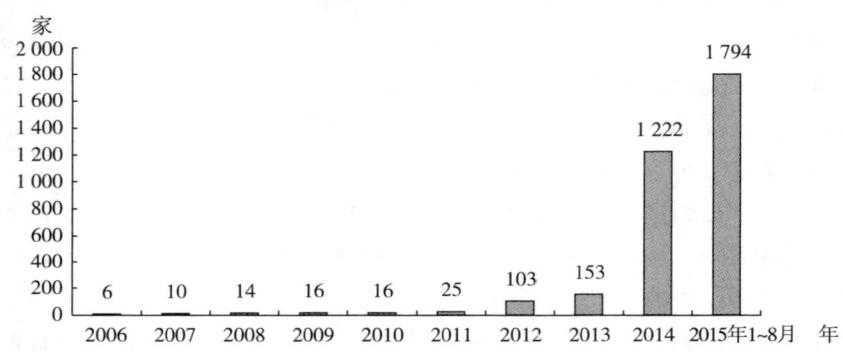

图1-1 新三板市场历年挂牌企业数量（2006—2015）

如图1-1所示，2006—2011年，新三板的试点范围仅限于中关村科技园，挂牌企业数量发展缓慢，6年时间仅有不足百家企业挂牌。2012年，新三板的试点范围增加了上海张江高新技术产业开发区、武汉东湖新技术产业开发区和天津滨海高新区，挂牌企业数量随之有了明显增加。2013年年末，国务院决定将新三板的试点范围进一步扩展至全国，鼓励创新、创业、成长型中小微企业融资发展，企业的挂牌准入条件也随之放宽，新三板挂牌企业的数量随之爆发式增长。其中，2014年度新三板挂牌公司数为1 222家，平均每月增加102家；2015年1~8月份，新三板挂牌公司数为1 794家，平均每月增加224家。照此速度发展，2015年末新三板挂牌数量将超过4 200家，2016年末新三板挂牌公司数量将达到7 000家，2017年末新三板挂牌公司数量则可能超过10 000家。

表 1-1　新三板挂牌公司地域分布统计（截至 2015 年 8 月底）

名次	所属省份	数量（家）	名次	所属省份	数量（家）
1	北京	526	17	陕西	45
2	江苏	430	18	重庆	41
3	广东	390	19	江西	39
4	上海	286	20	云南	36
5	山东	240	21	黑龙江	30
6	浙江	237	22	贵州	28
7	湖北	155	23	吉林	26
8	河南	133	24	宁夏	24
9	安徽	108	25	山西	22
10	福建	100	26	广西	18
11	辽宁	83	27	甘肃	13
12	四川	77	28	内蒙古	13
13	湖南	73	29	海南	9
14	河北	65	30	青海	2
15	天津	63	31	西藏	1
16	新疆	46		总计	3 359

截至 2015 年 8 月末，新三板挂牌企业已完全覆盖境内 31 个省（市）（见表 1-1）。其中，北京地区新三板挂牌企业数量最多，共有 526 家，占全部挂牌公司数量的 15.66%；西藏仅有一家新三板挂牌企业。从表 1-1 中的统计数字来看，接近 2/3 的挂牌企业集中在北京、江苏、广东、上海、山东与浙江等六省市，中西部地区的挂牌企业数量相对较少，与新三板市场的对接程度较低。

按照 Wind 的行业分类标准，新三板挂牌企业分布在工业、信息技术、材料、可选消费、医疗保健、日常消费、金融、能源、公用事业和电信服务十个行业类别中。如图 1-2 中的信息所示，目前挂牌企业主要集中在工业（1 027 家）、信息技术（969 家）、材料（521 家）、可选消费（304 家）、医疗保健（197 家）和日常消费（185 家），其他行业分布较少。

截至 2015 年 8 月末，3 359 家挂牌企业中，3 228 家（或 96.10%）企业属性为民营企业，仅有 131 家（或 3.90%）为国有企业。统计数据表明，新三板挂牌企业在所有制形式上的分布特征，与 A 股上市公司有着巨大的差异。可见，新三板市场为民营企业提供了十分有利的对接资本市场的通道，借助这一通道，民营企业有望借助资本市场的力量，加快企业的发展。

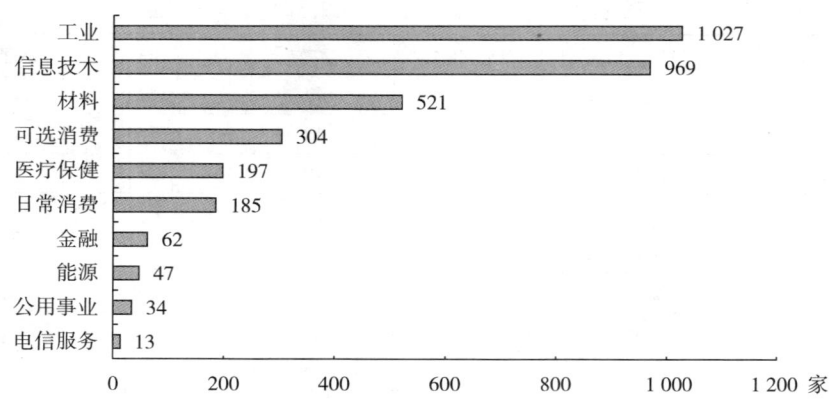

图1-2 新三板挂牌公司行业分布统计

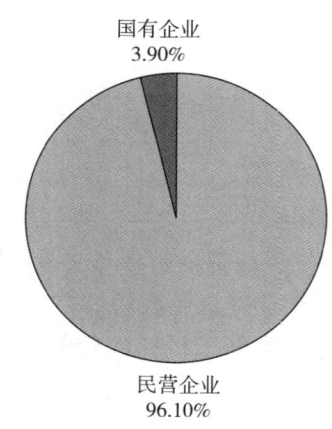

图1-3 新三板挂牌企业所有制形式分布

表1-2　　　　不同省份新三板挂牌企业平均规模指标统计　　　单位：人，万元

	员工数	总营收	净资产	总资产	净利润
安徽	251.59	7 012.70	9 635.07	19 024.50	496.60
北京	174.19	4 822.69	12 203.62	20 044.10	503.35
福建	185.54	5 053.81	9 075.68	21 835.46	317.87
甘肃	153.00	5 897.99	10 986.77	20 998.08	691.26
广东	328.29	8 432.44	14 429.10	29 617.14	701.26
广西	247.22	9 070.28	20 389.89	32 584.83	735.88

续表

	员工数	总营收	净资产	总资产	净利润
贵州	263.74	9 683.93	13 430.82	43 624.18	334.77
海南	366.78	7 365.93	17 536.44	64 953.78	678.95
河北	263.16	7 454.26	10 186.12	20 201.15	616.00
河南	225.81	6 500.49	11 828.51	21 756.20	583.16
黑龙江	194.97	11 985.55	16 378.03	25 488.77	3 342.69
湖北	207.50	5 652.01	7 214.25	15 393.99	236.32
湖南	229.81	6 871.97	14 911.26	85 743.84	1 453.88
吉林	187.23	4 363.58	9 105.81	18 510.23	328.59
江苏	206.38	7 124.36	12 325.95	31 376.63	924.06
江西	323.05	5 305.99	7 469.97	16 096.62	591.13
辽宁	247.41	4 978.06	11 178.53	18 711.47	612.48
内蒙古	171.62	10 292.84	12 906.38	24 094.00	1 387.65
宁夏	162.83	4 316.33	9 464.48	16 610.52	550.42
青海	346.50	5 710.33	15 787.00	25 183.50	129.40
山东	260.94	8 333.59	14 889.10	78 379.55	547.75
山西	119.48	2 787.86	11 130.73	16 434.27	371.60
陕西	215.11	6 565.14	13 865.42	41 227.80	1 208.31
上海	185.05	5 020.21	8 608.15	13 636.95	524.28
四川	248.89	6 574.81	8 156.26	15 685.03	330.89
天津	173.29	7 315.67	9 473.75	21 331.87	389.31
西藏	49.00	168.96	2 174.00	6 165.00	—
新疆	211.64	5 645.66	14 086.20	36 667.04	186.37
云南	168.80	7 884.61	10 551.69	31 588.14	430.41
浙江	254.68	8 161.57	10 001.44	20 237.31	583.03
重庆	362.02	10 960.81	15 798.68	31 581.73	905.71
全国	228.40	6 696.23	11 711.35	28 571.96	629.01

根据新三板挂牌企业披露的 2015 年度半年报数据，从整体情况来看，平均每家新三板挂牌企业的员工数约为 228 人，平均的总资产规模为 2.86 亿元，平均的净资产规模为 1.17 亿元，上半年平均每家企业的应收规模为 6 696.23 万元，上半年平均每家企业的净利润为 629.01 万元。

2015年1~8月份，共有1 087家挂牌企业利用新三板市场成功融资，融资总额491.55亿元。这意味着，仅仅八个月的时间，就有约1/3的公司在新三板市场成功获得了融资，而且平均每家公司的融资额度超过4 500万元。相对于新三板挂牌企业的平均规模而言，这一融资额度非常可观。

二、市场制度建设

2006年1月，新三板作为三板市场的一个试点推出，在交易制度上沿用了证券公司代办股份转让的模式，并在此基础上建立起独特的"股份报价转让"制度。股份报价转让是指代办股份转让系统中专门用于为非上市公司股份提供报价转让服务的技术设施。报价转让方式与在深交所上市的股票交易模式完全不同。该系统是证券公司代办股份转让系统功能的进一步拓展和延伸，主要服务于中关村高新技术园区未上市公司股份转让。股份报价转让加入了更多证券公司的督导因素，同时也由于交易方式过于单一而限制了股份的流动性。除了交易制度外，新三板的交易规则还包含了主办券商制度和信息披露制度。主办券商制度对推荐园区公司挂牌新三板的证券公司规定了资格条件，信息披露制度则是对挂牌公司的重大事项披露要求，虽然标准比主板市场低很多，但仍然是新三板监管制度不可或缺的一部分。

2009年6月，证券业协会发布了新三板改革后的业务规则文件，在原有的交易制度基础上，将新三板挂牌的"股份"账户与深圳股票交易所的"股份"账户合并，并增加了定价委托的交易方式。与此同时，规则文件为新三板建立了一个新的制度——投资者准入，依照这一制度规定，非挂牌公司股东的自然人投资者，将不允许在新三板进行交易。

2013年2月，全国股份转让系统公司发布实施《全国中小企业股份转让系统业务规则（试行）》（股转系统公告〔2013〕40号），同期发布的还有3个通知、4个细则、4个暂行办法及4个指引等配套文件。上述规则和证监会前期发布的《非上市公众公司监督管理办法》、《全国中小企业股份转让系统有限责任公司管理暂行办法》一起构成了全国场外市场运行管理的基本制度框架，搭建了全新的业务规则框架体系。业务规则的调整主要体现在：实施做市商制度丰富转让方式；优化协议转让方式，提供集合竞价转让服务，完善市场定向融资功能；允许公司在申请挂牌的同时定向发行融资；取消了对定向发行新股的限制要求；豁免做市商挂牌前受让的控股股东、实际控制人股票的限售要求；挂牌公司股东人数可以超过200人。

2013年12月，国务院发布《关于全国中小企业股份转让系统有关问题的决定》，明确提出建立转板机制。但这一决定仅限于企业介绍上市（"介绍上市"与IPO首次公开发行上市的区别是没有"公开招股"这一环节，不涉及发行新股或出售现有股东所持股份），而不能发行新股融资。企业要转板上市并发行新股融资，仍需证监会相关部门审批。证监会表示要研究在创业板建立单独层次，支持尚未盈利的互联网和高新技术企业在新三板挂牌一年后到创业板上市。这既为尚未盈利的互联网和高新技术企业登陆创业板指明了路径，同时也明确了新三板转板机制的存在。此举对于进一步增加新三板市场的魅力具有重要意义。

2014年5月，全国股份转让系统公司发布《全国中小企业股份转让系统股票转让细则（试行）》（股转系统公告〔2014〕46号）；2014年6月，全国股份转让系统公司发布《全国中小企业股份转让系统做市商做市业务管理规定（试行）》（股转系统公告〔2014〕48号）。这两份文件共同构成了新三板做市交易的制度规则体系。2014年8月，做市商系统正式上线。截至2015年8月31日，新三板共有83家券商作为做市商，在3 359家挂牌企业中有762家采取做市转让，其中有23家挂牌企业的做市商数量超过10家，挂牌企业联讯证券的做市商数量最多，达到23家。未来，做市商不仅限于券商，将会展开到其他具备条件的金融机构。

第二节 新三板的历史沿革

三板市场起源于2001年"股权代办转让系统"，最早承接两网公司和退市公司，称为"旧三板"。2006年，中关村科技园区非上市股份公司进入代办转让系统进行股份报价转让，称为"新三板"。2012年，经国务院批准，决定扩大非上市股份公司股份转让试点（新三板），首批扩大试点新增上海张江高新技术产业开发区、武汉东湖新技术产业开发区和天津滨海高新区。2013年末，新三板方案突破试点国家高新区限制，扩容至所有符合新三板条件的企业。

一、"两网"短盛长衰

20世纪90年代，为改善国有企业状况，在中央政策的指导下，我国开始了国有企业的股份制改造。但碍于当时意识形态问题，为避免股份制和私有化的争议，国家体制改革委员会采取了在股份制改组中设立法人股，专门向企业法人和内部职工定向募集的折中方法，这部分股份在二级市场上限制流通，基于此，法人股在资本市场发展过程中产生了一系列问题，成为我国资本市场建设中的桎梏。我国的场外市场建设即源于国有企业改制过程中产生的法人股问题。

为了解决国有企业法人股的流通问题，国家体制改革委员会于1990年12月5日，批准全国证券交易自动报价系统（STAQ系统）正式开始运行。STAQ系统是一个基于计算机网络进行有价证券交易的综合性场外交易市场。STAQ系统在交易机制上普遍采用了做市商制度，在市场组织上采取了自律性管理方法，进行法人股的交易。系统中心设在北京，连接国内证券交易比较活跃的大中城市，为会员公司提供有价证券的买卖价格信息以及结算等方面的服务。在当时，STAQ系统的建立，推动了全国证券市场的发展，便于异地证券机构间的沟通。

1993年4月28日，由中国人民银行批准投入NET系统，该系统利用覆盖全国100多个城市的卫星数据通信网络连接起来的计算机网络系统，为证券市场提供证券的集中交易及报价、清算、交割、登记、托管、咨询等服务。NET系统由交易系统、清算交割系统和证券商业务系统这三个子系统组成，系统中心也设在北京。凡具备法人资格并能出具有效证明的境内企业、事业单位以及民政部门批准成立的社会团体，均可用其依法可支配的资金，通过NET系统证券商的代理，才与法人股交易。

由此，我国形成了上海、深圳两家证券交易所和STAQ、NET两个计算机网络形成的两所两网的证券交易市场格局。STAQ系统在早期曾承担了中国第一次国债承销试点，拥有数十家上市公司；NET系统在运行后也发展了7家上市公司，拥有几十万户投资者和200余家证券营业点。但由于中国证券市场分别由不同的机构设立，陷入多头管理局面，NET系统试运行不久，中国证券业协会即向两个法人股系统发出了《暂缓审批新的法人股上市流通的通知》，致使法人股交易迅速走向衰落。"邓小平南方谈话"以及党的"十四大"以后，产权交易市场进入发展的高潮时期。截至1997年1月，据不完全统计，当时全国有100多个地方场外股票交易市场，这给中国的金融系统带来极大的风险隐患。1997年11月，中央金融工作会议决定关闭非法股票交易市场。1998年，亚洲金融危机爆发，在整顿金融秩序、防范金融风险的要求下，《国务院办公厅转发证监会关于清理整顿场外非法股票交易方案的通知》，将非上市公司股票、股票权证交易视为"场外非法股票交易"，予以明令禁止，随后STAQ、NET系统于1999年也相继关闭。无论是STAQ还是NET，都以交易法人股为主，因此，它们一度也被称为"法人股流通市场"。

二、"老三板"昙花一现

"两网"系统停止运行,致使原先挂牌的国有企业法人股无法流通,由此引发一系列问题,为了解决主板退市问题以及原STAQ、NET系统内存在的法人股历史遗留问题,2001年,中国证券业协会开展了代办股份转让系统,指证券公司以其自有或租用的业务设施,为非上市公司提供的股份转让服务业务,代办股份转让系统规模很小,股票来源基本是原NET和STAQ系统挂牌的不具备上市条件的公司和从沪深股市退市的公司。

2001年7月16日,代办股份转让系统正式成立,后被投资者称为"老三板"。第一批挂牌股份为STAQ、NET系统内存在有法人股历史遗留问题的公司,包括大自然、长白、清远建北、海国实、京中兴和华凯等,以及主板退市的水仙、粤金曼和中浩等。之后,其他NET、STAQ系统内的公司如粤传媒、广建等陆续在老三板挂牌交易。而随着2001年A股市场庄股时代终结,大批问题公司在此后5年的熊市中陆续出现,而其中的蓝田股份、北方五环、环保股份、龙涤股份等A股主板市场的退市问题股也不断被扔了进来,老三板市场变成了名副其实归集问题公司和历史遗留问题的"垃圾筒"。在此期间,没有任何NET、STAQ公司成功进入A股主板市场,也没有任何主板退市公司成功回归。

三、"新三板"破茧而出

2003年末,北京市政府与科技部联合向国务院上报《关于中关村科技园区非上市股份有限公司进入证券公司代办股份转让系统进行试点的请示》。历经两年多的筹划准备,中关村科技园区非上市股份有限公司进入证券公司代办股份转让系统进行股份报价转让试点于2006年1月正式启动。同年1月23日,两家中关村高新技术企业——北京世纪瑞尔技术股份有限公司(证券简称:世纪瑞尔)和中科软科技股份有限公司(证券简称:中科软)进入代办股份转让系统挂牌交易,自此,中关村科技园区非上市股份有限公司代办股份报价转让成为三板市场的一部分,由于与"老三板"的挂牌主体明显不同,因此被形象地称为"新三板"。

2012年8月3日,国务院批准扩大非上市股份公司股份转让试点。首批扩大试点除中关村科技园区外,新增上海张江高新产业开发区、东湖新技术产业开发区和天津滨海高新区。

2013年12月13日,国务院以国发〔2013〕49号文正式发布《关于全国中小企业股份转让系统有关问题的决定》，将新三板的试点范围扩展到全国。自此，我国多层次资本市场建设迈出关键性一步，创新型、创业型、成长型中小微企业迎来了对接资本市场的宝贵机会，新三板挂牌企业数量迅猛增长。截至2015年8月31日，"新三板"共有挂牌公司3 359家，涵盖了软件、生物制药、新材料、文化传媒等新兴行业，覆盖了境内全部31个省（市）；2015年前八个月，1 087家挂牌公司完成定向增资，融资总额491.55亿元。

新三板市场的快速发展，一方面是为非上市股份公司提供了有序的股份转让服务平台，方便了创业资本退出，适应了多元化的投融资需求，在鼓励中小微企业建立现代企业制度、完善法人治理结构、提升综合融资能力和规范运作水平等方面发挥了积极作用；另一方面建立了非上市股份公司进行股份转让的监管制度安排和基本运行模式，为进一步完善统一监管下的全国性场外市场积累了经验。

第三节　新三版的功能与定位

一、新三板市场的功能

（一）高科技企业成长的摇篮

根据中国资本市场的现状分析，新三板是创立期高科技企业成长的最佳摇篮。其上市挂牌的条件很宽松，不需要像中小板或者创业板有严格的财务要求。新三板更注重企业的治理结构、发展潜力等软指标，对盈利水平没有硬性要求，这正好契合创立期高新企业的优势。通过市场化的资本平台，高新技术企业不仅可以获得成长所需的资金、技术、市场等各种要素，也完善了市场化的融资、资产价值的评估、公司治理的规范等各种机制安排，从而实现快速的发展。

（二）为挂牌企业带来市场声誉的提高、财务管理的规范和现代公司治理制度的建立

民营企业在创立之初往往并不十分注重严格意义上的企业管理制度，尤其是高新技术企业的创办人更多是技术人才，对规范经营、成本控制方面经验相对欠缺。园区企业在挂牌进入新三板的过程中，券商、会计师、律师等专业人士的尽职调查，适度的信息披露，加上相关部门的监管等，将促使其完善公司治理结构和管理制度，为公司业务的发展壮大提供有力的组织和管理上的支持。Wind资讯的数据统计显示，"新三板"市场大部分公司的总营业收入和净利润出现较大幅度增长。

(三）促进风险投资的发展

"新三板"市场为非上市股份有限公司的股份提供有序的转让平台，形成了合法、有序的股份退出机制，使得风险投资资金能够大胆进入企业，也能够顺利地退出企业，从而能够积极促进风险投资的发展。

（四）多层次资本市场系统的组成部分

在中国公有制多种实现形式、多种经济成分共同发展的形势下，企业的多样性得到了最大限度的展现，由此出现的众多不同类型和规模的企业以及不同风险偏好的投资者也迫切要求着多层次的资本市场。

新三板市场最适宜创立期高科技企业挂牌；企业挂牌并经培育后，不断发展壮大，进入扩展期，具备二板市场上市条件的可转入二板市场上市；企业发展到成熟期，符合条件可转入主板市场上市；反之，则逐级退出。三个层次的证券市场与高科技企业生命周期各阶段形成了有机结合。同时，三个层次的证券市场形成了内在的阶梯式的有机联系，互相促进、互相依赖。

目前，在新三板和创业板、主板市场之间虽没有建立直接的"绿色通道"，但久其软件、佳讯飞鸿等多家新三板挂牌企业通过正常 IPO 流程进入中小板的成功促成了证券业协会随后公布的《关于股份报价公司暂停、恢复股份报价转让有关规定的通知》，这一政策的出台无疑是对转板倾向给予了支持。在不久的将来，根据"升板自愿、降板强制"的原则，在主板、创业板、新三板间建立绿色转板机制，实现多层次资本市场的对接已是必然趋势。

二、新三板市场的定位

在多层次资本市场体系中，新三板有其独特的吸引力。与创业板相比，新三板企业主要有两点区别：一是按照证监会的说法，新三板是承接创新型、创业型、成长型中小微企业的证券市场，相对创业板企业来说，它的规模更小，不需要硬性的财务指标，完全由市场所决定；二是新三板面向的投资群体也不同于创业板企业，不是公众，而是有准入条件的个人投资者和机构投资者。而与区域性股权转让市场的区别则主要在于地方性与全国性。

2014 年 12 月 26 日，证监会发布了《关于证券经营机构参与全国股转系统相关业务有关问题的通知》，从服务、做市、投资、资本、风控、监管六个层面给出指导意见，意在构建证券公司在新三板领域的"综合金融服务"能力，而且应该成为企业的"终身财务顾问"，打通新三板全产业链服务，对新三板市场的发展构成重大利好。

新三板挂牌业务本身并无多少含金量，重要的是企业定增、转板、做市及并购重组等后续增值服务。目前，我国经济正处于"三期叠加"的新常态时期，创新是这个时期的本质，在我国经济转型的关键时刻，只有不断创新，大力发展新三板，才能实现对目前两大交易所的有益补充。经过未来 5～10 年的大力发展，新三板市场总市值如果超过沪深交易所，那将成为真正的"创业板"，成为中国的纳斯达克，那才是新三板的定位所在。

三、新三板与主板、中小板及创业板比较

（一）主板、中小板、创业板市场简介

主板市场即传统意义上的证券市场，是指一个国家或者地区证券发行、上市及交易的主要场所，一般发行量在 1 亿股以上。主板市场对发行人的营业期限、股本大小、盈利水平、最低市值等方面的要求较高，上市企业也大多为大型、成熟、进入稳定成长期的企业，具有较大的资本规模及稳定的盈利能力。中国大陆主板市场的公司在上交所和深交所两个市场上市。主板市场也是资本市场中最为重要的组成部分，在很大程度上能够反映经济发展状况，被称为"国民经济晴雨表"。我国的《证券法》、《公司法》、《首次公开发行股票并上市管理办法》、《深圳证券交易所股票上市规则》、《上海证券交易所股票上市规则》、《中国证券监督管理委员会发行审核委员会办法》、《证券发行上市保荐业务管理办法》规定了公司上市需要满足的条件及基本的程序：公司需要满足主体资格、独立性、规范运行、财务与会计、募集资金运用等一系列严格的标准；经过改制阶段、辅导阶段、审核阶段以及发行上市阶段，最终才能在主板市场上挂牌上市。

中小板块即中小企业板，是指流通盘大约 1 亿元以下的创业板块，是相对于主板市场而言的，有些企业的条件在达不到主板市场的情况下，只能在中小市场上市。中小板是主板和创业板之间的过渡，中小企业板的建立是构筑多层次资本市场的重要举措。中小板公司上市的条件和主板上市的相似，但是，中小板的服务对象明确为中小企业，相对于主板市场而言，中小板在交易、信息披露、指数设立等方面都有一定的独立性。创立中小企业板，主要是为中小企业搭建一个直接融资的平台，有效解决其融资难的问题，从而为中小企业，尤其是为高新技术企业的发展拓展空间，有利于我国多层次资本市场体系的建立和完善。

创业板是定位于专门协助高成长的新兴创新型公司特别是高科技公司筹资并

进行资本运作的市场。在创业板上市的公司需要满足"五新"、"三高"的标准，即"新经济、新技术、新材料、新能源、新服务"和"高技术、高成长、高增值"。创业板市场和主板市场不同，主板市场内的上市公司多为成熟的大公司，而创业板则是一个前瞻性市场，更加注重于公司的发展前景和增长潜力，其上市的标准要低于主板市场。由于创业板的市场是一个高风险的市场，因此也更加注重公司的信息披露。在我们国家，规范创业板上市的法律法规主要包括：《公司法》、《证券法》、《首次公开发行股票并在创业板上市管理暂行办法》、《深圳证券交易所创业板股票上市规则》、《证券发行上市保荐业务管理办法》、《中国证券监督管理委员会发行审核委员会办法》、《创业板市场投资者适当性管理暂行规定》、《深圳证券交易所创业板市场投资者适当性管理实施办法》。创业板发行的准入条件相对于主板来说，发行条件低，保荐人责任更重，创业板发审委独立，信息披露快捷、风险提示加强，公司治理从严、控股股东责任强化，监管重心向交易所倾斜。

（二）新三板与主板、中小板、创业板市场的区别

1. 位于资本市场的层次不同

多层次资本市场，是适应实体经济不同层次的需求逐渐形成的一个市场体系，适应了不同投资人和融资人各自的特点，有不同的标准体系和服务方式，多层次资本市场本身就是风险的多层次管理，实现的方式是对制度的差异化安排。新三板与主板、中小板、创业板最大的区别就是处在资本市场的不同层次，新三板代表整个资本市场的最基础部分。

2. 挂牌前后运作成本不同

与主板、中小板及创业板相比，企业申请在新三板转让的费用要低得多。目前挂牌费用一般在150万～200万元（依据项目具体情况和主办券商的不同而上下浮动），企业新三板市场挂牌后的运作成本每年约30万元。此外，一些国家级高新区和部分地方也出台了相应的鼓励和资金支持政策，很大程度上减轻了拟挂牌企业的费用负担。

3. 挂牌条件及监管组织等方面不同

从表1-3中，可以清晰地看到，新三板在挂牌的条件、监管组织等方面与创业板、主板（包括中小板）都有很大的不同。

表1-3　　　　　　　　新三板与创业板、主板的区别

		新三板	创业板	主板（包括中小板）
监管机构		中国证监会	中国证监会	中国证监会
审核部门		证监会非公部、全国中小企业股份转让系统	证监会创业板发行监管办公室	证监会发行部
审核方式		备案制	核准制	核准制
挂牌条件	1	股份有限公司应当依法设立且存续满两年；有限责任公司按账面净资产值折股整体变更为股份有限公司的，存续期间可以从有限责任公司成立之日起计算	股份有限公司持续经营三年以上；有限责任公司按原账面净资产值折股整体变更为股份有限公司的，持续经营时间可以从有限责任公司成立之日起计算	股份有限公司持续经营三年以上，但经国务院批准的除外；有限责任公司按原账面净资产值折股整体变更为股份有限公司的，持续经营时间可以从有限责任公司成立之日起计算
	2	没有对公司的盈利做出要求	最近两年连续盈利，最近两年净利润累计不少于一千万元，且持续增长；或者最近一年盈利，且净利润不少于五百万元，最近一年营业收入不少于五千万元，最近两年营业收入增长率均不低于百分之三十	最近三个会计年度净利润均为正数且累计超过人民币三千万元
	3	没有持续盈利能力的要求，仅要求有持续的经营能力	有持续盈利能力的要求	有持续盈利能力的要求
	4	发行前股本总额不少于五百万元	发行后的股本总额不少于三千万元	发行前股本总额不少于三千万元
	5	没有对公司重大变化的限制	公司在最近两年内主营业务和董事、高级管理人员均没有发生重大变化，实际控制人没有发生变更	最近三年内主营业务和董事、高级管理人员均没有发生重大变化，实际控制人没有发生变更

除此之外，新三板与创业板、主板（包括中小板）在招股说明书、申报文件规范、信息披露的要求、对投资者的限制以及最小交易单位等方面都有差别。

四、新三板——中国的纳斯达克

（一）美国纳斯达克简介

纳斯达克（NASDAQ）是美国的一个电子证券交易机构，是一个以网络为基础，连接全世界各地投资者的世界性的市场，是由纳斯达克股票市场股份有限公司所拥有与操作的全国证券业协会行情自动传报系统的缩写。纳斯达克由美国全国证券交易商协会于1971年创建，现已成为全球第二大的证券交易市场，现有上市公司总计5 400多家，成为全球支持中小企业融资与发展的一面旗帜，其在美国多层次市场体系建设中处于核心地位，极大地推动了美国中小企业的成长和风险资本的发展。

纳斯达克是全世界第一个采用电子交易并面向全球的股市，而且交易的内容大多与新技术特别是计算机方面有关，它在55个国家和地区设有26万多个计算机销售终端，其上市公司涵盖各种新技术行业。许多在纳斯达克市场上市的企业是全球各行业的领头羊，涉及金融、工业、服务业、消费品等。纳斯达克逐渐成为声望最高的资本市场，吸引了许多全球的优质公司到纳斯达克上市。纳斯达克堪称目前全世界最成功的股票市场之一，它在成长的过程中，逐步形成了一整套独特的制度，构成其核心竞争能力和获得成功的关键因素。

（二）中国的"纳斯达克"

在中国的资本市场中，最先被人拿来和美国的纳斯达克市场进行比较的是创业板，但是中国的创业板无法成为中国的纳斯达克市场。在中国的创业板，制造出来的高市盈率以及首次公开募股的严格审批，实际上都是经济学上的寻租行为，必然会导致价格和价值的背离，扭曲市场的基准曲线。中国现有的财会制度使公司有可能通过营业收入和利润在不同年度之间"调配"出高速成长的"美丽曲线"。可是，公司一旦成功上市，业绩就会难以支撑，造成市场的波动。同时，管理层利用信息不对称，减持股份，也给市场传递了一种高波动性的信号，让市场资金无所适从。此外，我国的创业板上市公司退市制度不完善，转板制度尚未完全建立。至今创业板也没有一家上市公司退市，使创业板自开板以来就面临投机气氛过浓、炒作盛行的局面。

与创业板相比，新三板更像真正意义上的纳斯达克：

（1）从企业上市条件来看，企业在创业板上市需要有相当的盈利能力，并要经过证监会严格的审批。而新三板采用的是备案制，门槛较低，因此能够面向更为早期、更有技术创新特质但是没有获得盈利的公司。它只要求企业的成长空间被资本市场认可,并且获得较高的市值回报,这对于众多拥有无形资产的创新公司而言是尤为重要的。这种宽松的上市标准更适合科技创新型企业的发展。

(2)从行政涉入程度来看,新三板市场受到更小的行政干预,备案审批机构在公司治理和监管方面充分放权。充分尊重市场的选择,从而在更大程度上刺激市场活跃度,让市场机制决定企业优胜劣汰。

(3)从交易制度来看,新三板将采用与纳斯达克市场类似的做市商制度,这是新三板新规的一大亮点。新三板在保留协议转让方式的基础上,一并实施竞争性传统做市商制度,同时提供集合竞价转让服务,以完善市场交易功能。目前,新三板转板制度也是可预见的,新三板挂牌企业达到场内市场上市标准时可以申请转板上市。

随着做市商制度、转板制度等一系列配套制度的逐步落实,新三板将会被打造成真正的"创业板",肩负起完善多层次资本市场、推动创新型国家建设的重任,成为最有吸引力的投融资市场,成为中国的"纳斯达克"。

第四节 什么样的企业适合在新三板挂牌

新三板扩容开闸以来,各类企业闻风而动,甚至一些原本在 IPO 排队的企业在等待无望的情况下,也将目光投向准入门槛较低的新三板。截至 2015 年 8 月底,已经有 3 359 家企业在新三板挂牌,平均每个工作日有 10 家左右企业在新三板挂牌,新三板俨然成为吸引中小企业奔赴资本市场的热土,挂牌企业数年内突破 4 000 家几无悬念。

虽然新三板的准入门槛很低,但低门槛不意味着没门槛,不意味着所有的公司都适合在新三板挂牌。目前,新三板的市场参与者除了挂牌企业,还有监管机构、券商、律师、会计师事务所等中介辅导机构以及个人与机构投资者。对中介辅导机构来说,新三板的挂牌收入并不作为主要,更看重企业挂牌后再融资、转板、做市交易等后端收入,重点推荐的是那些运作规范、创新创业型、成长性比较好的中小企业。对于新三板市场的投资人而言,那些发展前景良好、市场潜力大、盈利能力强的创新型企业自然备受青睐。因此,企业在新三板挂牌,必须结合企业自身的发展战略规划,深刻认知新三板的特点和市场地位,才能真正发挥新三板的挂牌价值。

从目前新三板市场的特点看,除满足新三板挂牌的最基本要求外,以下六类企业适宜在新三板挂牌。

一、技术含量高，处于初创期的企业

高科技企业在成长过程中往往伴随着高风险，很多诸如生物医药、互联网、信息技术等行业的企业，初创期是不赚钱的，没有资金支持往往就夭折了，这类企业通过挂牌新三板，能通过定向增资募集到扩产所需的资金，从而进一步打开公司的经营局面，实现盈利。如果条件较好的企业，还能通过新三板的公众平台，吸引更多创投资金的眼光，为后续发展打下坚实的根基。

北京诺思兰德生物技术股份有限公司是一家典型的代表，2009年登陆新三板时，该公司仅有15名员工，尚处于生物工程新药的研发阶段，尚未盈利的诺斯兰德以21元的高价定向发行股票，受到创投私募机构哄抢，发行189.20万股募集资金约4 000万元。时隔两年后，诺斯兰德于2011年6月份再次启动定向融资，拟发行723万股（含）融资额不超过7 230万元（含）。而2013年该公司营业收入仅185万元，同比下降63.7%，扣除非经常性损益后亏损达1 573万元。在诺思兰德董事长许松山看来，如果没有登陆新三板，想要融资还需要自己出去找投资人，而且很难融到资金，而现在是投资人主动关注诺思兰德，踊跃参与增资。

二、具备一定盈利能力却有发展瓶颈的企业

企业经过初创期后，经历过三五年的发展，有相对稳定的市场地位，具备一定的盈利能力，面临良好的市场机遇，企业的发展诉求非常强烈。这种诉求一方面源自资金，另一方面源自战略转型，而缺少抵押物和担保品成为企业高速发展道路上的"拦路虎"。

这类企业挂牌新三板市场后，一方面可以通过定向发行股票、私募债、优先股、可转债等融资手段募资实现规模化扩张，扩大市场份额；另一方面可以利用新三板挂牌为契机，规范企业内部运作，履行公众公司信息披露义务，让公司迈向新的成长阶段。如新三板挂牌公司联飞翔分别于2010年3月、2011年1月通过定向发行募集资金3 340万元、4 950万元，2012年又完成2 000万元私募债发行，累计通过资本市场融资超过1亿元，实现了企业的快速扩张。

三、未来2~3年有上市计划的企业

新三板是经国务院批准，依据证券法设立的全国性证券交易场所，和主板、

创业板一样,同时接受证监会的监管。公司挂牌后,能提前规范公司的财务、业务、公司治理等问题,在充分披露信息的基础上,择机转板。另外,挂牌后公司成为公众公司,财务数据和经营状况更早暴露在媒体和公众面前,有利于公司树立阳光、透明的公众公司形象,给未来成功上市赢取印象分。

目前 IPO 排队家数高达数百家,按近三年平均的审核速度测算,全部存量 IPO 公司审核完成需要 4~5 年时间,如果考虑到 IPO 暂停等影响因素,上市的时间成本更高,甚至有可能错过企业发展战略机遇。漫长的等待,使四维传媒、凯立德、辰光医疗、太湖股份、扬讯科技、树业环保、普华科技等一些从原拟 IPO 的公司转投新三板。证监会也曾表态,为免因在审时间过长,给企业正常生产经营造成不必要的负面影响,鼓励企业通过新三板挂牌、境外上市等其他方式融资发展。2013 年 12 月国务院颁布的《关于全国中小企业股份转让系统有关问题的决定》(国发〔2013〕49 号文)则明确提出在全国股份转让系统挂牌的公司,达到股票上市条件的,可以直接向证券交易所申请上市交易。

四、受 IPO 政策限定暂时难以上市的企业

相对主板和创业板市场,新三板的包容性更大,对于一些发展较为稳定,也具有较强的盈利能力,但由于行业属性等原因,如担保公司、城商行、小贷公司、PE 管理机构等,受 IPO 政策限定暂时难以上市,但又希望借助资本市场的平台,需要提高产品品牌、影响力和知名度的企业,挂牌新三板可以谋求进一步发展的机会。

如作为本土首家登陆新三板和首家踏足资本市场的私募股权公司九鼎投资,甫一挂牌便赚足了资本圈的眼球,极具有品牌宣传效应。有市场人士说,"九鼎通过挂牌新三板,无异于在资本市场投下一枚重磅炸弹,等于不掏钱做了一场免费的广告。"继九鼎投资之后,此前对新三板纷纷"隔岸观火"的 PE 机构纷纷按捺不住,国内另一家知名投资机构中科招商也挂牌新三板。

五、寻求并购和被并购机会的企业

美国著名经济学家斯蒂格勒评价美国企业的成长路径时说:"没有一个美国大公司不是通过某种程度、某种形式的兼并成长起来的,几乎没有一家公司主要是靠内部扩张成长起来的。"美国企业的成长历史,实际上也是并购的历史。随着国内经济的发展和产业升级转型,兼并收购和产业整合的新浪潮已经不可避免。企业除了迅速增强自身的市场竞争力外,还可以通过并购重组实现业务驱动

的外延扩张或攀附上市公司实现曲线上市,而新三板公司经过挂牌辅导后,企业治理结构、财务规范程度都比普通企业要好,并购重组耗费成本低很多。作为配套措施,证监会出台的《非上市公众公司收购管理办法》和《非上市公众公司重大资产重组管理办法》两个征求意见稿已在征集尾声,相关细则不久将发布。从2014年初至5月底,新冠亿碳、久日化学、指南针、蓝天环保及中讯四方5家挂牌公司因重大资产重组申请暂停、恢复转让,而瑞翼信息则是直接申请终止挂牌,其股东将其手中51%股权换为A股上市公司通鼎光电发行的733万余股股份。

六、尚未盈利的互联网企业

证监会主席肖钢在《清华金融评论》中撰文阐释"如何健全多层次资本市场体系"时提到,改革创业板制度,适当降低财务标准的准入门槛,建立再融资机制,在创业板建立专门层次,允许尚未盈利但符合一定条件的互联网和科技创新企业在创业板发行上市。2014年6月,证监会新闻发言人张晓军在新闻发布会上也表示,证监会研究在创业板建立单独层次,支持尚未盈利的互联网和高新技术企业在新三板挂牌一年后到创业板上市。由于A股估值总体比境外高,这对互联网企业来说是重大利好,更多互联网企业可以通过新三板挂牌在境内上市,获得较高的估值,而投资机构也多了个退出通道。目前,中搜网络、首都在线、亿房信息、莱富特佰、工控网、三网科技、行悦股份、网虫股份等互联网公司已捷足先登,率先在新三板挂牌。借助多重利好,三网科技拟以12.12元/股价格定增约132万股,共募资约1 600万。值得关注的是,股票发行之后摊薄的静态市盈率高190.53倍。

第二章 新三板挂牌的价值

新三板市场设立的主要目标就是为了解决中小企业融资难问题，在新三板挂牌的企业普遍是经营规模小、营业收入有限、利润尚待进一步提升的中小型企业，这些企业挂牌新三版后就具有了挂牌股份转让交易、定向增资等融资手段。理论上来说，通过登录新三板并结合新三板市场现有的融资手段，企业可以建立起规范的企业运作模式、扩大知名度、改善资本结构、解决融资难题，甚至把新三板作为转战 IPO 的跳板。

第一节 对接全新融资平台

一、定向增资

定向增资是指非公开地向特定投资者发行股份的行为。在新三板挂牌的企业性质属于非上市公众公司，不可以公开发行股票向社会公众募资，因此可以通过定向增资的方式，引入战略投资者。2015 年 8 月 22 日，全国中小企业股份转让系统有限责任公司（以下简称全国股份转让系统）在其网站上发布了《全国中小企业股份转让系统股票挂牌业务操作指南（试行）》（以下简称《指南》），该《指南》自公布之日起施行。《指南》对申请挂牌同时定向发行股票的流程做了规定。这意味着挂牌企业期盼已久的新三板融资路径"浮出水面"，在新三板融资的优势更趋明显。

全国股份转让系统发布的《指南》中发现有如下表述：申请挂牌同时定向发行的，可在报送申请挂牌材料后向全国股份转让系统公司挂牌业务部提出在 www. neeq. com. cn 或 www. neeq. cc 披露定向发行意向，以便提升投融资对接效率。这条规定有两层意思：第一层意思是说，在新三板申请挂牌的企业可以同时进行定向增发融资，这就突破了过去不能在挂牌的同时定向增发的限制；第二层意思是说，定向增发的挂牌企业在其指定的网站上披露定向发行意向即可，投融资对接效率将得到提升。

全国股份转让系统这种小额、快速、按需的融资模式特别符合中小企业的需求，有利于提升企业的融资效率。2015 年 1~8 月，新三板挂牌公司完成 1 087 次定向发行，融资 491.55 亿元；2014 年新三板挂牌公司完成 288 次定向增发，融资 84.93 亿元，而 2013 年新三板仅有 60 次定向增发，融资 10.23 亿元。2015 年以来短短 8 个半月，新三板定增融资金额已达上年全年的近 6 倍。值得注意的是，部分新三板挂牌企业定增"体量"丝毫不比创业板小。

二、券商质押式回购

2013 年 8 月 20 日，全国中小企业股份转让系统有限公司召集券商在北京召开了闭门会议。会上提及包括优先股、私募债和可转债等多种再融资工具，随着全国股份转让系统市场功能的逐渐完善和相关细则的出台，挂牌公司可通过中小企业私募债、券商质押式回购、提高银行授信、优先股等多种工具进行融资。

新三板的股票质押融资是中国加快资本市场建设下的时代产物，虽然并不是新鲜事物，但它类似于主板市场的股票质押式回购，可以为新三板公司控股股东、实际控制人提供更多的融资手段。控股股东将公司股票质押获得的资金，可以用于对公司的资本投入，也可以用作其他用途。

一直以来，股权质押融资因为其风险大而难以在小微企业身上实现。而银行面对一些无资质或无抵押的中小微企业，在办理贷款时，审批自然更加严格谨慎，这也造成了中小企业融资难的窘境。股权质押风险太大，金融机构从投资回报角度来考量才不会钟爱股权质押，但也不排除在未来新三板扩容至几千家的时候，会有金融机构出来专门做股权质押。虽说股权质押风险大，但从长久来看依然具有乐观前景，会成为新三板建立服务小微企业的小额、快速、灵活的融资机制的出路之一。

目前，新三板正在酝酿股权质押和回购式证券交易。企业在新三板挂牌之后，公开交易，股权价格很好评估，就可进行股权质押，因为要实现新三板的小微企业快速、灵活融资，最核心的就是要解决股权融资的定价问题。解决了定价问题才谈得上股权融资，而只有解决了股权融资的定价问题，才可以真正实现小微企业小额、快速、灵活的融资机制。

事实上只要企业股份通过挂牌实现标准化和可流动之后，就已经具备了向银行申请质押的条件。目前在新三板市场中，就已经有不少银行为新三板挂牌企业提供此项业务。

但随着新三板交易制度的不断完善，代办券商有望参与到此项业务中来。即新三板企业的大股东或实际控制人将持有的公司股票质押给券商，从券商融入资金用于对公司的追加投资，或者也可以用作其他用途。

券商参与的新三板股票质押业务相对比银行有一定优势。一方面，代办券商作为推荐企业挂牌的中介机构，熟悉企业情况，更容易辨识融资风险；另一方面，在新三板交易所、登记结算公司以及监管机构的共同参与下，股票质押与回购的流程将更清晰，从而提高效率、降低风险。

在券商创新的大链条上，新三板的股票质押融资也可以与资产管理业务结合起来。证券公司为企业提供的资金并不一定要求是自有资金，也可以通过发行定向资产管理计划向投资者募集，如此一来，券商资产管理业务线就多了一项新的固定收益产品，而券商则可以减少该项业务对自身资本金的消耗，同时提升股票质押融资业务的规模。

三、中小企业私募债和可转债

为规范中小企业私募债业务，拓宽中小微企业融资渠道，服务实体经济发展，保护投资者合法权益，上海证券交易所、深圳证券交易所相继发布了《上交所中小企业私募债券业务试点办法》、《深圳证券交易所中小企业私募债券业务试点办法》及配套文件。

所谓中小企业私募债，是指中小微企业在中国境内以非公开方式发行和转让，约定在一定期限还本付息的公司债券。与新三板相同的是，发行中小企业私募债券同样采用备案制，上海证券交易所、深圳证券交易所都将发行中小企业私募债的条件规定为：

1. 发行主体是中国境内注册的有限责任公司或者股份有限公司，主要是针对中小微型企业；

2. 发行利率不得超过同期银行贷款基准利率的3倍；

3. 期限在1年（含）以上；

4. 交易所规定的其他条件。

从中小企业私募债试点办法出台的目的及其设定的条件可知，中小企业私募债是对新三板挂牌企业融资制度的有力补充，私募债给了新三板公司新的债券融资方式。新三板定向融资与中小企业私募债属于相辅相成的关系，在中小企业私募债发行初期，市场普遍认为新三板是券商快速切入私募债发行的重要渠道。由于中小企业私募债对企业存在相关信息披露和财务规范等方面的要求，相对于没有经过资本市场规范的中小企业，新三板挂牌企业均经过券商督导，信息披露规范，财务状况也经过具备资格的会计师事务所审计，因此从快速切入角度来讲，新三板是非常理想的私募债发行资源聚集地。

另外，在新三板挂牌的企业还可以发行可转债，可转债全称为可转换公司债券，在一定条件下可以被转换成公司股票的债券。它具有债权和期权的双重属性，其持有人可以选择持有债券到期，获取公司还本付息；也可以选择在约定的时间内转换成股票，享受股利分配或资本增值。

第二节　提高股份的流动性

股份流动即股权流转，是指股权在不同的法律主体之间的转让与受让的事实。任何一家企业，在其生存与发展过程中，资本制度与股权制度相当于企业的"任督二脉"，一直伴随其左右。资本制度作为企业的其中"一脉"，贯穿着企业的资金注入、投资、融资及并购、资本回收与清算等整个资本运作过程，如果把企业比喻成为一台有效运作的机器，则其无疑是这台机器的硬件部分。

而股权则是投资人对企业所有权的法律上的权利与义务的体现。股权制度更是公司治理的核心，构建并制约着企业所有权与经营权相分离的现代企业制度的建设，其理所当然地成为了企业"任督二脉"中的另外重要的一脉。

分析我国企业发展可知：现代企业制度的建设及公司治理制度的完善，大多是通过股份的流动来实现的，股份的有效流动使得企业的所有权结构能够得到合理配置。企业通过股权架构得出企业是外资或内资的基本属性，股份的流动则清晰地体现着所有者与经营者主体的更迭。因此，股份流动性是企业发展的生命线，是公司治理制度完善以及现代企业制度构建的核心内容。

一、股权的价格发现

价格发现是资本市场最基本的功能，也是实现投融资、资源配置等其他多项功能的前提，因为任何经济要素的价值都需要获得市场认可，并在市场中确定其合理价格。在这个基础上，我们可以期待，在短期的紊乱之后，随着新价格平衡点的确立，一个反映企业真实价值的合理估值体系将逐步形成。新三板的挂牌交易将推动价值再发现。这一点就如同 A 股那些交叉持股的上市公司一样，拥有的是优质企业股权，未挂牌交易之前，大多是隐蔽资产，既未被市场所熟知，也未有一个清晰的定价；但挂牌交易之后，这些优质企业股权资产就会透明，且定价较为清晰。

全国中小企业股份转让系统有限责任公司发布的《全国中小企业股份转让系统做市商做市业务管理规定（试行）》明确规定，挂牌公司股票可以采取做市转让方式、协议转让方式、竞价转让方式之一进行转让。2014年8月18日，全国中小企业股份转让系统（俗称新三板）公告称，做市转让方式拟定于8月25日正式上线。做市制度有利于挂牌公司的价格发现，促进市场发展。做市业务可以为交投清淡的股转系统提供更多的流动性，从而发挥价格发现的功能。

二、股东套现

企业家设立经营企业有成功也有失败，通过艰苦创业取得企业阶段性成功的企业家们，有的欲通过继续努力准备下一阶段的拼搏，期待企业能结出更丰硕的果实；有的因为其他主客观原因无意再继续经营企业。无论是否参与企业的实际经营活动，股权作为一种重要的无形财产均具有非常重要的财产价值和增值空间，这使得股份持有人（股东）可以通过股份的出让来将股份的价值变现，享受自己的投资回报。

新三板在股份限售方面比上市公司的限制要少得多，这就为投资者的股份套现提供了便利，其主要规则有三个：（1）发起人持有的本公司股份，自股份公司成立之日起1年内不得转让；（2）挂牌公司控股股东及实际控制人在挂牌前直接或间接持有的股票分三批解除转让限制，每批解除转让限制的数量均为其挂牌前所持股票的1/3，解除转让限制的时间分别为挂牌之日、挂牌期满1年和2年；（3）公司董事、监事、高级管理人员在任职期间每年转让的股份不得超过其所持有本公司股份总数的25%，公司董事、监事、高级管理人员离职后半年内不得转让其所持有的本公司股份。因此，对于投资者来讲，只要不当"发起人"，不当"董监高"，不是控股股东和实际控制人，就随时可以变现退出。对于创业者来讲，也可以变现退出一部分，改善一下自己的"财务状况"。

三、战略投资者的退出渠道

战略投资者并没有统一的法律概念，但与普通投资者相比，战略投资者具有一系列显著特征。战略投资者具有促进企业业务发展的实力，能长期持股且持股量大，追求长期战略利益并有动力参与公司治理。战略投资者也主要是指为追求长期利益而对企业进行战略投资的投资人。战略投资者一般通过并购、股权转让等方式持有公司股权，介入被并购企业的经营管理，利用自己的优势提升所投资企业的价值，然后自己获得高额投资回报。在战略投资者眼中，其退出机制是否完善是其考量企业优劣的重要因素。

调查显示，自新三板成立以来，由新三板挂牌转板到中小板和创业板的公司共有8家，其中，北陆药业、世纪瑞尔给参与其中的VC/PE机构带来了丰厚的退出回报。加之2013年12月14日全国扩容方案的出台，确认了全国中小企业股份转让系统作为上交所、深交所之外的第三个全国性证券交易场所的地位，必将使得新三板成为战略投资者的退出新选择。一方面，VC/PE行业经历了过去几年的非理性扩张之后，市场成本不断上升，竞争愈加激烈，好项目越来越难以挖掘。新三板的扩容可以为PE机构提供大量可供选择的投资项目，但与传统的Pre-IPO项目不同，新三板公司的商业模式还不太成熟，需要PE机构将投资策略向早期转移。另一方面，受宏观经济形势低迷影响，VC/PE行业持续疲软态势。加之资本市场的内外交困，退出渠道逐步收窄，退出回报率也呈现出下滑趋势。因此，PE机构不得不拓展多元化的退出方式，新三板为其手中的存量股权投资项目开辟了新的可靠退出渠道。

第三节　优化公司治理

公司一旦准备登陆新三板，就必须在专业机构的指导下进行股权改革，明晰公司的股权结构和高层职责。同时，新三板对挂牌公司的信息披露要求比较严格，使企业财务管理更加规范，股权转让合法合规，治理结构更加优化，很好地促进了企业的规范管理和健康发展，增强了企业的发展后劲。企业的规范化运行也有利于挂牌企业引入战略投资者，从而为企业提供管理、技术、销售等方面的支持。因此，中小企业可充分利用场外市场平台进行规范化的改制，包括新三板以及各地在筹建的股权交易中心，以适应市场发展的要求。

一、提高三会治理水平

公司股东大会、董事会、监事会是法人治理的主要结构，新三板挂牌将严格依法对"三会"进行规范，保障"三会"的正常运作，使企业在分工负责、相互制约的原则下，确保其绝对有效进行。

二、理顺"三会"与高管的关系

要建立起健全的公司治理结构必须理顺"三会"（股东大会、董事会、监事会）与高管的关系。在我国的公司治理实践中，很多企业都存在严重的内部控制或管理层控制现象。公司控股股东、大股东身兼数职，集股东会、董事会、管理层大权于一身，监事会形同虚设，一股独大使得控股股东或大股东将公司视为个人私产，无视其他股东利益和公司的独立人格，对公司任意掠夺。股东大会、董事会大多成为管理层履行决策程序的橡皮图章，没有发挥起应有的作用。新三板挂牌将有效地规范和理顺"三会"与高管的关系，在公司内部实现权力制约与平衡。

三、完善内控制度

企业内控制度建设是公司治理规范的必然要求，完善的内控制度是一个公司规模化的必要前提，所谓"无规矩不成方圆"，只有在完善的内控制度下，统一思想，统一标准去执行，才能达到企业整体的和谐，从而提升企业形象、品牌影响力；而不完善的内控体制，只会絮乱公司的正常管理，增加企业管理成本，引发企业内部的不和谐，从而导致企业不健康地发展并失去竞争力。完善的内控制度，将极有利于企业规范化运作。

第四节 树立企业品牌形象的广告效应

一、提升企业品牌形象

美国营销专家菲利浦·科特勒认为，品牌是一种名称、术语、标记、符号或设计，或是它们的组合运用，其目的是借以辨认其他销售者的产品和服务，并使之同竞争对手的产品和服务区别开来。品牌的目标是向购买者长期表达一组特定的属性、利益和服务，而这些特别的属性、利益和服务对产品或服务的目标客户群来说，又必须是正面的，能激发购买欲望、维持品牌忠诚。

在目前的国内市场上，没有打造自己的"品牌"，企业的商品竞争力就很弱，难以实现所有企业家都梦寐以求的附加值——高额利润。

所以说，附加值低是中国企业最大的无奈。因为附加值低，企业缺乏产品研发、管理升级，以及市场推广的投入；没有强势的品牌竞争力，企业商品的市场竞争力就不敌竞争对手，其市场价格自然难以提升，由此就带来了更低的附加值，使企业陷入低水平竞争的怪圈，进入更恶性的循环。因此，对企业而言，品牌竞争力的高低决定着企业与企业之间利润的高低，也决定着产品与产品之间的成功与失败，决定着企业与企业之间的强大与弱小。

挂牌新三板，提升企业品牌形象：

1. 挂牌新三板——实力提升企业品牌

企业在挂牌新三板过程中，经过前期股份制改造、前期资本运作、战略投资者的引入，企业的资本进一步充实，规模进一步扩大。同时，主营业务得以提升，竞争优势得以彰显。良好的主营业务和持续经营能力成为企业实力的外在表现，让企业品牌形象大大提升。

2. 挂牌新三板——规范化提升企业品牌

在新三板挂牌规则的指引下，企业建立起健全的公司治理结构、规范化的运作制度，使企业的各项活动合法合规，内部监督高效有力，公司决策公正透明，经营管理精细精当，权责分明。规范化的公司运作奠定了企业长期稳定发展的制度基础，企业不但得到投资者认可，更建立起了良好的社会影响力、行业感召力和品牌知名度。

3. 挂牌新三板——公众公司提升企业品牌

新三板挂牌企业置身于资本市场公开进行股份流转并履行信息披露义务，由封闭式的自我管理模式，发展成为自觉接受公司投资者监督的公众公司。公众公司具有良好的融资渠道、融资信用，与非公众公司相比更具有品牌价值。

二、增强、拓展企业业务

市场是中小企业生存发展的前提，企业的产品或服务如果没有在市场上实现交易，其价值就无法兑现，企业的生产经营就无法持续进行。对广大中小企业而言，其产品或服务市场的占有率小，如何有效地开拓市场、扩大自身产品或服务的影响力，关系着企业的长远发展。

挂牌新三板，有利于市场开拓。要成功开拓市场，占领市场，除了企业具有良好的产品或服务之外，更需要有意识地进行营销。现在是一个产品或服务高度同质化的时代，没有产品或服务是不可替代的。企业在营销时不只依赖优质的商品，更得依赖良好的企业文化和品牌形象，才能提高消费者对企业的依赖度。挂牌新三板，企业的规模实力、主营业务、公司运作都得到提升，具有了现代化的公司治理模式和文化理念，品牌优势明显。在品牌的感召下，再凭借优质的产品和服务，如虎添翼，在开拓市场的营销中更能占据有利地位。

第三章 新三板挂牌条件

根据《全国中小企业股份转让系统业务规则（试行）》第 2.1 条规定："股份有限公司申请股票在全国股份转让系统挂牌，不受股东所有制性质的限制，不限于高新技术企业，应当符合下列条件：

（一）依法设立且存续满两年，有限责任公司按原账面净资产值折股整体变更为股份有限公司的，存续时间可以从有限责任公司成立之日起计算；

（二）业务明确，具有持续经营能力；

（三）公司治理机制健全，合法规范经营；

（四）股权明晰，股票发行和转让行为合法合规；

（五）主办券商推荐并持续督导；

（六）全国股份转让系统公司要求的其他条件。"

第一节 依法设立且存续满两年

一、依法设立

依法设立是指公司依据《公司法》等法律、法规及规章的规定向公司登记机关申请登记，并已取得《企业法人营业执照》。

解读：

合伙企业、个人独资企业因为在法律上其普通合伙人（或出资人）承担无限连带责任，因此，合伙企业和个人独资企业不可以改制为有限公司或者股份公司。

1. 公司设立的主体、程序合法、合规。

（1）国有企业需提供相应的国有资产监督管理机构或国务院、地方政府授权的其他部门、机构关于国有股权设置的批复文件。

（2）外商投资企业须提供商务主管部门出具的设立批复文件。

（3）《公司法》修改（2006年1月1日）前设立的股分公司，须取得国务院授权部门或者省级人民政府的批准文件。

解读：

实践中拟挂牌转让企业历史沿革中曾有国有企业或者国有创投公司投资退出情形的，需要特别关注其投资、退出时是否履行了国有股权投资、退出的法律程序。

A. 投资时，是否经有权部门履行了决策程序，是否对拟投资的公司进行过评估、备案，是否需要国有资产监督管理部门批准。

B. 增资扩股时，是否同比例增资，如未同比例增资，是否履行评估、备案手续。

C. 国有股退出时是否履行了评估、备案，是否在产权交易所进行了交易，是否需要国有资产监督管理部门批准。

2. 公司股东的出资合法、合规，出资方式及比例应符合《公司法》相关规定。

（1）以实物、知识产权、土地使用权等非货币财产出资的，应当评估作价，核实财产，明确权属，财产权转移手续办理完毕。

解读：

实践中拟挂牌转让的企业为高新技术企业的，多存在股东以无形资产评估出资的情况，中介机构需要特别关注以下几个问题：

A. 无形资产是否属于职务成果或职务发明。如果属于股东在公司任职的时候形成的，无论是否以专利技术或者非专利技术出资，股东都有可能涉嫌利用公司提供物质或者其他条件完成的该等职务成果（职务发明），该等专利技术或者非专利技术应当属于职务成果（职务发明），应当归属于公司。解决方案：因为职务成果或者职务发明已经评估、验资并过户至公司，此种情况下，一般的做法是通过减资程序规范，财务上将已经减掉的无形资产做专项处理，并将通过减资置换出来的无形资产无偿赠送给公司使用，但是此种情况下，该等无形资产研发费用不能计提。需要注意的是，实践中有些地方工商登记部门允许企业通过现金替换出无形资产。

B. 处理无形资产出资不规范问题。大部分工商登记部门因为法律上没有相关规定的原因，拒绝公司通过现金置换无形资产出资的方案，但是减资是公司法允许的方案，工商登记部门容易接受，但是不能进行专项减资，即专项减掉无形资产，会计师可以在减资的验资报告中进行专项说明公司本次减资的标的是无形资产。

C. 无形资产出资是否与主营业务相关。实践中，有些企业为了申报高新技术企业，创始股东与大学合作，购买与公司主营业务无关的无形资产通过评估出资至公司，或者股东自己拥有的专利技术或者非专利技术。后来，因为种种原因，虽然评估出资至公司，但是公司由于主营业务发生变化或者其他原因，从来没有使用过该等无形资产，则该等行为涉嫌出资不实，需要通过减资程序予以规范。

D. 无形资产出资是否已经到位。实践中，有些企业股东以无形资产出资至公司，但是后续并未办理资产过户手续，该等情形一般可根据中介机构的意见在股改前整改规范即可。

（2）以国有资产出资的，应遵守有关国有资产评估的规定。

（3）公司注册资本缴足，不存在出资不实情形。

解读：

实践中，有些公司在创业初期存在找中介公司进行代验资的情形，也有一些从事特殊行业的公司，相关法律规定注册资本达到一定的标准才可以从事某些行业或者可以参与某些项目的招投标而找中介公司进行代验资的情形。该等情形涉嫌虚假出资，大部分企业在财务上处理该等问题时，验资进来的现金很快转给中介公司提供的关联公司，而拟挂牌公司在财务报表上以应收账款长期挂账处理。该等情况的解决方案，一般是公司股东找到相关代验资的中介，由股东将曾经代验资的款项归还给该中介，并要求中介机构将公司目前挂的应收账款收回。如果拟挂牌公司已经将代验资进来的注册资本通过虚构合同的方式支付出去，或者做坏账消掉，则构成虚假出资。该等情形，中介机构需要慎重处理，本着解决问题，规范公司历史上存在的法律瑕疵，在公司没有造成损害社会及他人利益的情况下，公司应当根据中介机构给出的意见进行补足，具体应当以审计师给出的意见做财务处理。

参考案例
出资登记错误

已经在新三板挂牌的北京市 M 网络技术股份有限公司，以下简称 M 公司，是一家专门从事网络会议视频应用平台开发的高新技术企业。

挂牌公司 M 网络技术公司在股份制改造之前为 M 科技有限公司。该公司在 2009 年设立之初时，其中一个发起人股东陆某以非技术专利出资，该股东出资时已经加入外籍，同时出资比重已超过 25%，M 科技有限公司应该注册为外商投资有限公司，但由于公司设立登记时的疏忽，M 科技有限公司被登记设立为内资企业。2011 年，陆某将用于 M 科技有限公司出资的非技术专利退出公司出资，并注销了 M 科技有限公司的股东身份，同时与 M 科技有限公司签署了技术无偿使用协议，由此消除了由于股东身份国籍的误判导致公司所有制登记的错误。对于有限公司设立后两年时间由于股东身份问题对于公司经营造成的损失，M 科技有限公司所有创始人股东联合承担连带责任并补偿公司损失，同时公司所在注册地的工商主管部门出具了公司近两年的合法合规证明。

参考案例
非专利技术资产出资问题

已在新三板挂牌的北京市 C 信息技术股份有限公司，以下简称为 C 公司，是一家专门从事互联网通信应用服务和电信增值服务的信息技术公司。

挂牌公司 C 股份公司在有限公司设立之初，相关出资行为没有经过法定验资机构出具的验资证明，同时有限公司设立无形资产出资超过 70% 比例。对于有关问题，主办券商和中介机构在公司公开转让说明书以及法律意见书中进行了相关披露和解释说明：根据出资当年北京市工商行政主管部门对于优化市场准入条件的有关意见文件内容，投资人以非货币形式资产进行出资的，应当在申请登记注册时提交资产评估报告，工商行政管理部门根据评估报告确定的资产价值确认投资人注册资本的非货币出资额。有限公司设立时各出资人将其货币资金出资存入企业注册资金账户，并按照相关规定提供出资资金证明文件，非货币出资进行评估和审计，符合北京市工商行政管理部门的规定，出资真实明确具有法律效力。

关于非专利技术出资以及无形资产出资比例达到 78% 的问题，主办券商和中介机构认为，根据公司法的相关规定，对于以工业产权、非专利技术作价出资不得超过有限责任公司注册资本的 20%，但国家对于高新技术企业有另行规定。根据 C 公司注册所在地中关村科技园区的相关规定，以高新技术成果进行作价出资占企业注册资本的比重不受限制，C 公司设立出资的非专利技术成果符合中关村园区对于高新技术成果的认定。C 有限公司作为中关村高新技术园区的高新技术企业，利用非技术专利出资比重超过20%，符合有关政策规定。

📌 参考案例
无形资产出资

已在新三板挂牌的西安市C通信科技股份有限公司，以下简称C公司。该公司主要业务是从事军用及民用集成通信系统设备的研发、生产和应用。

C公司及其前身C通信科技有限公司于2002年在西安成立，公司成立时注册资本为50万元。其中，公司实际控制人彭某以货币出资10万元，以非专利技术"多频接入端通信协议技术"出资35万元，股东姚某以非专利技术出资5万元。公司出资总额中的80%，共计40万元为非货币出资，相关出资行为未办理财产转移手续。

根据公司注册所在地高新园区工商主管部门对于公司设立的相关意见规定，股东以非专利技术"多频接入端通信协议技术"出资应当在一个月内办理财产转移手续。2004年初，西安一家会计师事务所给C有限公司出具审计报告，审计报告查证截至2004年1月，公司股东彭某和姚某用于出资的非专利技术所有权归公司所有。

C有限公司彭某和姚某两位股东出资额的比例分别为90%和10%，但根据公司当时登记的股权比例，彭某持有高达95%的股权。公司股权比例与出资比例存在不一致的问题。

根据C有限公司注册所在地高新园区工商管理部门对于高新技术企业有关登记注册管理规定，高新园区内的高新技术企业，如果全体股东一致同意的，股东在公司内所占股权，可以与其实际出资所在注册资本比例不一致。此类出资额比例与股权比例不一致的情况，股东应在公司章程中明确说明。因此，C有限公司股东出资比例与股份比例不一致的情况，符合公司注册地工商部门有关规定。

📌 参考案例
未按股份比例增资

已在新三板挂牌的苏州市K机电设备工程股份有限公司，以下简称K公司，是一家专门从事工业用及物流行业用传送带装置设备的制造企业。

K公司于2001年设立，2003年K公司股东会决定以累计未分配利润增加注册资本270万元，其中股东关某转增240万，股东钱某转增20万元，股东肖某转增 10 万元。根据当时的法律法规和公司章程规定，对于股东转增股本的比例没有做出任何强制性规定，属于股东自行约定的事项。2012 年，K 公司的股东关某、钱某和肖某对此次以未分配利润未按照持股比例进行增资的行为出具了承诺函，明确表示认可此次增资方案，对此表示没有争议。

2012 年，公司股东关某、钱某和肖某以三项专有技术对公司增资履行了评估手续并进行相关验资，对于增资后的公司股份进行了工商登记变更。

同年末，基于对于股东关某、钱某和肖某无法提供充足的证据证明上述三项专有技术为非职务研究成果的考虑，公司召开股东大会做出决议，统一公司的注册资本由 5 700 万元减少为 2 900 万元。K 公司对于上述减资行为履行了全部必要的变更手续，并发布了减资公告，同时完成公司股份变更的工商登记。

K 公司在向主管部门申请新三板挂牌时，主管部门反馈意见中提到，公司章程中缺少关于非上市公众公司监管规定中的部分必要内容，主要体现在，公司章程中没有载明董事会对于公司治理机制是否给所有股东提供合适的保护和平等权利，以及公司治理结构是否合理有效等情况进行的讨论和评估。针对这一问题，K 公司董事会召开特别会议对于相关公司章程的内容进行修改完善。

二、存续满两年

存续两年是指存续两个完整的会计年度。

解读：

根据《中华人民共和国会计法》（1999 修订），会计年度自公历 1 月 1 日起至 12 月 31 日止。因此，两个完整的会计年度实际上指的是两个完整的年度。

三、存续时间起点的确定标准

有限责任公司按原账面净资产值折股整体变更为股份有限公司的，存续时间可以从有限责任公司成立之日起计算。

整体变更不应改变历史成本计价原则，不应根据资产评估结果进行账务调整，应以改制基准日经审计的净资产额为依据折合为股份有限公司股本。申报财务报表最近一期截至不得早于改制基准日。

解读：

改制时，资本公积、盈余公积及未分配利润转增股本按以下情况区别纳税：自然人股东资本公积转增股本时不征收个人所得税；盈余公积及未分配利润转增股本时应当缴纳个人所得税；法人股东资本公积转增股本时不缴纳企业所得税；盈余公积及未分配利润转增股本虽然视同利润分配行为，但法人股东不需要缴纳企业所得税；但是如果法人股东适用的所得税率高于公司所适用的所得税率时，法人股东需要补缴所得税的差额部分。

四、关于公司还处于亏损阶段是否可以改制在新三板挂牌转让

解读：

《公司法》第九十六条规定："有限责任公司变更为股份有限公司时，折合的实收股本总额不得高于公司净资产额。"实践中，公司股改时一般都是以公司净资产进行折股，需要注意的是公司股改时，股东出资已经全部缴纳，即注册资本和实收资本是一致的。因此，公司经审计师审计后的净资产不能低于公司的实收资本，换一种说法就是公司可以亏损，但是不能亏损到审计后的净资产低于实收资本（注册资本），如果审计后的净资产低于实收资本，那只有一种方式就是进行减资，将实收资本减少到低于公司的净资产，当然此种情况减少的注册资本实际是亏损的部分。此种情况可以解决公司股改的问题，但是带来了另外一个问题，公司是否具有持续盈利能力，如果企业是因为过去亏损造成的，但是报告期持续盈利，能够解释清楚的，此问题不会对公司挂牌造成实质性障碍。关于公司应当如何按照净资产折股，除了《公司法》第九十六条的规定，相关法规并没有对净资产折股比例做出规定，一般情况下，折股比例不能低于1:1，即1元净资产折1股。但是大多数情况下，出于谨慎的财务处理企业会留一部分净资产进入资本公积，即一般情况下都是按照1元以上的净资产折1股的方式折股的。

第二节 业务明确，具有持续经营能力

一、业务明确

业务明确，是指公司能够明确、具体地阐述其经营的业务、产品或服务、用途及其商业模式等信息。公司可同时经营一种或多种业务，每种业务应具有相应的关键资源要素，该要素组成应具有投入、处理和产出能力，能够与商业合同、收入或成本费用等相匹配。

解读：

新三板并未对拟挂牌企业提出利润要求，但是如果拟挂牌企业持续处于亏损状态，其挂牌的意义不大，一般中介机构也不会鼓励此类企业到新三板挂牌转让。如果企业为了申请政府补贴或者银行授信贷款或者存在侥幸心理去融资，是完全没有必要的，企业不但要付出一定的成本，而且随着新三板规模的扩大，投资人投资成熟，只有优质的企业才会受到投资人青睐。申请挂牌公司应遵循重要性原则披露与其业务相关的关键资源要素，包括：（1）产品或服务所使用的主要技术。（2）主要无形资产的取得方式和时间、实际使用情况、使用期限或保护期、最近一期末账面价值。（3）取得的业务许可资格或资质情况。（4）特许经营权（如有）的取得、期限、费用标准。（5）主要生产设备等重要固定资产使用情况、成新率或尚可使用年限。（6）员工情况，包括人数、结构等。其中核心技术（业务）人员应披露姓名、年龄、主要业务经历及职务、现任职务与任期及持有申请挂牌公司的股份情况。核心技术（业务）团队在近两年内发生重大变动的，应披露变动情况和原因。（7）其他体现所属行业或业态特征的资源要素。

1. 公司业务如需主管部门审批，应取得相应的资质、许可或特许经营权等。
2. 公司业务须遵守法律、行政法规和规章的规定，符合国家产业政策以及环保、质量、安全等要求。

二、持续经营能力

持续经营能力，是指公司基于报告期内的生产经营状况，在可预见的将来，有能力按照既定目标持续经营下去。

1. 公司业务在报告期内应有持续的营运记录，不应仅存在偶发性交易或事项。营运记录包括现金流量、营业收入、交易客户、研发费用支出等。
2. 公司应按照《企业会计准则》的规定编制并披露报告期内的财务报表，公司不存在《中国注册会计师审计准则第1324号——持续经营》中列举的影响其持续经营能力的相关事项，并由具有证券期货相关业务资格的会计师事务所出具标准无保留意见的审计报告。

财务报表被出具带强调事项段的无保留审计意见的，应全文披露审计报告正文以及董事会、监事会和注册会计师对强调事项的详细说明，并披露董事会和监事会对审计报告涉及事项的处理情况，说明该事项对公司的影响是否重大、影响是否已经消除、违反公允性的事项是否已予纠正。

解读：

A. 关于核定征税问题。实践中上新三板的企业多为创业型企业，部分企业在报告期存在核定征税问题，核定征税的依据是企业规模小、财务不规范。鉴于上新三板的企业只需要两个完整的会计年度，建议公司如存在该等情形，应当尽快与税务机关申请调整为查账征收，并运行两个完整的会计年度后再挂牌转让。

B. 关于补税的问题。中小企业在创业阶段或者发展阶段，隐藏一部分收入问题比较常见。企业拟挂牌转让，经会计师审计后，发现了财务不规范问题，可以通过财务处理解决，但是需要补增值税或者所得税。那么此种情况下，企业需要权衡挂牌转让的利弊。退一步讲，企业迟早要规范、诚信、守法经营，企业主动规范财务问题，补缴税收，税务机关一般不会给予行政处罚。但是如果被税务机关在核查过程发现该等问题，轻则给予行政处罚；重则构成偷税、漏税，触犯刑法，移交司法机关处理。

C. 关于公司是否具有持续盈利能力。根据《全国中小企业股份转让系统业务规则（试行）》相关规定：(a) 申请挂牌公司应披露是否存在与控股股东、实际控制人及其控制的其他企业从事相同、相似业务的情况。对存在相同、相似业务的，应对是否存在同业竞争做出合理解释。申请挂牌公司应披露控股股东、实际控制人为避免同业竞争采取的措施及做出的承诺。(b) 申请挂牌公司应披露最近两年内是否存在资金被控股股东、实际控制人及其控制的其他企业占用，或者为控股股东、实际控制人及其控制的其他企业提供担保，以及为防止股东及其关联方占用或者转移公司资金、资产及其他资源的行为发生所采取的具体安排。(c) 申请挂牌公司应根据《公司法》和《企业会计准则》的相关规定披露关联方、关联关系、关联交易，并说明相应的决策权限、决策程序、定价机制、交易的合规性和公允性、减少和规范关联交易的具体安排等。申请挂牌公司应披露最近两年股利分配政策、实际股利分配情况以及公开转让后的股利分配政策。

✎ 参考案例

行业经营环境恶化

已经在新三板挂牌的天津市S环保节能材料科技股份有限公司，以下简称S公司。公司主要经营用于建筑物外墙保温材料、建筑物节能系统施工安装等。

公司所在行业政策变化不确定。国内建筑保温材料种类繁多，不同材料的燃烧性能、保温性能差别很大。有机保温材料较为容易引发火灾事故，针对近些年频发的建筑外墙保温材料引发的重大火灾事故，公安消防部门出台了一系列规定，对于建筑物外墙保温材料的防火等级做出严格要求，特别是对于防火等级较差的有机保温材料进行了严格的规范和限制。而 S 公司建筑外墙保温材料主要原料为有机物质聚氨酯，材料防火性能难以满足消防部门规定的要求，公司主要产品销售受行业政策变动影响极大。

同时，公司劳务成本及原材料价格对于公司经营成本和利润影响也很大。公司主营业务成本构成中，包括聚氨酯、各种型材在内的原料成本及安装施工过程中的劳务成本构成较大。公司主要原材料价格波动频繁，而建筑施工行业的人工成本处于持续上涨的趋势之中。原材料价格和人工成本将对公司未来经营盈利状况造成极大的不利影响。

此外，公司按照所得税法关于中小型微利企业的应纳税所得标准实行 20%的较低所得税率。公司所得税优惠对于公司净利润影响较大，如果公司经营规模超过税收优惠标准范围，公司须按照 25%标准的所得税率缴纳公司所得税，税收优惠的变化对于公司经营盈利状况将带来较大的影响。

参考案例
行业准入资格

已经在新三板挂牌的北京市 L 通信技术股份有限公司，以下简称 L 公司。公司主要业务是通过国内三大基础电信运营商提供的电信网络平台，为运营商及移动终端用户提供基于 3G 网络平台的移动通信增值服务和综合解决方案。

由于 L 公司主要的产品和服务面向的对象为中国移动、中国电信和中国联通三大基础运营商。公司的移动通信应用平台的建设运营对于三大运营商的网络依赖程度较高，因此，三大运营商对于网络平台具有垄断地位，公司与三大运营商之间的议价能力较差。此外，公司提供产品服务的同类竞争对手较多，如果某家运营商或者旗下的子公司选择其他合作伙伴，公司业务的开展将受到极大的影响。

此外，从行业管制的角度来看，国内对于电信增值服务行业实行严格的牌照管制制度，经营电信增值业务需要国家工信部等主管部门对其资格进行审核并颁发电信业务经营许可证。公司目前业务经营的许可证有效期至 2018 年，如果电信监管部门对于增值电信业务的许可经营政策发生变化，特别是对于经营者资格门槛的限制条件将变得更为严格，将会极大影响公司未来经营资格的获取。

参考案例
关联方依赖问题

已在新三板挂牌的深圳市W数字娱乐科技股份有限公司，以下简称W公司。公司主要从事互联网终端及移动互联网终端界面运营的各类网络游戏制作研发。公司不直接参与网络游戏系统的运营，通过与运营商合作获取收入。

W公司作为网络游戏开发研发企业，其业务经营过程中最突出的问题就是与香港关联公司WH公司关联交易比重过大。2011年和2012年，W公司来自于香港关联公司的关联收入占总收入的比重高达87%和75%，公司业务收入对于关联方构成严重依赖。W公司经营的独立性受到严重影响，公司和有关中介机构从行业经营特点和商业模式的角度对于公司关联交易的必要性和关联交易的合理性进行了专门解释。

按照网络游戏整体产业链进行分析，网络游戏开发主要包括独立开发和合作开发两种商业模式。独立开发是公司完全利用自有技术与自由资金独立进行游戏开发，并在游戏开发完成后将游戏产品的运营权出售或者授权给游戏运营商，通过运营商分成或者买断等手段获取收益。而合作开发模式是公司自主制定游戏开发计划，寻找合作开发商，签订合作开发协议，从合作开发商中获取游戏运营收益。

W公司根据公司自身情况特点和业务发展需要，网络游戏开发选择与关联合作方香港WH公司合作开发。由合作方支付开发成本，W公司进行游戏创意设计、策划、美工和编程等具体开发工作。在开发成果的归属方面，网络游戏产品的所有权和著作权及国内的运营期归W公司直接所有，而网络游戏产品在海外地区的经营权归香港合作方所有。香港合作方公司除了与W公司合作开发网络游戏外，还委托国内其他游戏制作公司进行游戏部分内容制作。W公司选择与香港WH公司进行合作开发的主要原因是，两家公司同时属于香港人余某控制，经过多年的合作，两家公司之间业务合作产生默契，建立了较为稳定的业务合作关系，两家公司在游戏技术和产品开发方面，都会优先选择对方作为合作伙伴。但随着W公司业务规模的不断扩大，公司网络游戏研发能力不断提升，将会寻找更多的合作开发伙伴，建立广泛的合作开发关系，未来关联交易收入比重将会不断下降。

关于关联交易价格的公允性方面，由于公司主要生产和交易的产品网络游戏为非标准化无形资产，每一个网络游戏产品由于游戏内容、形式、技术和面对客户群体都不尽相同，因此，游戏产品价格确定没有公开统一的标准。基于这种情况，W 公司与关联方进行交易价格确定，参照的是同行业上市公司的毛利率水平。通过对比，可以发现 W 公司开发网络游戏产品的毛利率水平要低于行业平均水平。公司和主办券商对于这一差异进行如下解释：目前国内上市的同行业公司既从事网络游戏的开发，也从事网络游戏的运营服务。而 W 公司只从事网络游戏开发业务，不直接从事网络游戏运营服务；由于网络游戏运营服务的毛利率较高，导致公司的主营收入毛利率低于上市公司的水平。同时，W 公司与香港关联公司之间的关联交易定价符合市场规律和公司基本情况，游戏委托开发业务的价格公允并且报告期内基本稳定，不存在损害公司股东利益的情况。此外，公司建立了完善的关联交易管理机制，确定了公司对于重大关联交易行为的审批程序，可以确保公司管理交易行为合理合规。

参考案例
产品服务外包及利润实现的问题

已在新三板挂牌的杭州市 D 创意科技股份有限公司，以下简称为 D 公司，主要从事各类卡通动画片的设计、制作、发行和动漫衍生产品的开发生产销售。

D 公司为了减少制作团队的规模，节省人力成本，优化资源配置，将很多非核心的人力密集型的加工制作环节进行外包，由其他专业的动画制作公司或者工作室完成。公司只负责动画核心元素的设计研发和创作。公司利用制作外包的手段可以在短时期内完成更多数量的动漫产品创造，有利于公司业务较快速度进行扩张。但过多的环节进行外包，将会使得公司动漫产品的创作严重受制于外包制作企业，如果外包制作企业无法按照时间或者按照规定质量完成有关内容制作，公司整个动漫产品开发制作业务将受到极大影响。

公司动漫产品销售所依赖的核心竞争力在于动漫作品人物、情节和内容的认可度和受欢迎程度。虽然公司策划制作的多部以家庭生活为题材的动漫喜剧取得了不错的播出效果，公司创造的一系列卡通人物形象也取得了市场的认可。但由于动漫作品，特别是 3D 动画影片的制作成本巨大，已完成的某部动画影片 XCR，已经完成结转的制作成本高达 250 万元，但通过动画片播放版权的销售收入没有完全实现，使得公司动漫产品的毛利率出现负值。公司正在制作的动画影片 XCR 的后半部分以及其他系列动画片，制作成本共计 5 300 万元，仅仅通过销售动画片播放版权无法全部回收制作成本。而公司对于动漫衍生产品的开发还没有成规模，仅仅制作了与动漫卡通人物形象相关的部分玩具样品，相关产品没有全面开展销售。如果未来 D 公司动漫衍生产品业务没有很好地开展，无法为公司贡献相应的利润，公司动漫产品制作成本将无法覆盖，公司难以维持长期的可持续经营。

3. 公司不存在依据《公司法》第一百八十一条规定解散的情形，或法院依法受理重整、和解或者破产申请。

第三节　公司治理机制健全，合法规范经营

一、公司治理机制健全

公司治理机制健全，是指公司按规定建立股东大会、董事会、监事会和高级管理层（以下简称"三会一层"）组成的公司治理架构，制定相应的公司治理制度，并能证明有效运行，保护股东权益。

1. 公司依法建立"三会一层"，并按照《公司法》、《非上市公众公司监督管理办法》及《非上市公众公司监管指引第 3 号——章程必备条款》等规定建立公司治理制度。

2. 公司"三会一层"应按照公司治理制度进行规范运作。在报告期内的有限公司阶段应遵守《公司法》的相关规定。

3. 公司董事会应对报告期内公司治理机制执行情况进行讨论、评估。

解读：

实践中，拟上新三板的企业公司治理相对较弱，部分企业尚未建立董事会，部分企业董事会成员主要为家族成员。

A. 建议在股改时规范公司的三会一层，存在家族成员控制董事会情形的，适当引进公司管理层或者外部董事。在公司经营状况较好的情况下也可以考虑引入独立董事。

B. 重视公司三会治理制度实际应用，公司经营应当严格按照公司章程等公司制度执行，提早适应挂牌后的信息披露要求。全国股份转让系统对挂牌转让的企业信息披露要求券商进行终身督导，但是因为大部分新三板挂牌企业董事会秘书由主管业务经营的高管兼任，而公司又没有配备较为熟悉资本市场的证券事务代表，甚至大部分新三板企业并没有设置这个岗位。所以，除了公司老板和财务

负责人、董事会秘书了解一定的新三板概况外,关于信息披露、制度建设并不是非常熟悉,甚至很多公司老板都没仔细看过律师为公司起草的三会议事规则、信息披露制度等文件。因此,熟悉规则的人才会利用规则,不熟悉规则的企业即便上了新三板也是形在神不在。

> **参考案例**
> **实际控制人常驻国外**
>
> 已经在新三板挂牌的北京市 M 网络技术股份有限公司,以下简称 M 公司。公司是一家专门从事网络会议视频应用平台开发的高新技术企业。
>
> 挂牌公司 M 公司的实际控制人和主要股东郑某担任公司董事长和总经理职务,也是公司的创始人和主要技术人员。此人于 2009 年通过技术移民的形式获得了新加坡的永久居留权,根据新加坡相关移民法律规定,郑某需要在接下来的五年时间里在新加坡连续滞留三年以上,才可以满足获得永久居留权的条件。由于 M 公司最重要的管理者和核心人物需要在海外蹲"移民监",该公司被迫对于公司管理模式进行相应的调整。公司保留郑某的一切职务和职权,利用公司自有的网络视频会议系统、实时通讯设施等技术条件,可以使得郑某在海外对于国内公司的经营管理活动进行遥控指挥。同时一旦公司经营出现重大问题和突发情况,实际控制人郑某可以随时返回国内。M 公司和实际控制人郑某通过上述安排,以及郑某本人做出的有关承诺,向投资者表明郑某不会因为长期居住在国外而对于公司经营造成不利影响。

二、合法合规经营

合法合规经营,是指公司及其控股股东、实际控制人、董事、监事、高级管理人员须依法开展经营活动,经营行为合法、合规,不存在重大违法违规行为。

1. 公司的重大违法违规行为是指公司最近 24 个月内因违犯国家法律、行政法规、规章的行为,受到刑事处罚或适用重大违法违规情形的行政处罚。

(1) 行政处罚是指经济管理部门对涉及公司经营活动的违法违规行为给予的行政处罚。

(2) 重大违法违规情形是指,凡被行政处罚的实施机关给予没收违法所得、没收非法财物以上行政处罚的行为,属于重大违法违规情形,但处罚机关依法认定不属于的除外;被行政处罚的实施机关给予罚款的行为,除主办券商和律师能依法合理说明或处罚机关认定该行为不属于重大违法违规行为的，都视为重大违法违规情形。

（3）公司最近24个月内不存在涉嫌犯罪被司法机关立案侦查，尚未有明确结论意见的情形。

2. 控股股东、实际控制人合法合规，最近24个月内不存在涉及以下情形的重大违法违规行为：

（1）控股股东、实际控制人受刑事处罚；

（2）受到与公司规范经营相关的行政处罚，且情节严重；情节严重的界定参照前述规定；

（3）涉嫌犯罪被司法机关立案侦查，尚未有明确结论意见。

解读：

《行政处罚法》及相关法律中没有鉴定什么是重大违法违规行为，重大违法违规也不是一个法律概念，实践中律师需要自行判断是否属于重大违法违规行为，但是律师一般都比较谨慎，需要企业到相关行政机关开具受到的行政处罚不属于重大违法违规的证明文件。行政机关在处理企业上市、上新三板比较谨慎，开具的文件也趋向规范化、格式化。比如，企业因发票丢失、财务不规范等原因被税务部门处罚几百或者几千元，或者上万元，如何判断是否属于重大处罚呢？在相关行政法规中有一个情节严重的加重处罚，一般在行政处罚中适用情节严重、造成严重后果的，即便是行政处罚机关出具不属于重大违法违规行为，律师也要慎重做出判断。对于相关行政处罚中，处罚金额不大，如低于10万元，未出现情节严重的事项，明确为一般行政处罚，或者适用简易程序的，或者行政处罚并非针对公司主营业务做出的行政处罚，律师一般均可以自行做出判断。实践中相关行政处罚机关也会根据相关法律法规开具属于一般行政处罚、或者适用简易程序处罚或者情节轻微的处罚，该等情况下，律师基本上可以判断是否属于重大行政处罚行为。

 参考案例

股东个人行政处罚 ▮▮▮▮▮▮▮▮▮▮▮▮▮▮▮▮▮▮▮▮▮▮▮▮▮▮▮▮▮▮▮▮▮▮▮▮

已经在新三板挂牌的天津市S环保节能材料科技股份有限公司，以下简称S公司。公司主要经营用于建筑物外墙保温材料、建筑物节能系统施工安装等。

S公司的非核心股东张某名下的一家建筑安装公司因为没有按照规定日期参

与 2008 年和 2009 年度的工商年检,被天津市工商执法部门出具行政处罚决定书,对于张某的这家建筑安装公司做出吊销营业执照的处罚决定,并对张某个人进行处罚使其承担个人责任,要求张某在建筑安装公司被吊销之后的三年内不得担任任何企业的董事、监事和高级管理人员。由于张某没有在 S 公司担任董事、监事及任何管理职务,也不是公司实际控制人,仅仅是一名普通股东,对于张某的处罚措施没有影响到公司在新三板挂牌。

---

3. 现任董事、监事和高级管理人员应具备和遵守《公司法》规定的任职资格和义务,不应存在最近 24 个月内受到中国证监会行政处罚或者被采取证券市场禁入措施的情形。

解读:

如董监高被列入工商部门企业诚信系统的黑名单,且在报告期的,不能在拟挂牌企业担任董事、监事、高管及法定代表人。

A.《公司法》第一百四十七条第一款第四项规定,担任因违法被吊销营业执照的公司的法定代表人,并负有个人责任的,自该公司、企业被吊销营业执照之日起未逾三年的,不得担任公司的董事、监事、高级管理人员;该条第二款规定公司违反前款规定选举、委派董事、监事或者聘任高级管理人员的,该选举、委派或者聘任无效。

B. 国家工商行政管理总局关于企业法定代表人是否负有个人责任问题的答复(工商企字〔2002〕第 123 号)企业年度检验是工商行政管理机关依法按年度对企业进行检查,确认企业继续经营资格的法定制度,企业应依法接受年度检验,逾期不接受年度检验是一种违法行为。企业逾期不接受年度检验,被工商行政管理机关依法吊销营业执照,该企业的法定代表人作为代表企业行使职权的负责人,未履行法定的职责,应负有个人责任,但年检期间法定代表人无法正常履行职权的除外。根据《企业法定代表人登记管理规定》第四条的规定,因违法被吊销营业执照的企业的法定代表人,并对该企业违法行为负有个人责任,自该企业被吊销营业执照之日起未逾三年的,不得担任法定代表人。该类人员仍然在其他企业中担任法定代表人的,相关企业应按规定办理法定代表人变更登记。相关企业不按规定办理变更登记的,工商行政管理机关一经发现或经举报核实,应责令相关企业限期办理法定代表人变更登记,对逾期不办理变更登记的,工商行政管理机关应依照《企业法定代表人登记管理规定》第 12 条的规定予以处理。

> **参考案例**
> **违法行为整改** ▪▪

已在新三板挂牌的广东省 B 金属制品股份有限公司,以下简称 B 公司。

在 B 公司进行新三板挂牌前两年的 2012 年,广东省中山市工商管理部门对于 B 公司出具行政处罚决议书,执法部门认定 B 公司利用互联网进行引人误解的虚假宣传,属于不正当竞争行为,并责令停止违法行为并消除影响,同时处以 2 万元罚款。事后,公司立即删除了公司网站上的相关宣传文字材料,并认缴了相关罚款。随后的 2013 年,执行处罚决定的广东省中山市工商执法部门认定 B 公司上述行为不属于违反工商行政管理法律法规的行为,鉴于公司已经停止违法行为并进行积极整改,消除了不利影响,并且行为性质不严重没有造成明显的违法后果,上述行政处罚不构成 B 公司新三板挂牌的法律障碍。

> **参考案例**
> **超范围经营问题** ▪▪

已在新三板挂牌的杭州市 D 创意科技股份有限公司,以下简称为 D 公司,主要从事各类卡通动画片的设计、制作、发行和动漫衍生产品的开发生产销售。

D 公司从事的动漫影视作品制作属于影视制作范围,根据广电部门颁发的《广播电视管理条例》,国家对于包括动漫影视片在内的影视作品制作、进口和发行等各个环节实行严格的准入制度。作为制作用于电视播出的动漫节目制作单位,必须经过国家广电总局批准取得广播电视节目制作经营许可证。如果制作的动漫作品以电影的形式进行播出,需要根据国家广电部门的电影管理条例,由广电部门对于电影的制作、发行、放映、进出口经营资格等进行相应规定。

而公司在经营初期存在没有获得广电部门经营许可证的情况下,擅自在自己公司的平台上播映已经制作的动漫作品,违反了广电部门的管理规定。但鉴于公司对于违规行为进行了整改,有关监管部门对于公司超过经营范围的行为没有做出实质性的惩罚决定,同时公司实际控制人苏某和王某夫妇承诺将承担公司一切损失和责任。公司超范围经营问题对于公司经营风险影响较小。

三、不应存在占用资金、资产或其他资源的情形

公司报告期内不应存在股东包括控股股东、实际控制人及其关联方占用公司

资金、资产或其他资源的情形；如有，应在申请挂牌前予以归还或规范。

解读：

常见的关联方：

A. 公司的控股股东，以及其控制的其他企业。

B. 持股5%以上股东，以及其控制的其他企业。

C. 公司的董事、监事及高级管理人员（包括总经理、副总经理、财务负责人等），以及其控制的其他企业。

D. 持股20%以上的被投资单位报告期内公司控股股东占用公司资金、资产等情形的，应当及时清理、归还，并加扣利息，利息可以参照同期银行贷款利息。并建议控股股东出具《规范控股股东占用公司资金的承诺函》予以规范。

同业竞争和关联交易问题，虽然新三板可以容忍同业竞争和关联交易的存在，但是（1）同业竞争如果不能给出合理的解释，很难被全国股份转让系统接受，且全国股份转让系统需要实际控制人出具为避免同业竞争采取的措施及做出的承诺，因此，应当避免存在实际控制人同业竞争的问题。（2）是否存在关联方关系非关联化的情形，例如，与非正常业务关系单位或个人发生的偶发性或重大交易，缺乏明显商业理由的交易，实质与形式明显不符的交易，交易价格、条件、形式等明显异常或显失公允的交易，应当考虑是否为虚构的交易、是否实质上是关联方交易、该交易背后是否还有其他安排；如存在关联交易，需要论证关联方交易存在的必要性和持续性，以及减少和规范关联交易的具体安排。

参考案例
股份转让不同价格

已在新三板挂牌的深圳市G信息技术公司，以下简称G公司。

根据G公司的公开转让说明书显示内容，报告期内G公司存在为关联方垫付款、出借资金、为员工借款等情形。审核部门要求公司补充披露借款的时间、金额、借款归还情况、资金用途以及是否履行公司审批程序等内容。此外，审核部门还连同主办券商及其他中介机构进一步审查公司是否存在股东及关联方企业利用各种变相手段占用公司资金的情况，并有效检查公司资金管理制度以及关联交易制度运行情况，公司是否采取防范股东、关联方和高管员工占用公司资金的相关措施。

主办券商及有关中介机构通过对于公司日常资金往来的调查，发现公司不存在未披露的关联交易和关联方资金占用行为。主办券商及中介机构还要求公司董事会和高管人员对于规范关联交易行为出具具有法律效力的承诺函。

根据调查结果，有关中介机构出具法律意见书，认为G公司在报告期内与各个关联方发生的关联交易公允，不存在损害公司及其他股东利益的情况。同时，公司建立了完善的关联交易行为决策规范机制，明确了关联交易行为的决策程序，相关关联交易的规范规定有利于保护公司和中小投资者利益。

四、财务独立

公司应设有独立财务部门进行独立的财务会计核算，相关会计政策能如实反映企业财务状况、经营成果和现金流量。

解读：

这里需要强调的是我们经常讲的"五独立"，即资产独立、人员独立、财务独立、机构独立、业务独立。资产独立：挂牌公司资产应独立完整、权属清晰，控股股东、实际控制人不得占用、支配公司资产或干预公司对资产的经营管理。人员独立：挂牌公司人员应独立于控股股东。挂牌公司的经理人员、财务负责人、营销负责人和董事会秘书在控股股东单位不得担任除董事以外的其他职务。控股股东高级管理人员兼任挂牌公司董事的，应保证有足够的时间和精力承担挂牌公司的工作。财务独立：挂牌公司应按照有关法律、法规的要求建立健全财务、会计管理制度，独立核算。控股股东应尊重公司财务的独立性，不得干预公司的财务、会计活动。机构独立：挂牌公司的董事会、监事会及其他内部机构应独立运作。控股股东及其职能部门与挂牌公司及其职能部门之间没有上下级关系。控股股东及其下属机构不得向挂牌公司及其下属机构下达任何有关挂牌公司经营的计划和指令，也不得以其他任何形式影响其经营管理的独立性。业务独立：挂牌公司业务应完全独立于控股股东。控股股东及其下属的其他单位不应从事与挂牌公司相同或相近的业务。控股股东应采取有效措施避免同业竞争。

第四节 股权明晰，股票发行和转让行为合法合规

一、股权明晰

股权明晰，是指公司的股权结构清晰，权属分明，真实确定，合法合规，股

东特别是控股股东、实际控制人及其关联股东或实际支配的股东持有公司的股份不存在权属争议或潜在纠纷。

解读:

股权不明晰比较常见的有股权代持、历史上存在职工持股会、集体企业改制程序缺失、历次股权转让中可能存在的诉讼等等。股权代持的核查首先要从公司股东入手,向股东说明相关法律法规的规定,明确股权代持对公司上新三板挂牌转让的法律障碍,说明信息披露的重要性,阐述虚假信息披露被处罚的风险,说明诚信在资本市场的重要性。如果股东能够自己向中介机构说明原因,一般情况下,中介机构可以根据股东的说明进一步核查,提出股权还原的解决方案。核查中需要落实是否签署了股权代持协议,代持股权时的资金来源,是否有银行流水,代持的原因说明,还原代持时应当由双方出具股权代持的原因、出资情况,以及还原后不存在任何其他股权纠纷、利益纠葛。如果股东未向中介机构说明,中介机构自行核查难度较高,但是还是可以通过专业的判断搜索到一些蛛丝马迹,如该股东是否在公司任职,是否参加股东会,是否参与分红,股东是否有资金缴纳出资,股东出资时是否是以自有资产出资,与公司高级管理人员访谈,了解股东参与公司管理的基本情况等。

1. 公司的股东不存在国家法律、法规、规章及规范性文件规定不适宜担任股东的情形。

解读:

A. 《公务员法》规定,公务员不得从事或者参与营利性活动,在企业或者其他营利性组织中兼任职务。公务员因工作需要在机关外兼职,应当经有关机关批准,并不得领取兼职报酬。公务员辞去公职或者退休的,原系领导成员的公务员在离职三年内,其他公务员在离职两年内,不得到与原工作业务直接相关的企业或者其他营利性组织任职,不得从事与原工作业务直接相关的营利性活动。

B. 根据《中国共产党党员领导干部廉洁从政若干准则》(2010 年 2 月 23 日)党的机关、人大机关、行政机关、政协机关、审判机关、检察机关中县(处)级以上党员领导干部,人民团体、事业单位中相当于县(处)级以上党员领导干部,国有和国有控股企业(含国有和国有控股金融企业)及其分支机构领导人员中的党员;县(市、区、旗)直属机关、审判机关、检察机关的科级党员负责人,乡镇(街道)党员负责人,基层站所的党员负责人参照执行本准则,禁止私自从事营利性活动,不准有下列行为:a. 个人或者借他人名义经商、办企业。b. 违反规定拥有非上市公司（企业）的股份或者证券。c. 违反规定买卖股票或者进行其他证券投资。d. 个人在国（境）外注册公司或者投资入股。e. 违反规定在经济实体、社会团体等单位中兼职或者兼职取酬，以及从事有偿中介活动。f. 离职或者退休后三年内，接受原任职务管辖的地区和业务范围内的民营企业、外商投资企业和中介机构的聘任，或者个人从事与原任职务管辖业务相关的营利性活动。

C. 根据《中共中央纪委教育部监察部关于加强高等学校反腐倡廉建设的意见》教监〔2008〕15号学校党政领导班子成员应集中精力做好本职工作，除因工作需要、经批准在学校设立的高校资产管理公司兼职外，一律不得在校内外其他经济实体中兼职。确需在高校资产管理公司兼职的，须经党委（常委）会集体研究决定，并报学校上级主管部门批准和上级纪检监察部门备案，兼职不得领取报酬。学校党政领导班子成员不得在院系等所属单位违规领取奖金、津贴等；除作为技术完成人，不得通过奖励性渠道持有高校企业的股份。要加强对领导干部遵守党的政治纪律、贯彻落实科学发展观、执行民主集中制、遵守廉洁自律规定和执行党风廉政建设责任制等情况的监督。

D. 未成年人可否成为公司股东问题。根据《国家工商行政管理总局关于未成年人能否成为公司股东问题的答复》（工商企字〔2007〕131号）：《公司法》对未成年人能否成为公司股东没有做出限制性规定。因此，未成年人可以成为公司股东，其股东权利可以由法定代理人代为行使。

2. 申请挂牌前存在国有股权转让的情形，应遵守国资管理规定。

3. 申请挂牌前外商投资企业的股权转让应遵守商务部门的规定。

二、股票发行和转让合法合规

股票发行和转让合法合规，是指公司的股票发行和转让依法履行必要内部决议、外部审批（如有）程序，股票转让须符合限售的规定。

1. 公司股票发行和转让行为合法合规，不存在下列情形：

（1）最近36个月内未经法定机关核准，擅自公开或者变相公开发行过证券；

（2）违法行为虽然发生在36个月前，目前仍处于持续状态，但《非上市公众公司监督管理办法》实施前形成的股东超200人的股份有限公司经中国证监会确认的除外。

解读：

股东超过200人问题一直是此类企业上市的硬伤，《非上市公众公司监督管理办法》实施后，历史上超过200人股东的企业可以通过新三板走向资本市场。

2. 公司股票限售安排应符合《公司法》和《全国中小企业股份转让系统业务规则（试行）》的有关规定。

3. 在区域股权市场及其他交易市场进行权益转让的公司，申请股票在全国股份转让系统挂牌前的发行和转让等行为应合法合规。

4. 公司的控股子公司或纳入合并报表的其他企业的发行和转让行为需符合本指引的规定。

参考案例
国有股份转让及出资问题

已在新三板挂牌的北京市C信息技术股份有限公司，以下简称为C公司，是一家专门从事互联网通信应用服务和电信增值服务的信息技术公司。

根据公司公布的挂牌前股权结构，公司拥有2个国有法人股东和11个自然人股东。其中，控股股东C集团为市属一家消费品制造销售企业，通过直接和间接的手段累计持有C公司65%的股份，挂牌公司股权性质属于国有控股的股份有限公司。由于新三板管理办法中对于申请在新三板挂牌的公司不受股东所有制的限制，该挂牌公司符合境内挂牌股份有限公司的条件。

2003年，C公司控股股东C集团联合原有技术团队9人以120万元出资成立有限公司。其中，无形资产出资100万元，货币资金出资20万元。C集团董事会通过了《关于利用集团公司开发的工业企业制造管理系统非专利技术奖励方案》，决议将此项技术按照参与研发的人员贡献大小给予分别奖励，并一同出资成立C股份公司的前身C信息技术有限公司。

对于C公司的技术无形资产出资问题，主办券商及其他中介机构对于用于出资的非专利技术的权属情况、国有资产评估备案情况以及有限公司设立时国资主管部门的批复文件、有限公司设立程序及公司将非专利技术无形资产对于员工以股份出资的形式进行激励是否符合有关国有资产主管部门的相关规定进行了专项研究核查。

经过律师调查核实，根据北京市属国有企业对外投资管理相关规定，C集团作为国有控股企业集团，对于下属企业进行50万元以下的长期股权投资时，由企业集团内部自行决定。而C控股集团对于C信息技术有限公司进行投资设立时，C 控股集团实际出资金额为 49 万元，符合上述相关规定。同时，C 控股集团在对于 C 信息技术有限公司进行出资时，也向上级市属轻工业和国资主管部门进行了信息备案，对于有关投资事项进行了确认。

不过 C 控股集团在利用非技术无形资产对外投资出资时，未按照国家国资主管部门关于国有资产评估的有关规定，对非专利技术进行资产评估，出现程序操作方面的瑕疵。但根据上级工业和国资主管部门对于 C 控股集团经营问题的指导意见，认为 C 控股集团对外投资设立 C 信息技术有限公司时，虽然非货币资产出资没有进行相应的资产评估程序，但该出资资产国有产权明晰，资产权属不存在纠纷问题，同时出资行为没有造成国有资产流失，没有损害国有权益。

关于 C 股份公司的控股股东国资集团利用非专利技术对于员工进行激励的问题。主办券商中介机构认为，C 控股集团完成了该项非专利技术的项目研发试验和交付，技术权属上不存在争议。2003 年，C 控股集团投资设立信息技术公司的当年，C 控股集团董事会召开专门会议通过了利用该非技术专利进行员工激励的实施方案。根据《科学技术进步法》、《促成科技成果转化法》、《北京市科委关于促成科技成果转化若干规定的实施办法》等法律法规和政府规定，将该非专利技术成果以股份激励的形式奖励给 C 控股集团的 9 名对于该成果研发做出贡献的核心技术人员，有关行为符合国家关于科技成果转化的有关规定。并且，C 控股集团的主管部门出具了官方确认意见，出资奖励行为没有造成国有资产流失，并未损害国有权益。

挂牌公司 C 公司进行股份公司改制之后，其控股股东 C 控股集团公司将持有的 15% 的股份公司股份以无偿划转的转让形式转于同属于市属国资系统的 T 工业投资集团。对于上述国有股份划转问题，主办券商和中介机构认为：根据国务院、国资委关于国有资产监督管理的有关规定，北京市属国资管理部门对于 C 控股集团和 T 工业投资集团之间的国有股权划转行为进行了专门的批复，同意了此次无偿划转行为，此次股份划转行为履行了必要的内部决策和国有资产转让审批程序，不存在程序上的问题。

◆ 参考案例
股份转让不同价格

已在新三板挂牌的深圳市 G 信息技术公司，以下简称 G 公司。G 公司前身 G 科技有限公司成立之初，股东池某在业务、资金等方面给予公司很大帮助，因此有限公司创始股东林某和陈某为表示对于池某的感谢，愿意以低价向其转让公司股份。此次股权转让涉及的其他受让方对此情况充分了解，并表示认可。

此次股权转让的转让方与除了池某之外的其他受让方参考了公司2010年末的净资产值4 700万元，经过协商确认了转让价格。由于部分股东与控股股东林某存在亲属关系，因此部分股份转让价格较低，股份转让方及其他受让方对此次转让没有异议。

新增股东乔某希望从原有股东林某处以820万元的总价受让160万元的出资额，而股东林某仅愿意出让120万元的出资额，二者最终的差距为40万元出资额。经过林某、乔某和股东陈某的三方协商，最终确定由陈某转让40万元的出资额给予乔某，转让总价为230万元。而林某持有的120万元出资额，则以730万元的价格转让与乔某，最终林某转让给乔某的股份价格略高于陈某转让与乔某的股份价格。

2011年，上述股东股份转让完成后，全体受让股东和转让股东签署了书面确认书，并承诺接受上述股份转让存在的价格差异，对于股份转让的真实合法性表示认可，认为股份转让不存在争议。

参考案例
股东身份问题1

已在新三板挂牌的天津市M精密机械制造股份有限公司，以下简称为M公司，主要从事大型石油化工、煤化工、医药、能源、食品等行业进行产品检验检测、技术研发和产品生产过程中所需的精密化工实验装备的生产销售活动。

M公司的第二大股东为某国家级化学工程研究院下属的新技术研究所，持股比例为19%。对于股东身份适应性的问题，公司及相关中介机构出具的法律意见书中提到，根据国家工商总局对于企业登记注册的有关政策法规规定要求，事业单位可以作为股东开设企业法人。2003年，某国家级化学工程研究院化工新技术研究所作为股东出资设立M公司前身有限责任公司，同时研究院上市主管部门科技部也没有对于研究所开设企业进行任何限制和禁止。化工新技术研究所投资设立M公司符合国家鼓励科研院所开设企业的政策规定。同时，新技术研究所作为股份身份经过了工商主管部门登记确认，研究所作为公司股东具有适应性。

公司股东之一的郭某持有公司7%的股份，是公司主要的管理人员和核心技术创始人。郭某同时担任化学工程研究院化工新技术研究所研发室主任。对于股东身份资格的问题,公司及相关中介机构在出具的法律意见书中说明,某国家级化学工程研究院化工新技术研究所的主管单位科技部门对于研究院以及研究所仅对院长、所长和院所党委书记等领导职务对外兼职或者投资有政策限制。而郭某不属于研究所和研究院的主管领导,不受相关任职限制。

此外,郭某从M公司设立之初一直担任公司的管理者,同时持有M公司7%的股份,不违反国家有关法律法规政策,也没有违反化工研究院及其主管部门的规章制度。郭某担任化工新技术研究所研发室主任根据某国家级化学工程研究院主管领导出具的证明,郭某的职位属于科室负责人,不属于行政领导干部,不受有关政策限制制约。同时郭某在M公司担任管理职务的时间内,一直勤勉尽责地履行公司职务,其担任新技术研究所研发室主任的情况没有影响在M公司履行管理职责。因此,郭某作为化工新技术研究所研发室主任的身份持有M公司的股份并担任管理职务具有合规性。

◆ 参考案例
股东身份问题2

已经在新三板挂牌的重庆市K矿业机电工程股份有限公司,以下简称为K公司。公司主要产品为应用于煤矿及其他矿井井下防爆安全设施。

1993年,某省一家煤化工企业的重庆办事处向K公司投资50万元,而该煤化工企业的重庆办事处不属于法人主体资格,股东身份存在问题。针对上述情况,公司挂牌过程中主办机构认为,现有的公司法实行于1994年,1993年增资时使用的法律规定为《企业法人登记管理条例》及其细则,根据当时的法律法规,对于企业法人的出资主体资格条件的规定,没有禁止不具有法人资格的单位对企业法人进行出资。同时本次出资行为取得当时工商主管部门的审批同意,增资行为合法有效。K公司就此次增资行为与煤化工企业重庆办事处签订了合资经营合同,并由煤化工企业重庆办事处的负责人出具了确认函。本次增资取得工商主管部门的审批同意,结合当时特定历史条件,增资程序合法有效。随后该煤化工企业集团总部安排由其下属一家具有法人资格的运输销售公司替代重庆办事处持有K公司股份。

2001年,某省煤化工集团下属运输销售公司将持有的50万元K公司股份以45万元的价格转让于江某,此次国有股权转让价格低于注册资本。根据当时通行的国有资产评估管理办法,履行了资产评估程序,而本次股权转让中,由于K

公司经营业绩不佳，公司业务处于亏损状态，同时运输销售公司急需低价转让 K 公司股份换取资金用于自身主营业务，经过某煤化工企业集团总部的同意，与企业集团总部签署付款协议，股权转让符合当时的法律规定。

2005 年，出于扩大公司经营规模和资本实力的需要，某矿业集团公司以资本公积金转增注册资本的形式向 K 公司增资 70 万元。增资由有限公司的股东会决议通过，并履行了验资程序，但是没有履行严格的国有资产出资审批程序。当时主办的中介机构解释为：该矿业集团公司上面主管国资部门对于矿业集团公司持有 K 公司股权期间的增资行为没有提出任何异议，矿业集团公司所持有的股权在经过矿业集团公司内部董事会审议通过后，以评估后的价格在西部联合产权交易所进行公开挂牌转让，矿业集团公司在已经履行严格的国有资产转让程序后全部退出 K 公司，现在与 K 公司没有任何股权争议和纠纷。

参考案例

公司股权质押问题

已在新三板挂牌的杭州市 D 创意科技股份有限公司，以下简称为 D 公司，主要从事各类卡通动画片的设计、制作、发行和动漫衍生产品的开发生产销售。

D 公司的主要股东和实际控制人为苏某和王某夫妇，二人分别持有 D 公司 35% 和 33% 的股份，共计持有公司 68% 的股份，在 D 公司占有绝对的控股地位。而苏某持有的 500 万股和 210 万股存在质押情况，限售解禁时间为 2014 年 7 月，占其持股总数的 75%。王某持有的 360 万股也存在质押情况，其股份的解禁时间也为 2014 年 7 月。苏某和王某夫妇持有的处于质押状态的股份不存在潜在争议，不会影响公司合法持续经营。

D 公司曾经持有一家动漫制作公司 N 公司 60% 的股权，但由于公司实际控制人苏某持有 N 公司 40% 的股权，因此 N 公司属于实际控制人控制的其他企业。而 N 公司除了承接 D 公司少数动漫影片加工制作外，没有其他任何主营业务。出于规范公司治理和减少同业竞争的考虑，N 公司已经于 2013 年初被工商部门核准注销，因此 D 公司已经不存在关联企业同业竞争的情况。N 公司在进行财产分配时，股东苏某自愿承担 N 公司净资产低于注册资本的部分 47 万元，即 D 公司取得 N 公司初始投资款 190 万元，而苏某获得 67 万元。

第四章　挂牌流程与挂牌所需要的时间、费用

有的企业，一听说新三板挂牌有那么多的好处，又见新三板市场挂牌的场面十分火爆（甚至自己的竞争对手正积极参与挂牌），便按捺不住。于是迅速地做出登陆新三板的决定，并匆忙地启动了挂牌程序。结果却发现，挂牌过程中阻力重重。好不容易成功挂牌了，却又发现，预期的目的根本无法实现。之所以出现这样的局面，是因为企业在行动之前，对新三板没有一个系统的、透彻的认识。每个企业的情况都不一样，新三板并不是适合所有的企业。另外，新三板有其自身的规则，很多企业事前并没有搞清楚，这也是一个重要的原因。所以在做出决定并采取行动之前，需要对新三板有一个清楚、客观的认识。

对于一家拟挂牌企业来说，新三板市场挂牌可以看作是企业发起的一个项目。而从项目管理的角度来看，新三板挂牌项目可以分为四个主要阶段：新三板挂牌项目启动阶段、股份制改造阶段、申报材料制作与申报阶段、挂牌完成阶段。挂牌项目的这四个阶段涉及大量的参与方，项目的顺利推进需要各方的通力协作才有保障。也就是说，企业要实现顺利挂牌上市，首先要弄清楚挂牌有哪些主要步骤？需要跟哪些参与方打交道？如何组织和开展项目，才能使项目协调有序运行？

本章中，我们先以较粗的线条勾勒出企业在新三板市场挂牌的流程，以及挂牌所需要的时间和费用，以方便企业能从整体上对新三板挂牌有个大致的认识，进而结合企业自身的实际情况，做出相对准确的项目启动决策。在本章之后，第五章至第八章分别展开详述企业新三板挂牌的四个阶段，给拟挂牌企业提供"用户指南"式的业务指导。

第一节　新三板挂牌总流程

根据新三板挂牌项目的实践经验，一个完整的挂牌项目需要经过四个阶段：

新三板挂牌项目启动阶段、股份制改造阶段、申报材料制作与申报阶段、挂牌完成阶段。这四个阶段的划分主要依据阶段性的工作重点，虽然有先后承接的顺序，但并非时间意义的四个阶段。实际上，经验丰富的中介机构会将后期阶段的一些工作提前开展，以提高工作效率，既有利于加快企业挂牌项目的推进速度，也有利于节省中介机构的运营成本。企业新三板挂牌的总流程如图4-1所示。

图4-1 新三板挂牌总流程图

一、项目启动阶段

项目启动阶段的工作目标是项目成立，这一阶段的工作始于企业有意向到新三板挂牌，以签订服务合同为项目成立标志。

这一阶段的主要工作包括：

（1）企业了解新三板；

（2）企业做出新三板挂牌决定；

（3）券商初步尽职调查并提供项目建议书；

（4）企业确定中介机构（包括主办券商、律师事务所以及会计师事务所）；

（5）券商项目立项；

（6）签订服务合同；

（7）召开项目启动会。

其中，最重要的工作是确定主办券商。主办券商是代办股份转让业务主办券商的简称，是指取得从事代办股份转让主办券商业务资格的证券公司。在新三板现有的制度设计中，主办券商被定性为中介机构，承担着推荐挂牌、信息披露督导、代理投资者进行股份报价转让、投资者风险提示、终止挂牌等重要职能。对于拟挂牌企业来说，挂牌项目所涉及的工作，甚至是挂牌后企业与资本市场、投资者对接的相关工作，都与主办券商密切相关，主办券商在企业挂牌过程中起到主导作用。可以说，企业挂牌过程顺利与否，在很大程度上取决于企业所选择的主办券商的专业水平、业务能力和资源储备，主办券商的选择因而非常重要。

二、股改阶段

有限公司要在新三板挂牌，必须首先经过股份制改造。股份制改造阶段的工作目标是完成股份制改造，即从有限公司变更为股份公司。这一阶段的工作始于会计师、律师进场进行尽职调查，以取得股份公司营业执照为股改完成标志。

表4-1　　　　　　　　　有限公司与股份公司的比较

	有限公司	股份公司
相同点	股东都对公司承担有限责任。无论在有限责任公司中，还是在股份有限公司中，股东都对公司承担有限责任，有限责任的范围，都是以股东公司的投资额为限。	
	股东的财产与公司的财产是分离的，股东将财产投资公司后，该财产即构成公司的财产，股东不再直接控制和支配这部分财产。同时，公司的财产与股东没有投资到公司的其他财产是没有关系的，即使公司出现资不抵债的情况，股东也只以其对公司的投资额承担责任，不再承担其他的责任。	
	有限责任公司和股份有限公司对外都是以公司的全部资产承担责任。也就是说，公司对外也是只承担有限的责任，有限责任的范围，就是公司的全部资产，除此之外，公司不再承担其他的财产责任。	
不同点	成立条件比较宽松；	成立条件比较严格；
	只能由发起人集资，不能向社会公开募集资金；	可以公开募集资金；
	股东人数有最低（2人）和最高（50人）的要求；	股东人数只有最低要求（2人），没有最高要求；
	股东转让自己的出资有严格的要求，受到的限制较多，比较困难；	股东转让自己的股份比较自由，不像有限责任公司那样困难；
	股东的股权证明是出资证明书，出资证明书不能转让、流通；	股东的股权证明是股票，即股东所持有的股份是以股票的形式来体现，股票是公司签发的证明股东所持股份的凭证，股票可以转让、流通；
	股东人数相对比较少，召开股东会等也比较方便，因此股东会的权限较大，董事经常是由股东自己兼任的，在所有权和经营权的分离上，程度较低；	股东人数较多且分散，召开股东会比较困难，股东会的议事程序也比较复杂，所以股东会的权限有所限制，董事会的权限较大，在所有权和经营权的分离上，程度也比较高；
	财务会计报表只要按照规定期限送交各股东即可。	由于股东人数众多很难分类，会计报表必须要经过注册会计师的审计并出具报告，还要存档以便股东查阅，其中，以募集设立方式成立的股份有限公司，还必须要公告其财务会计报告。

该阶段的主要工作内容包括：
(1) 会计师、律师进场进行尽职调查；
(2) 会计师事务所出具《财务尽职调查报告》；
(3) 律师事务所出具《法律尽职调查报告》；
(4) 券商组织中介协调会议讨论有关问题并提出初步股改方案；
(5) 券商拟定股改方案并征求企业、律师、会计师的意见；
(6) 券商协助企业落实股改方案；
(7) 会计师审计并出具审计报告；
(8) 评估师评估并出具评估报告；
(9) 会计师验资并出具验资报告；
(10) 律师协助企业履行股改法律程序；
(11) 企业向工商部门申请变更；
(12) 取得股份公司营业执照。

股份改制，即股份制改造，是指普通企业按照《公司法》和《证券法》等法律规定，改造为股份制有限公司。股份制改造的目的在于建立产权清晰、权责分明、政企分开、管理科学的现代企业制度，并为企业成功上市融资提供体制基础及实体资质。股改后，企业所有权和经营权既相分离又相统一，筹资面广，股东按股份享受相应收益并承担相应风险。

股份改制是企业能到新三板挂牌的基础工作，也是挂牌过程中的关键步骤。这一阶段的工作对企业的配合、企业内部各部门间的协作、主办券商的业务能力、其他中介机构的专业素养都有很高的要求。实际上，各地政府出台的鼓励新三板挂牌的政策中，部分地方政府将政府奖励分两个节点兑现，股改完成后兑现50%，成功挂牌后再兑现50%（地方政府鼓励新三板挂牌的政策内容详见附录）。可见，股份制改造工作是挂牌过程中的难点，也是重点。

三、尽职调查与材料制作阶段

尽职调查与材料制作阶段的工作目标是完成全套申报材料的制作，中介机构尽职调查是编制全套申报材料的基础性工作。该阶段工作始于中介机构的详细尽职调查，以股转系统接收全套申报材料为完成标志。

该阶段的主要工作包括：
(1) 券商、律师、会计师（如申报截止日与股改基准日不同，需要会计师审计）进行详细尽职调查；

（2）形成尽职调查工作底稿；

（3）券商撰写《公开转让说明书》；

（4）律师出具《法律意见书》；

（5）会计师出具两年一期的《审计报告》；

（6）券商完成其他材料的编制；

（7）券商内核；

（8）材料制作装订成册；

（9）向股转系统申报材料；

（10）股转系统接收材料。

这一阶段的工作重点是，企业内的项目组成员配合主办券商、律师事务所、会计师事务所及评估机构的工作人员，准确、完整、及时地提供尽职调查所需信息，以便高效率地完成挂牌申报材料的制作。

需要说明的事，这一阶段与前期的股改阶段均有尽职调查环节，但这两个阶段的尽职调查有所不同。其中，股改阶段的尽职调查是初步的尽职调查，目的是了解企业的基本财务信息、法律状态及合同信息，进而判断项目的质量及挂牌的可行性。如果项目可行，初步尽职调查收集的信息可以作为制定企业股份制改造方案的基本依据。本阶段的尽职调查又称为详细尽职调查，目的是更加全面深入地了解企业，调查的信息用于制作《公开转让说明书》、《法律意见书》与《审计报告》，这些都是企业到新三板挂牌所必须具备的申报材料。

四、备案审查与挂牌阶段

备案审查与挂牌阶段的工作目标是完成挂牌。该阶段的工作主要是对股转系统的反馈意见进行回复，并履行相应的程序，阶段工作以股票挂牌为完成标志。

该阶段的主要工作包括：

（1）股转系统对申报材料进行备案审查；

（2）股转系统出具反馈意见；

（3）券商组织企业、会计师、律师对反馈意见进行回复；

（4）股转系统对反馈意见回复进行复查；

（5）股转系统出具同意挂牌的函；

（6）企业缴纳挂牌初费与当年年费；

（7）领取同意挂牌函等文件；

(8) 办理信息披露；

(9) 向中登公司办理股份登记；

(10) 举行挂牌仪式，完成挂牌。

该阶段的工作难点是，主办券商组织企业、会计师、律师对反馈意见进行回复。如果主办券商选择恰当，相关的中介机构具备足够的专业素养，并能够投入足够的精力到企业挂牌项目中，前期的股改工作、申报材料制作工作就能得到有力的保障，尽可能地不遗留可能会影响挂牌进场的潜在问题。这样，股转系统在审查企业的申报材料后，提出的反馈意见也就比较好回复，挂牌工作的最后一步就会更加顺利。反之，如果中介机构专业能力不足，或者不够重视企业的挂牌项目，使得股改工作和申报材料制作工作较为粗糙，则可能会遗留下影响挂牌进度的问题，导致股转系统在审查企业的申报材料后，提出负面的反馈意见。

第二节　新三板挂牌的时间进度

在了解了企业挂牌的大致流程后，还需要知道挂牌流程中所涉及的各项工作分别需要多少时间，以方便企业主结合企业自身的生产经营情况做出合理的挂牌决策。

对于一家普通的有限公司来说，企业到新三板挂牌一般需要六个月左右的时间。当然，企业实际需要的时间还与企业自身的情况、新三板挂牌项目组推进工作的效率等有关。比如，一家股份有限公司打算到新三板挂牌，因无需经历股改阶段，可比需要股改的企业节省两个月时间；而一家历史遗留问题较多的企业，在股改过程中耗时较多，可能需要更长的时间梳理和解决遗留问题，才能满足股改和挂牌的要求。普通企业（有限公司）在新三板挂牌过程中各阶段的时间进度如表4-2所示。

表 4-2 新三板挂牌项目进度图

新三板挂牌项目进度	项目成立阶段	第一个月				第二个月				第三个月				第四个月				第五个月				第六个月			
		1周	2周	3周	4周	5周	6周	7周	8周	9周	10周	11周	12周	13周	14周	15周	16周	17周	18周	19周	20周	21周	22周	23周	24周
新三板成立阶段	了解新三板	■	■																						
	做出挂牌决定			■																					
	组建项目组				■																				
	聘请中介机构				■	■																			
股改阶段	中介机构尽职调查						■	■	■																
	股改方案拟定与落实								■	■	■														
	改制审计与评估									■	■														
	履行股改法律程序										■														
	取得股份公司营业执照											■													
尽职调查与材料制作申报阶段	中介机构尽职调查												■	■	■	■									
	出具专业尽职调查报告														■	■									
	全套文件编制															■									
	券商内核																■								
	材料装订制作																■								
	向股转系统申报																■								
挂牌阶段	股转系统备案审查																	■	■	■	■	■	■		
	领取挂牌文件																							■	
	办理信息披露																							■	
	股份初始登记																								■

第三节 新三板挂牌的费用支出情况

新三板挂牌涉及的费用支出情况,是企业做出挂牌决策之前需要考虑的另一个重要因素。一般来说,与不挂牌时相比,企业到新三板挂牌会增加三个方面的费用支出:

(1) 挂牌时的专业服务费;
(2) 挂牌后每年的运行费用;
(3) 其他费用。

一、专业服务费

企业挂牌新三板过程中,主办券商带领律师事务所、会计师事务所、评估机构等中介服务机构为企业提供专业服务。作为回报,这些专业的中介机构收取专业服务费。按当前的市场行情,这一块费用打包价格约为150万~200万元,是企业新三板挂牌项目所需支付的最大成本项。具体来说,主办券商为企业提供股份改制的财务顾问服务和推荐挂牌服务,企业需要支付给主办券商财务顾问费和推荐挂牌费共计80万~150万元;会计师事务所提供审计和验资服务,企业需要支付给会计师事务所审计验资费20万~30万元;律师事务所提供专业的法律服务,企业需要支付给律师事务所法律服务费20万~30万元;涉及评估服务的,企业还需支付给评估师事务所改制评估费5万~10万元。

一般情况下,企业分阶段给主办券商等中介机构支付专业服务费,签订服务合同时支付20%~30%,完成阶段性工作后按约定支付相应的费用40%~60%,成功挂牌后支付最后20%~30%。举例来说,假设主办券商的服务总收费是100万元,在订立服务合同后一般需要先支付20万元项目启动费,完成企业的股份制改造后支付20万元,完成申报材料制作并通过券商内核后支付30万元,完成挂牌后支付最后一笔的30万元。

全国多数省(市)都出台了鼓励企业到新三板市场挂牌的政策,奖励力度小的有50万元,奖励力度大的甚至超过200万元(各地鼓励新三板挂牌的政策汇总表见附录)。由此计算,企业到新三板挂牌所需花费的费用并不太高。然而,政府奖励的兑现是需要时间的,企业在决定启动新三板挂牌项目时,仍需准备150万~200万元的项目经费备用。

表 4-3　　　　　　　　　专业服务费

专业服务内容	费用（万元）	收费方
股份改制财务顾问费	40~60	主办券商
推荐挂牌费	60~90	主办券商
审计、验资费	20~30	会计师事务所
法律服务费	20~30	律师事务所
资产评估费	5~10	评估机构
合计	150~200	

二、挂牌后每年的运行费用

企业在新三板挂牌后，成为非上市公众公司，需要按照证监会及股转系统有关规定规范运作。具体来说，包括接受主办券商持续督导，履行信息披露义务，披露经注册会计师审计的财务报表，发布经律师签字的公告，办理股份托管、在股转系统挂牌转让等事项。每一项工作都需要支付一定的服务费用，对挂牌企业来说，是每年相对固定的运行成本，总计34万~80万元，具体的费用情况如表4-4所示。

表 4-4　　　　　　　新三板挂牌企业运行费用

收费项目	费用	收费方
持续督导费	10万~15万元/年	主办券商
年度审计费	10万~30万元/年	会计师事务所
法律顾问费	10万~30万元/年	律师事务所
信息披露费	1万元/年	信息公司
股权登记费	1 000元/年	中登公司
分红手续费	（红股面值+现金股利）×0.035%	中登公司
名册登记费	100元/年	中登公司
挂牌初费	总股本2 000万股（含）以下，3万元	股转系统
	总股本2 000万~5 000万股（含），5万元	
	总股本2 000万~1亿股（含），8万元	
	总股本1亿股以上，10万元	
挂牌年费	总股本2 000万股（含）以下，2万元/年	股转系统
	总股本2 000万~5 000万股（含），3万元/年	
	总股本2 000万~1亿股（含），4万元/年	
	总股本1亿股以上，5万元/年	

三、其他费用

除了需要支付给中介机构（主办券商、律师事务所、会计师事务所）和市场机构（中登公司、股转系统、信息公司）的挂牌专业服务费与运行服务费外，企业从启动新三板项目到新三板挂牌后的，还会派生出一些潜在的费用支出。可能产生的费用主要包括如下几类：

（1）挂牌项目启动后，企业与中介机构合作过程中产生的会议、差旅、招待费用；

（2）申报材料的制作印刷费用及申报过程中的差旅费用；

（3）改制、挂牌后，为适应新的公司运作规范增加的工资成本；

（4）企业改制时，可能需要补缴税款；

（5）因规范运作需求，或可能补缴社保与住房公积金；

（6）因规范法律事项，或可能需要补缴出资，返还关联方占款等。

上述这些费用与企业的特定情况紧密相关，无法在一般意义上进行估算，需要结合具体企业的情况才能确定。因此，企业在决定启动新三板挂牌项目之前，还需要对这些可能产生的费用做到心中有数。必要时，需要聘请专业服务机构帮助进行评估。

第五章 新三板挂牌项目启动阶段

新三板挂牌项目启动阶段的工作，从企业主产生挂牌的意向开始到召开项目启动会为止，主要的工作内容包括：在企业内部成立新三板挂牌领导小组和工作小组、选聘中介服务机构、签订服务合同、召开项目启动会等。该阶段简要的业务流程如图 5-1 所示。

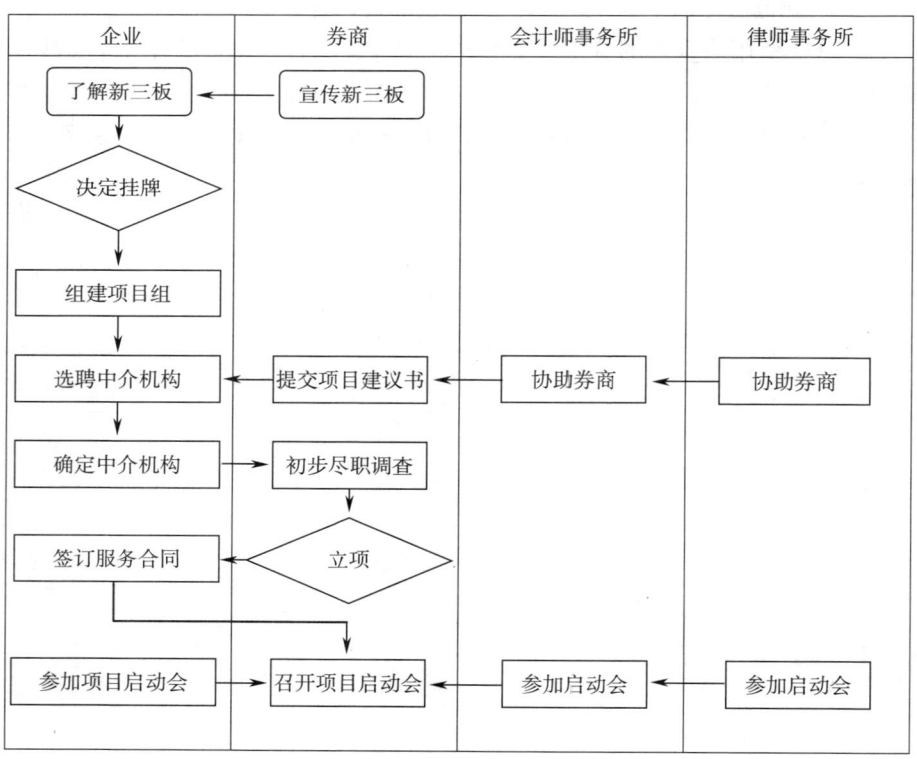

图 5-1 新三板挂牌项目启动阶段流程图

第五章　新三板挂牌项目启动阶段

该阶段关键的工作有两项：一是在企业内成立新三板挂牌领导小组和工作小组；二是选聘中介机构，特别是选聘主办券商。前者关系到挂牌过程中企业内部协调和配合的效率，后者的专业能力直接影响到挂牌流程推进的效率。

第一节　成立项目组

企业决定在新三板挂牌以后，需要在企业内部成立专门的团队负责推动新三板挂牌工作，为企业顺利挂牌上市提供组织保障。常见的做法是，企业在中层以上干部中召开动员会议，提高认识，明确分工，分别成立一个新三板挂牌领导小组和挂牌工作小组。其中，挂牌领导小组负责挂牌项目相关的重大决策，听取挂牌项目工作小组、中介机构工作小组的汇报，协调企业内部各部门间的合作，协调企业与相关政府机构间的合作，以推动新三板挂牌工作。挂牌工作小组负责落实挂牌领导小组的决策，在各阶段的各项工作任务中，与中介机构的工作小组密切配合，共同完成挂牌工作需要的各项工作。

挂牌领导小组一般由企业实际负责人担任组长，小组成员包括主管经营、财务、行政的副总经理、董事、董事会秘书、企业相关二级部门经理等。领导小组组长需要在企业内部指定三类不同事物的负责人：一是专门负责协助券商、律师进行有关公司法律和业务方面尽职调查工作的负责人，通常为董事会秘书或办公室主任、企业运营部门负责人；二是专门负责协助券商、会计师对企业进行审计和财务方面相关尽职调查工作的负责人，通常为公司财务部经理或财务总监；三是专门负责协调各类政府关系的负责人。挂牌领导小组下设挂牌工作小组，与中介机构的项目工作小组对接，成员包括财务部、法务部、生产部、销售部、采购部以及其他各部门负责人构成。

在具体工作中，挂牌工作小组成员分别向相应的领导小组成员汇报工作，领导小组成员向组长汇报工作；挂牌工作小组成员熟悉的业务内容分别与不同的中介机构项目工作小组对接。如企业财务部配合会计师及评估师完成财务审计、资产评估工作；董事会秘书（或办公室主任）与企业各分管领导负责协调企业与有关政府部门、行业主管部门、证监会派出机构以及各中介机构之间的联系；法律部门配合律师处理有关挂牌法律事务，如起草公司章程、各种法律文书等；生产运营部门配合中介机构进行尽职调查；董事会秘书（或办公室主任）负责完成各类董事会决议，申报主管机关批文，以及对外管理媒体报道与投资者关系。这些职责分工需要在企业内发文明确，也需要结合项目的实际情况，体现在项目计划书中。

中介机构选聘工作完成后，主办券商、律师事务所、会计师事务所等中介机构也应分别成立挂牌项目的工作小组。由券商牵头，将中介机构挂牌项目工作小组与企业内部的挂牌工作小组共同组成一个完整的挂牌工作小组，以推动企业成功在新三板市场挂牌为目标，组织协调各机构、企业工作人员，高效有序地完成挂牌过程中的各项工作。

第二节　选聘中介机构

企业改制、申请新三板市场挂牌以及挂牌后的股票发行等资本运作活动，是一项非常专业且复杂的系统工程，涉及法律、财务、土地及资产评估、挂牌推荐、保荐和承销等方面，需要多个专业领域的中介机构共同参与才可能完成。企业在改制、挂牌之前，由于缺乏与资本市场打交道的经验，对服务资本市场的专业中介机构缺乏充分的了解，通常很难判断如何选择中介机构，有的企业甚至不知道要聘请哪些中介机构。本节主要介绍企业新三板挂牌需要聘请的中介机构及其职责，以及企业如何选择中介机构。

一、挂牌项目涉及的中介机构及其主要职责

（一）主办券商

全国中小企业股份转让系统（新三板）实行主办券商制度。作为"新三板"的特色制度，新三板主办券商的核心制度安排是，主办券商不仅负责推荐企业挂牌，而且要在推荐企业挂牌后，从促进企业的发展和成长、提升企业内在价值出发，为企业提供持续的督导和服务，突出主办券商对挂牌公司终身服务的理念。新三板主办券商就是在全国中小企业股份转让系统从事相关业务的证券公司，主办券商在新三板市场运行中处于核心位置，通过提供推荐挂牌、定向发行股票、并购重组、代理投资者买卖、做市交易等服务，主办券商在市场运行的每个环节都起着关键作用。

依据《全国中小企业股份转让系统有限责任公司管理暂行办法》（以下简称《暂行办法》）的规定，主办券商业务包括推荐股份公司股票挂牌，对挂牌公司进行持续督导，代理投资者买卖挂牌公司股票，为股票转让提供做市服务及其他全国股份转让系统公司规定的业务。

主办券商为保障其在全国股份转让系统业务的顺利开展，必须建立健全各项

业务管理制度和业务操作流程，建立健全风险管理制度和合规管理制度，保障业务依法合规进行，严格防范和控制业务风险。同时，为防范内幕交易，避免利益冲突，主办券商应当妥善保管投资者的档案资料，除依法配合调查和检查外，应当为投资者保密。另外，主办券商应当结合所了解的投资者信息和挂牌公司股票转让的情况，定期开展对投资者风险承受能力的持续评估工作，并留存评估结果备查。主办券商应当针对不同类型的投资者制定服务方案和管理流程，根据客户的不同特点，讲解全国股份转让系统业务规则和风险特点，提示参与挂牌公司股票公开转让可能面临的风险。主办券商必须将推荐业务、经济业务、做市业务以及其他业务之间分开独立进行，以实现各项业务的有效隔离。

主办券商在企业没有单独聘请财务顾问时还应担任财务顾问的职能，是企业改制、申请新三板挂牌的总协调人。主办券商在改制阶段负责改制的全面协调工作，在推荐企业挂牌前，应当对企业进行挂牌辅导。在发行转让和后期定增阶段，主办券商一般负责股份转让或增发的承销工作，依法对公开法定文件进行核查，向全国股份转让系统公司出具《主办券商推荐报告》。主办券商应当尽职推荐申请人申请股票挂牌及转让，在申请人股票挂牌后，主办券商应当持续督导申请人履行规范运作、信守承诺、信息披露义务。

主办券商的主要职责和工作如下：

1. 在企业没有单独聘请财务顾问的情况下，承担财务顾问工作；
2. 与企业合作编制《公开转让说明书》；
3. 制作申报材料，出具《主办券商推荐报告》；
4. 对申报材料进行内核，并出具内核意见；
5. 对审核部门的反馈意见进行汇总，并组织企业和其他中介机构出具专项说明；
6. 与企业共同确定企业挂牌及股票发行方案，出具定价分析报告，确定发行价格；
7. 企业挂牌后，主办券商履行做市商职责，提供挂牌公司的双向报价及交易义务；
8. 根据公司需要，协助其进行定向增发、并购重组等后期资本运作。

（二）律师事务所

公司股票申请在新三板挂牌及发行股票必须依法聘请律师事务所担任法律顾问。律师主要对公司申请挂牌和发行股票所涉及的各种文件的合法性进行判断，并对公司挂牌申请及发行股票所涉及的法律问题出具法律意见。

律师为企业新三板挂牌项目提供法律服务过程中，通常需要与主办券商、会计师、土地及资产评估师等相关中介机构进行配合、沟通与讨论。但是，律师应当坚持其独立性，不受其他中介机构的影响或干预，应当就相关重大事项涉及的法律问题独立提出法律建议或处置措施。在依法参与编制或由律师出具证券法律文件和法律意见书时，律师不就应有主办券商、会计师、评估师等其他中介机构负责的专业性内容发表意见。

律师的主要职责和工作如下：

1. 协助企业和主办券商制定改制、挂牌的方案；

2. 起草改制、挂牌过程中需要的文件：（1）股份公司设立的发起人协议；（2）有关国有股权管理的法律意见书（如需要）；（3）各种关联交易协议；（4）公司章程、议事规则；（5）股东（大）会、董事会、监事会的会议材料；

3. 股份公司辅导期有关法律问题的解决；

4. 申请挂牌的法律意见书；

5. 对审核机关的反馈意见中的法律问题出具说明或补充法律意见书；

6. 对股转系统审核后是否存在重大事项出具相关法律意见书。

（三）会计师事务所

企业改制、申请新三板挂牌的审计工作必须由具有证券从业资格的会计师事务所承担。会计师事务所对企业的账目进行检查与审验，工作主要包括审计、验资等，同时也为企业提供财务咨询和会计服务。

会计师的主要职责和工作如下：

1. 在改制阶段，根据新三板挂牌方案，出具两年一期的审计报告；

2. 为企业改制后的股份公司出具验资报告，为筹建股份公司费用出具专项审计报告；

3. 在申请挂牌阶段，出具申请人两年一期的审计报告；

4. 对申请人两年一期的原始财务报告和申报财务报告的差异比较出具意见；

5. 对公司内控制度及风险管理系统的完整性、合理性、有效性进行评价和建议；

6. 对资产减值计提政策的稳健性和公允性，对是否已足额计提资产减值准备，是否影响公司持续经营能力发表意见；

7. 对申报材料中，审核机构提出的反馈意见中的审计、财务问题出具意见；

8. 对股转系统审核后是否存在重大事项出具意见；

9. 如需要，对募集资金的到账情况出具验资报告。

（四）资产评估机构

企业在改制时，往往需要对公司的资产进行评估，该工作通常是由具有证券从业资格的资产评估机构承担，如涉及土地使用权出资的，须由具有土地评估资格的资产评估机构承担。

资产评估师的主要职责和工作如下：

1. 在改制阶段，根据资产重组的范围和申请新三板挂牌的方案出具资产评估报告，如涉及国有资产，应报国资监管部门备案；

2. 除有限公司整体变更为股份公司、按照审计的净资产1:1折股以外，在资产评估后协助企业按照资产评估的结果建账；

3. 在公司申请挂牌过程中，对有关资产评估问题出具专业意见。

二、如何选聘中介机构

企业到新三板挂牌需要聘请中介机构提供专业服务，与此同时，中介机构也在寻找好的拟挂牌项目，企业与中介机构之间是一种双向选择的关系。对于拟挂牌企业来说，由于在挂牌项目的执行过程中，会涉及企业改制和规范，而有些过程是不可逆转的，一旦方案选择错误，轻则浪费宝贵时间，重则给企业带来不必要的经济损失，甚至导致公司从此无缘资本市场。因此，企业启动挂牌项目后，中介机构（特别是起主导作用的主办券商）的选择是十分重要的。企业选聘中介机构，可由企业挂牌领导小组多方考察中介机构后予以确认。

通常以券商为核心的中介机构会结合企业实际情况编制《项目建议书》，其中包含企业新三板挂牌项目的可行性、挂牌成功后能给企业带来的好处、主要存在哪些问题、拟派出专业人员的结构和简历、项目收费情况、券商简介与竞争优势等内容。中介机构的选择包括选聘主办券商、会计师事务所、律师事务所和资产评估机构，其中以选择主办券商最为关键，因为主办券商要协调律师、会计师的工作，主导整个项目的运作。从策略上来讲，企业宜首先选聘主办券商，然后再由主办券商推荐其他中介机构，最终由企业决定其他中介机构的具体选定工作。

企业在选择中介机构时，共性的标准主要是关注：中介机构的诚信度、中介机构的执业能力、执业经验和执业质量，中介机构所处行业的地位、资产情况、项目专业团队成员及业绩、声誉情况等。根据企业自身情况，具体选择中介机构的参考如下标准。

（一）主办券商的选择标准

主办券商首先应具有证监会规定的保荐资格和全国股份转让系统公司规定的推荐资质和做市商资质。作为企业改制、挂牌项目的总协调人，主办券商通常还承担着财务顾问的职责。主办券商的主要选择标准如下：

1. 推荐能力，主要关注主办券商的推荐业绩，被推荐企业在行业和市场中的地位。

2. 沟通协调能力，包括与企业、各中介机构的协调，与有关政府部门特别是证券监管机构的协调。

3. 定价能力，主办券商对挂牌转让定价的研发能力，定价合理性。

4. 项目团队，负责项目的团队应该有一定比例具有新三板挂牌经验的专业人员。

5. 组织能力。主办券商对中介机构合作组织协调的经验和能力，与投资者的关系及其公关宣传和媒体推介能力。

6. 风险控制水平。

（二）律师事务所的选择标准

对于企业来说，律师事务所的选择标准可以从如下三个角度考虑。

1. 专业性。选择律师事务所时，主要看其是否具有证券从业的专业经验和服务团队。

2. 沟通协调能力。能与相关部门和其他中介机构很好地沟通和配合，对企业及领导提出的问题有清晰、敏锐的分析和判断力，并有及时提出解决方案的能力。

3. 项目团队。除了律师事务所的规模和业绩外，还要考察律师团队特别是主办律师的经验、水平等因素。

（三）会计师事务所的选择标准

1. 资格。应当具有证券期货从业资格。

2. 项目团队。团队构成稳定，且有一定比例有丰富挂牌经验的注册会计师。

3. 经验。会计师事务所应当具有丰富的新三板挂牌审计业务经验。

（四）资产评估机构的选择标准

1. 资质。具有证券从业资格的资产评估机构；土地评估应该选择具有土地评估资格的评估机构承担。

2. 项目团队。团队构成稳定，且有一定比例有丰富挂牌经验的注册评估师。

3. 经验。评估机构应当具有丰富的新三板挂牌评估经验。

三、具有主办券商资质的证券公司及其推荐业绩

截至 2015 年 8 月底,共有 89 家证券公司获得主办券商资格。这些券商在业务覆盖范围、执业水平、新三板业务团队建设、擅长领域及积累的从业经验都有所不同,表 5-1 总结了各主办券商成功推荐挂牌的统计数据,供拟挂牌企业在选择主办券商时作为参考。

表 5-1 主办券商推荐挂牌情况统计(截至 2015 年 8 月)

主办券商	券商总部驻地	成功推荐挂牌企业数量
申万宏源证券有限公司	上海	329
齐鲁证券有限责任公司	山东济南	181
国信证券股份有限公司	广东深圳	142
广发证券股份有限公司	广东广州	139
长江证券股份有限公司	湖北武汉	120
中信建投证券股份有限公司	北京	116
安信证券股份有限公司	广东深圳	116
招商证券股份有限公司	广东深圳	100
东吴证券股份有限公司	江苏苏州	98
东北证券股份有限公司	吉林长春	89
国泰君安证券股份有限公司	上海	88
海通证券股份有限公司	上海	73
光大证券股份有限公司	上海	72
中信证券股份有限公司	北京	63
兴业证券股份有限公司	福建福州	61
西部证券股份有限公司	陕西西安	57
中原证券股份有限公司	河南郑州	56
国金证券股份有限公司	四川成都	56
财通证券股份有限公司	浙江杭州	52
西南证券股份有限公司	重庆	50
方正证券股份有限公司	湖南长沙	50
东兴证券股份有限公司	北京	47
中国银河证券股份有限公司	北京	42
金元证券股份有限公司	广东深圳	39

续表

主办券商	券商总部驻地	成功推荐挂牌企业数量
大通证券股份有限公司	辽宁大连	39
天风证券股份有限公司	湖北武汉	38
南京证券股份有限公司	江苏南京	37
中山证券有限责任公司	广东深圳	36
中国中投证券有限责任公司	广东深圳	36
东莞证券有限责任公司	广东东莞	36
广州证券有限责任公司	广东广州	35
东方花旗证券有限公司	上海	35
国元证券股份有限公司	安徽合肥	33
上海证券有限责任公司	上海	32
平安证券有限责任公司	北京/深圳	32
华泰证券股份有限公司	江苏南京	32
国海证券有限责任公司	广西南宁	32
浙商证券有限责任公司	浙江杭州	31
山西证券股份有限公司	山西太原	30
长城证券有限责任公司	广东深圳	28
太平洋证券股份有限公司	云南昆明	27
财达证券有限责任公司	河北石家庄	27
信达证券股份有限公司	北京	25
湘财证券股份有限公司	湖南长沙	24
首创证券有限责任公司	北京	24
民生证券有限责任公司	北京	24
中银国际证券有限责任公司	上海	22
东海证券股份有限公司	上海	22
新时代证券有限责任公司	北京	21
国联证券股份有限公司	苏州无锡	21
华龙证券有限责任公司	甘肃兰州	20
华创证券有限责任公司	贵州贵阳	20
国盛证券有限责任公司	江西南昌	20
华融证券股份有限公司	北京	19

续表

主办券商	券商总部驻地	成功推荐挂牌企业数量
江海证券有限公司	黑龙江	17
华安证券股份有限公司	安徽合肥	17
华林证券有限责任公司	广东江门	16
国都证券有限责任公司	北京	16
华西证券有限责任公司	四川成都	15
财富证券有限责任公司	湖南	14
华福证券有限责任公司	福建福州	13
万联证券有限责任公司	广东广州	12
渤海证券股份有限公司	天津	12
日信证券有限责任公司	内蒙古	11
中国民族证券有限责任公司	北京	10
英大证券有限责任公司	广东深圳	10
华鑫证券有限责任公司	广东深圳	10
德邦证券有限责任公司	辽宁沈阳	10
西藏同信证券股份有限公司	西藏	8
中航证券有限公司	江西南昌	7
红塔证券股份有限公司	云南昆明	6
恒泰证券股份有限公司	内蒙古	6
爱建证券有限责任公司	上海	6
中国国际金融股份有限公司	北京	4
世纪证券有限责任公司	广东深圳	3
国开证券有限责任公司	北京	2
第一创业证券股份有限公司	广东深圳	2
川财证券有限责任公司	四川成都	2
五矿证券有限公司	广东深圳	1

值得注意的是，券商内部的业务部门很多，企业在选择主办券商时，不要被一些不具备专业素养的券商部门忽悠。比如，券商内部做上市业务最专业的是投行部门，但投行部门专注于为在上海证券交易所和深圳证券交易所上市/拟上市公司服务，因为这些项目的收益更高；券商内部定位服务新三板挂牌的部门一般

叫做场外市场部，而新三板挂牌属于场外市场部的投行业务。实际上，一家券商的场外市场部规模比较有限，其中有经验的投行业务人员更是较少，而且大多集中在北京、上海、广州、深圳等中心城市，北京地区尤其密集，通常难以覆盖分布在全国的新三板挂牌项目。这导致一些券商依靠分布在全国各地的证券营业部承揽新三板挂牌业务，而证券营业部传统上属于经纪业务部门，并不具备从事投行业务的专业素养和执业能力，这会导致与企业对接的新三板项目小组实际上并不是专业的业务团队，企业在选择中介机构时一定要擦亮眼睛，慎重选择。

中介机构选聘完成以后，企业需要与各中介机构签订服务合同。签订好服务协议后，中介机构内部也应成立项目工作小组，确定项目总协调人、项目负责人、现场负责人、项目组成员。根据股转系统《主办券商推荐业务规定（试行）》第七条规定：项目小组应由主办券商内部人员组成，其成员须取得证券从业资格，其中注册会计师、律师和行业分析师至少各一名。行业分析师应具有申请挂牌公司所属行业相关专业知识，并在最近一年内发表过有关该行业的研究报告。第八条规定：主办券商应在项目小组中指定一名负责人，对项目负全面责任。

第三节　召开项目启动会

签订服务合同并成立项目组后，券商开始主导新三板挂牌项目的运作。首先，券商需要制定项目计划书，明确项目组的成员构成与职责分工、工作任务的时间进度安排、企业的初步改制方案等内容。同时，券商还应组织召开挂牌项目启动会。参加项目启动会的人员包括，企业中层以上管理人员、主办券商挂牌项目小组成员、律师事务所挂牌项目小组成员、会计师事务所挂牌项目小组成员以及评估机构小组成员。

启动会的主要内容有如下四点：（1）主办券商应向企业人员介绍项目流程，新三板市场的特点和运行规则；（2）企业负责人宣布启动新三板挂牌项目，部署工作安排与进度要求；（3）来自企业和中介机构的项目组成员在一起明确分工和沟通协作机制；（4）主办券商提出挂牌项目的初步问题与解决方案，讨论初步改制方案。

启动会是项目启动的标志，是一个项目成功运作的重要时间节点。启动会召开以后，新三板挂牌项目将正式进入实质性操作阶段。

第六章 股份制改造阶段

第一节 股份制改造流程与组织程序

通常情况下,拟在新三板挂牌的企业从原有有限公司或者其他公司形式改制为股份制有限公司的基本途径如下。

一、设立改制筹备小组,专门负责本次改制工作

筹备小组通常由拟挂牌公司董事长或董事会秘书牵头,汇集公司生产、技术、财务等方面的负责人,不定期召开会议,就改制过程中遇到的有关问题进行商讨,必要时还应提请董事会决定。筹备小组具体负责以下工作:

1. 研究拟订改组方案和组织形式;
2. 聘请改制有关中介机构,并与中介机构接洽;
3. 整理和准备公司有关的文件和资料;
4. 召集中介机构协调会,提供中介机构所要求的各种文件和资料,回答中介机构提出的问题;
5. 拟定改制的有关文件;
6. 国有企业或者受管制行业企业向政府主管部门申报文件或备案,取得政府批文;
7. 联络发起人;
8. 办理股份有限公司设立等工作。

二、选择发起人

现行法律规定,设立股份有限公司应当有 2 人以上 200 人以下为发起人。如果拟挂牌的改制有限责任公司现有股东人数符合该要求,则可以直接由现有股东

以公司资产发起设立；如果现有股东不足或现有股东有不愿意参加本次发起设立的，则应引入新的股东作为发起人，由现有股东向其转让部分股权，对公司股权结构进行改组，然后由改组后的股东以公司资本金共同发起设立股份有限公司。但有一个要注意的问题是，股东的变更要满足申请发行前最近3年内实际控制人不发生变化的要求。有的公司在改制前已经联系好合适的发起人，也可能借机引入战略投资者或风险投资者，以及具有行业背景或专业技术背景的投资者，以壮大企业的综合实力。

三、聘请中介机构

筹备小组成立后可联系和聘请中介机构，包括保荐机构、发行人律师、审计师、资产评估师等机构。被选择的中介机构应具备证券从业资格，最好有新三板项目经验，筹备小组在经过慎重考察后，应当确定本次新三板改制挂牌项目的各中介机构人选，并与之签署委托协议或相关合同，正式建立法律关系。

四、尽职调查、资产评估与审计

在拟挂牌公司与各中介机构签署委托协议后，各机构应根据情况进场工作，分别对公司的有关情况进行调查和审计。保荐机构应对拟挂牌公司整体情况尤其是业务经营情况进行全面调查，并在调查基础上起草本次改制及在新三板挂牌转让的公开转让说明书。

发行律师应对公司的法律事宜进行全面调查，并起草法律意见书和律师工作报告；会计师对公司近3年的财务状况进行审计，形成审计报告；资产评估师对公司的资产状况进行评估，形成资产评估报告。值得注意的是，根据国家工商总局的要求以评估报告数值作为验资报告股本数额确认。

证监会最新要求是以会计报表上净资产数额确认改制后公司股本数额。如果审计报告净资产数额低于评估报告数额，选择审计报告上净资产作为验资报告股本数额，则符合国家工商局和证监会两家要求。如果评估报告上资产价格数据低于审计报告净资产数据，则选用评估报告数据作为验资报告上股本数额。当然，如果公司不需要两年内在新三板挂牌，则可以按照评估报告数据作为验资报告上股本数量，而无须考虑审计报告数据。

五、产权界定

拟挂牌公司在改制筹备过程中，为了准确确定公司资产，区分其他主体的资产，有时要进行财产清查，在清查基础上对财产所有权进行甄别和确认。尤其是占有国有资产的公司，应当在改制前对国有资产进行评估，避免国有资产受到损害。

六、国有股权设置改制

公司涉及国有资产投入的，要对公司改制后国有股的设置问题向国有资产管理部门申请批准相关股权设置的文件，对国有资产作价及相应持股进行审批。通常在申报国有股权设置申请书的同时，还要求公司律师就国有股权设置出具法律意见书。

七、制定改制方案，签署发起人协议和章程草案

拟挂牌公司的改制方案涉及以下几个方面问题需要达成一致：

首先，股份公司注册资本的数额，应由各发起人共同商定净资产折股比例，确定注册资本的数额。

其次，各发起人的持股比例，原则上按照各发起人在原公司中的股权比例来确定，如有调整应在此阶段商定，签署发起人协议、公司章程草案。

此外，公司改制中还应形成如下改制文件和文本：股东会关于公司改制的决议、改制申请书、改制可行性研究报告、发起人框架协议、公司章程及企业改制总体设计方案等。

八、申请并办理设立报批手续

拟挂牌公司股权结构中涉及国有股权的应向国有资产管理部门申请办理国有股权设置的批文，资产中涉及国有土地出资还应由国有土地管理部门出具国有土地处置方案批复。

九、认缴及招募股份

拟挂牌公司如以发起设立股份有限公司的，发起人书面认足公司章程规定的其认缴的股份；一次缴纳的，应当缴纳全部出资；分期缴纳的应当缴纳首期出资。以实物、工业产权、非专利技术或土地使用权等非货币性资产出资的，应经资产评估并依法办理该产权的转移手续。募集方式设立的，发起人认购股份不得少于股份总额的35%。发起人不能按时足额缴纳股款的，应对其他发起人承担违约责任。缴纳股款后应经会计师验资确认并出具验资报告。

十、注册成立股份有限公司

发起设立方式设立的，发起人首次缴纳出资后，应当选举董事会和监事会，由董事会向公司登记机关报送公司章程、由验资机构出具验资证明及其他文件，申请设立登记。以募集设立的，发行股份的股款募足并经验资后，发起人应在30日内主持召开公司创立大会，审议公司设立费用和发起人用于抵作股款的财产的作价。

产生公司董事会、监事会并召开第一次会议。创立大会结束后30日内，持相关文件申请设立登记。经工商登记机关核准后，颁发股份有限公司营业执照。股份公司正式宣告成立。

第二节 中介机构进场尽职调查

根据全国中小企业股转系统公司出具的尽职调查相关业务指引的要求，主办券商对于申请挂牌的公司主要进行包括业务（包括产品市场技术等层面）、公司治理、公司财务、合法合规性，对于上述几方面的调查结果在总结评价分析判断的基础上形成书面的调查报告并予以确认。

对于拟挂牌公司而言，券商的尽职调查是公司能否成功挂牌实现公开发行转让的关键，因此，挂牌公司有关各个部门各级管理者都要对此予以充分重视，在可能的情况下由主办券商的工作小组及相关中介机构予以最大限度的配合及帮助。

一、拟挂牌公司业务层面调查

公司的业务主管人员应该向工作小组人员详细介绍公司产品和服务的内容和特点、公司业务所处行业的发展状况、公司在市场竞争中的地位和主要竞争优势、公司在行业中与上下游企业的关系、国家有关政策对于公司及行业发展产生的可能影响、行业的技术发展现状及发展趋势、公司产品和服务的技术水平及质量等方面的竞争力、公司市场营销和客户管理等方面的措施和管理机制等涉及公司业务层面的各种问题。

考虑到新三板挂牌公司，大部分为创业型中小企业，业务处于新兴的细分行业领域，行业领域对于普通投资者来说比较陌生，因此，拟挂牌企业的业务主管人员更需要与项目工作小组，特别是负责行业研究的专家成员，进行关于公司行业方面的充分讨论和沟通,增加主办券商对于拟挂牌公司业务现状及行业的了解认知程度。在此基础上,主办券商的行业研究专家成员也会对于公司业务发展等方面的问题提出自己的看法和意见。通过挂牌公司有关业务主管人员按照规定指引向项目小组的调查人员提供充足的信息资料,帮助项目小组人员对于拟挂牌公司业务发展状况进行客观真实的判断,为后续调查工作的开展提供便利和帮助。同时可以借助券商团队专业能力,为挂牌公司之后公开发行进行的推介包装宣传方面提供有用的资料和素材。

二、拟挂牌公司治理层面的考察

项目小组工作人员由于没有长期亲临公司日常经营管理活动的一线,所以很难从直观感受上对于公司治理状况进行直接判断。因此,主办券商的项目小组工作人员主要关注公司股东大会、董事会、监事会及高管层等各层级各部门日常会议及重大会议有关留存的纪录文件档案,拟挂牌公司的行政事务部门及有关主管人员应该如实出具项目小组所要求的上述部门近期主要会议文件档案,项目小组通过相关资料档案对公司治理活动的开展情况进行分析判断。

作为准备在新三板公开转让发行并将成为公众公司的企业,监管部门尤为关注的是公司股东构成结构的问题。因此,作为项目小组工作人员对于公司治理调查的关键,公司现有股东名录、股权比例及历次股东变更情况,公司股份质押和代持情况,实际控制人和主要股东的基本信息、股东之间的关联关系、公司高管和员工持股情况等问题,需要公司管理部门方面提供充分真实的资料,以供主办券商工作小组有关人员进行了解调查,并对公司股权方面的问题和瑕疵及时指正,以便公司可以及时更正处理。

三、拟挂牌公司财务方面的尽职调查

公司财务方面主要由券商项目小组中的财务专业人员和会计师事务所等财务中介机构负责。拟挂牌公司除了需要按照正常财务审计核查的一般流程提供财务账簿、凭证、报表等一般性的资料外,还需要公司高管层与项目小组工作人员进行充分地交流沟通和讨论。通过直接的交流使得项目小组成员可以充分了解到公司在总体财务方面的经营战略、财务管理控制体系的建立和运行情况、具体财务规章制度的执行情况、公司内部管理权责划分、管理流程分工以及风险管控情况、公司日常资金管理和成本控制等涉及公司经营管理每个层面财务的问题。以便工作小组人员可以对于公司财务规范性和管理水平有深入的了解和认知,对存

在问题及时提出整改意见,并确保公司财务管理符合主管部门的基本要求。

四、拟挂牌公司合法合规方面的调查

公司合法合规方面主要由券商项目小组的法律专业人员或者中介机构的律师进行。所调查对象主要集中于公司各种执照证件、股权沿革历史和重大变更情况、主要资产的权属证明、重大合同等方面的合法合规性。公司相关主管人员只需要按照规定要求及时提供相应资料文件,并如实回答工作小组人员及律师的专业询问。必要的情况下,可以请求工作小组的法律专业人员及律师协助对于有关合法合规方面的问题提出解决建议,可能的情况下可以直接帮助拟挂牌公司解决有关问题。

第三节 主办券商拟定股改方案

根据拟在新三板挂牌转让的不同企业基本情况的差别,每一个具有新三板业务资格的券商也有自己的业务操作规范和习惯。一般而言,券商制定的股改方案主要侧重以下主体的改制重组和资产的改制重组两个方面。

一、主体的改制重组,主要包括对主体资格、组织形式、关联关系及各关联企业的情况做法律分析,以及目标公司架构的确定、搭建、完善等梳理工作

(一)梳理企业架构、确定目标公司

梳理企业架构主要是对企业现有架构做必要的法律分析和论证,找出适合作为新三板挂牌的产业、板块或资产,并将此类有效业绩在新三板挂牌框架范围内做有益整合,进而明确并突出目标公司。因此,对企业现状架构的梳理尤为必要,只有合理安排企业架构才能明确目标公司并围绕目标公司展开挂牌新三板前改组的一系列工作。

确定目标公司就是确定拟挂牌新三板的公司即发行主体。确定目标公司是新三板挂牌前改组的首要基础和重要节点,也是新三板挂牌前的改组工作得以展开的基础。

通过对企业现有架构的法律梳理,客观分析企业挂牌新三板的前景与机会:该企业的主营业务是否突出;该产业是国家鼓励从事的、还是禁止从事的;对于鼓励从事的产业,要积极主动制造机会创造条件先进入;对于非鼓励类的或不禁止的产业或是剥离或是装入目标公司一起进行;等等诸如此类的问题,均应通过对企业现状的法律梳理做以充分论证得出确定可用的结论。

（二）梳理关联关系、规范关联交易

所谓关联方是指，控股股东、实际控制人、持股5%以上的股东、控股股东和实际控制人控制的企业、控股子公司或参股董事直接或间接持有5%以上的自然人或能对公司财务和生产经营决策产生重大影响的人（包括公司的董监高）以及参与挂牌工作的中介服务人员直接控制的其他企业。

新三板挂牌发行条件要求拟挂牌企业应该具有独立完整的研发、供应、生产、销售体系，其盈利不能对关联方存在依赖。但诸多企业在生产经营中不可避免地与关联方存在一些关联交易。

对于拟挂牌新三板的企业，则要求在公开转让说明书中对挂牌新三板前近三年与关联交易进行详细列举说明。

因此，企业在新三板挂牌前改组阶段，即应当着手规范关联交易。

1. 经常性关联交易要合规、公允，如购销类交易要求价格公允，购销量符合双方实际经营状况，不存在虚假或恶意增好现象。

2. 非经常性关联交易要完善处理，非经常性关联交易主要指资金占用、担保、股权收购、增资扩股等行为。如关联方资金占用（或借用）则要求手续齐全，利息约定符合相关法律、法规的规定，且该等手续得以切实履行。

关联关系也是新三板股转公司挂牌审核的重点，挂牌新三板前改组阶段对关联关系做法律梳理的工作，主要为：对经常性关联交易的规范、对非经常性关联交易的减少。

（三）搭建目标架构、变更组织形式

在对企业现状做出全面分析论证确定目标公司的同时，要考量并搭建目标架构，目标结构的搭建需考量的因素包括但不限于以下因素：（1）为减少关联交易而做的股权安排，如收购必要关联方股权；（2）为避免同业竞争而做的股权安排；（3）为避免职工持股而做的股权收购或新设法人股东；（4）为安排优质或不良资产所做的合并或分立等；（5）各股东之间的控股、参股安排等。

股份公司是拟在新三板挂牌公司的法定组织形式（除国务院特别批准的除外），而现实中并非所有预备在新三板挂牌的主体均为股份公司，企业组织形式的变更在新三板挂牌前改制重组过程中尤显重要，因此在安排目标架构时理应将组织形式变更纳入考量因素。如企业现有架构体系内有较为优质的股份公司，则不必进行组织形式的变更，直接以该股份公司申请挂牌转让，将企业框架体系内的有效资产转入该股份公司即可；如企业现有框架内没有适格的新三板挂牌主体,则应根据企业实际情况做不同处理。

1. 整体或部分改制

整体改制,是企业将原有全部资产经过审计评估和重组,并对非经营性资产不予剥离或少量剥离作为原投资者出资而改制设立的股份公司。整体改制应当办理原企业的注销登记和股份有限公司的新设登记,企业应当向债权债务人发出通知和公告,并取得债权人同意。

部分改制,是将原企业以一定比例的资产和业务进行重组,作为原投资者出资而设立股份有限公司。

简单地说,改制是要么将原企业整体改制为股份公司,此时仍为新设股份公司;要么新设股份公司,把企业部分优质资产转入新设公司,不论整体改制还是部分改制,均需待该新公司成立两年后方可发行挂牌新三板。

此路径时间成本较大,适用于没有符合挂牌条件要求的主体且有历史遗留问题的企业。

2. 有限公司整体变更

在实践中,许多公司筹备新三板挂牌前,都采取将有限责任公司整体变更为股份有限公司的方式,以获得股转公司规定的挂牌主体资格。

有限公司整体变更是在公司股权结构、主营业务实际控制人和资产等方面维持同一公司主体前提下,以有限公司审计(而非评估)后的账面净资产1:1折股,将有限公司整体以组织形式变更的方式改制为股份有限公司。此种变更只是形式变化,而非实质变化,公司仍在同一会计主体下进行生产经营、财务运营,因此该种变更能够连续计算公司的经营业绩。但是,并非所有有限公司均适合整体变更为股份公司,对整体变更为股份公司的有限公司也有如下要求:

(1) 有限公司需连续经营两年以上,且实际控制人没有发生变化。《全国中小企业股份转让系统股票挂牌条件适用基本标准指引(试行)》(简称标准指引)要求发行人持续经营两年以上,虽然有限公司整体变更为股份公司可以连续计算业绩,但除特殊行业及特定类型企业外均要求挂牌转让公司为成熟稳健型企业,所有有限公司应当是连续经营两年以上的企业,且最近两年实际控制人、主营业务、公司高级管理人员没有发生重大变化。

(2) 业务明确,具有持续经营能力。《标准指引》要求拟挂牌企业业务明确,是指公司能够明确、具体地阐述其经营的业务、产品或服务、用途及其商业模式等信息。

公司可同时经营一种或多种业务,每种业务应具有相应的关键资源要素,该要素组成应具有投入、处理和产出能力,能够与商业合同、收入或成本费用等相匹配。

持续经营能力,是指公司基于报告期内的生产经营状况,在可预见的将来,有能力按照既定目标持续经营下去。

(3) 有限公司运营规范。主要是指公司法定机构设置业已依法建立健全且相关机构人员能够依法履行职责;公司最近 24 个月无重大违法违规行为、无相应行政处罚;公司无资金被控股股东、实际控制人及其控制的企业占用的情形等。

这里需要补充说明的是,建议企业做新三板挂牌前改制重组时把组织形式变更放在重组的最后阶段。

二、资产的改制重组

这里所述资产的改制重组是指企业为满足新三板挂牌条件,通过对资产、股权、债务等相关要素进行整体或部分变更的法律过程。

(一) 股权重组

指通过对拟在新三板挂牌的公司的股权做出诸如转让、收购、增扩、置换等一系列法律行为,从而使拟挂牌公司满足挂牌的某一专项要求。

1. 股权转让除应关注股权的原值、现值和溢价问题外,还应考虑以下个层面:

(1) 发起人对拟在新三板挂牌的公司股权控制比例的调整或转移,以达到调整股权结构、增强股东背景及控制力、实施股权激励计划等目的;

(2) 对拟在新三板挂牌的公司控制的全资子公司、控股子公司、参股子公司股权控制比例的调整或转移,以达到提高经营效率、优化资产质量、理顺公司业务、减少关联交易、突出主营业务等目的。

2. 股权收购一般为同一控股股东或同意控制人控制下的公司与关联公司之间的股权收购,以达到避免同业竞争、消除大额关联交易、优化企业资源及产业链等在新三板挂牌目的。这里的股权收购除应关注收购目的外还应关注收购成本。

3. 增资扩股一般是用扩大或增发企业股本的方式筹集更多资本金从而改善拟在新三板挂牌的公司的股本结构的一系列法律行为,主要有以下几种方式:

(1) 内部增资与外部增资;

(2) 评价增资与溢价增资;

（3）有形资产增资与无形资产增资。

4. 股权置换，是指依据《股权出资登记管理办法》的规定公司的股权做出有益处理。对于拟在新三板挂牌的公司的重组而言，股权置换可以降低对现金流的需求，但股权置换也有一定的要求：

（1）仅限在中国境内进行置换；

（2）股权无纠纷；

（3）出资比例要求（非货币资本总和不得超过70%）；

（4）资产评估为定价依据；

（5）以登记为准。

（二）资产的让渡

1. 资产转让应注意的问题：

（1）资产受让方为关联方时，应避免同业竞争的可能；

（2）转让不能对企业经营的独立性有影响，不能影响研发、生产、销售等主营体系；

（3）资产转让属关联交易的，应具有公允性。

2. 资产收购应注意的问题：

（1）是涉及实质经营性资产的收购；

（2）一般要求是能够独立计算其成本或所产生的收入；

（3）不构成独立法人资格的资产。

3. 资产置换应注意的问题：

（1）将拟在新三板挂牌的公司持有的非主营业务资产、不良资产或不产生效益的资产与外部优质资产持有者在公允的条件下进行等值交换；

（2）其目的是优化资产质量、突出主营业务、消除同业竞争；

（3）应对置换出与置换入的资产质量差别进行其他权益资本平衡。

（三）债务重组

这里所述债务重组是指根据债务人与债权人达成的协议对债务做出有益拟挂牌公司资产状况的非现金清偿方式的处理，如变更偿债条件、资产债务剥离、转增资本。实践中较为常用的方式为转增资本，即债转股。

（四）企业合并分立

这里所述合并分立是指企业为满足在新三板挂牌的条件，有目的地将优质资产或不良资产进行合并或分离而实施的法律手段。

对于拟在新三板挂牌的公司重组过程中的合并，应当注意区分同一控制人下的合并与非同一控制人下的合并。

1. 同一控制人下的合并应当注意的问题：

（1）被收购方收购前一个会计年度末的资产总额或营业收入或利润总额达到或超过重组前收购方相应项目100%的，发行人重组后运行一个会计年度后方可申请发行；

（2）被收购方收购前一个会计年度末的资产总额或营业收入或利润总额达到或超过重组前收购方相应项目50%~100%的：虽然无须等待运行一年后即可申请挂牌转让，但保荐机构和发行人律师应将被重组方纳入尽职调查范围并发表相应意见，提交会计师关于被重组方的有关文件以及与财务会计资料相关的其他文件；

（3）被收购方收购前一个会计年度末的资产总额或营业收入或利润总额超过或达到重组前收购方相应项目20%的：申报财务报表至少须包含重组完成后的最近一期资产负债表。

2. 非同一控制人下的合并应当主要以资产、收入、利润三个指标考虑：

（1）拟挂牌新三板公司收购非同一控制下相同、相似产品或者同一产业链上下游的企业或资产：任一指标超过100%的，需运营36个月方可申发；三个指标在50%~100%的，需运营24个月方可申发；三个指标在20%~50%的，需运营1个会计年度方可申请挂牌转让；三个指标均小于20%的则不受影响。

（2）拟在新三板挂牌的公司收购非同一控制下非相关行业企业或资产，主要担心拟挂牌公司捆绑登上新三板后续管理困难：任一指标超过50%的，需运营36个月方可申请挂牌转让；三个指标在20%~50%的，需运营24个月方可申请挂牌转让；三个指标均小于20%的，不受影响。

拟在新三板挂牌的公司重组过程中的分立，大多为不良资产剥离，是指对于挂牌公司构成不良影响的资产，通过转让或其他手段，从挂牌公司剥离出去，避免对公司新三板挂牌过程构成负面因素。

资产重组的各种手段在具体运用上，需要分析具体的企业环境，综合考虑税收、新三板挂牌规定条件、时间要求等各种因素，征求法务和财务机构的专业意见后最终确定。

第四节　股份制改造有关资产评估

拟在新三板挂牌的企业，特别是具有国有股东性质的企业，在进行股份制改造的过程中按照有关规定程序需要进行资产评估。

一、资产评估的含义和范围

1. 资产评估的含义

资产评估是指由专门的评估机构和人员依据国家规定和有关数据资料，根据特定的评估目的，遵循公允、法定的原则，采用适当的评估原则、程序、评价标准，运用科学的评估方法，以统一的货币单位，对被评估的资产进行评定和估算。资产评估的目的是公正地评估公司资产的价值，确认所有者的财产和权益。

2. 资产评估的范围

资产评估的范围包括固定资产、长期投资、流动资产、无形资产、其他资产及负债。资产评估根据评估范围的不同，可以分为单项资产评估、部分资产评估及整体资产评估。单项资产评估是指对一台机器设备、一座建筑物、一项知识产权等单项资产价值的评估，部分资产评估是指对一类或几类资产的价值进行的评估，整体资产评估是指对参与某种经营活动的全部资产和负债进行的评估。

拟在新三板挂牌公司在改组为股份公司时，应当根据公司改组和资产重组的方案确定资产评估的范围，基本原则是：进入股份有限公司的资产都必须进行评估。拟在新三板挂牌的公司股份制改造在进行资产评估时，必须由取得证券业从业资格的资产评估机构进行评估。

二、资产评估的程序

国务院1991年11月16日发布了《国有资产评估管理办法》，对资产评估的程序进行了规定。财政部于2001年12月31日发布了《国有资产评估项目备案管理办法》和《国有资产评估管理若干问题的规定》，对资产评估程序等方面做出了新的规定。其中，《国有资产评估项目备案管理办法》自发布之日起施行，《国有资产评估管理若干问题的规定》自2002年1月1日起施行。国资委发布了《企业国有资产评估管理暂行办法》，自2005年9月1日起施行。因此，需要注意的是，不同时间进行资产评估的程序是有差别的。例如，评估立项程序现已取消。在新三板企业上市挂牌保荐业务中，应注意依据历史上不同的文件规定，对于已设立的股份有限公司的资产评估历史进行尽职调查。

1. 对企业国有资产评估项目实行核准或备案

经各级人民政府批准经济行为的事项涉及的资产评估项目，分别由其国有资产监督管理机构负责核准。

经国务院国有资产监督管理机构批准经济行为的事项涉及的资产评估项目，由国务院国有资产监督管理机构负责备案；经国务院国有资产监督管理机构所出资企业及其各级子企业批准经济行为的事项涉及的资产评估项目，由中央企业负责备案。

2. 企业有下列行为之一的，应当对相关资产进行评估：

（1）整体或者部分改建为有限责任公司或者股份有限公司；

（2）以非货币资产对外投资；

（3）合并、分立、破产、解散；

（4）非上市公司国有股东股权比例变动；

（5）产权转让；

（6）资产转让、置换；

（7）整体资产或者部分资产租赁给非国有单位；

（8）以非货币资产偿还债务；

（9）资产涉讼；

（10）收购非国有单位的资产；

（11）接受非国有单位以非货币资产出资；

（12）接受非国有单位以非货币资产抵债；

（13）法律、行政法规规定的其他需要进行资产评估的事项。

企业发生上述所列行为的，应当由其产权持有单位委托具有相应资质的资产评估机构进行评估。

3. 企业有下列行为之一的，可以不对相关国有资产进行评估：

（1）经各级人民政府或其国有资产监督管理机构批准，对企业整体或者部分资产实施无偿划转；

（2）国有独资企业与其下属独资企业（事业单位）之间或其下属独资企业（事业单位）之间的合并、资产（产权）置换和无偿划转。

4. 核准前的报告

凡须经核准的资产评估项目，企业在资产评估前应当向国有资产监督管理机构报告下列有关事项：

（1）相关经济行为批准情况；

（2）评估基准日的选择情况；

（3）资产评估范围的确定情况；

（4）选择资产评估机构的条件、范围、程序及拟选定机构的资质、专业特长情况；

（5）资产评估的时间进度安排情况。

5. 资产评估项目的核准程序

（1）企业收到资产评估机构出具的评估报告后应当逐级上报初审，经初审同意后，自评估基准日起 8 个月内向国有资产监督管理机构提出核准申请；

（2）国有资产监督管理机构收到核准申请后，对符合核准要求的，及时组织有关专家审核，在 20 个工作日内完成对评估报告的核准；对不符合核准要求的，予以退回。

企业提出资产评估项目核准申请时，应当向国有资产监督管理机构报送下列文件材料：

（1）资产评估项目核准申请文件；

（2）资产评估项目核准申请表；

（3）与评估目的相对应的经济行为批准文件或有效材料；

（4）所涉及的资产重组方案或者改制方案、发起人协议等材料；

（5）资产评估机构提交的资产评估报告（包括评估报告书、评估说明、评估明细表及其电子文档）；

（6）与经济行为相对应的审计报告；

（7）资产评估各当事方的相关承诺函；

（8）其他有关材料。

国有资产监督管理机构应当对下列事项进行审核：

（1）资产评估项目所涉及的经济行为是否获得批准；

（2）资产评估机构是否具备相应评估资质；

（3）评估人员是否具备相应执业资格；

（4）评估基准日的选择是否适当，评估结果的使用有效期是否明示；

（5）资产评估范围与经济行为批准文件确定的资产范围是否一致；

（6）评估依据是否适当；

（7）企业是否就所提供的资产权属证明文件、财务会计资料及生产经营管理资料的真实性、合法性和完整性作出承诺；

（8）评估过程是否符合相关评估准则的规定；

（9）参与审核的专家是否达成一致意见。

6. 资产评估项目的备案程序

（1）企业收到资产评估机构出具的评估报告后，将备案材料逐级报送给国有资产监督管理机构或其所出资企业，自评估基准日起9个月内提出备案申请；

（2）国有资产监督管理机构或者所出资企业收到备案材料后，对材料齐全的，在20个工作日内办理备案手续，必要时可组织有关专家参与备案评审。

资产评估项目备案需报送下列文件材料：

（1）国有资产评估项目备案表一式三份；

（2）资产评估报告（包括评估报告书、评估说明、评估明细表及其电子文档）；

（3）与资产评估项目相对应的经济行为批准文件；

（4）其他有关材料。

国有资产监督管理机构及所出资企业根据下列情况确定是否对资产评价项目予以备案：（1）资产评估所涉及的经济行为是否获得批准；（2）资产评估机构是否具备相应评估资质，评估人员是否具备相应执业资格；（3）评估基准日的选择是否适当，评估结果的使用有效期是否明示；（4）资产评估范围与经济行为批准文件确定的资产范围是否一致；（5）企业是否就所提供的资产权属证明文件、财务会计资料及生产经营管理资料的真实性、合法性和完整性作出承诺；（6）评估程序是否符合相关评估准则的规定。

7. 经核准或备案的资产评估结果使用有效期为自评估基准日起一年

三、资产评估报告

资产评估报告是接受委托的资产评估机构在完成评估项目后，向委托方出具的关于项目评估过程及其结果等基本情况的具有公证性的工作报告，是评估机构履行评估合同的成果，也是评估机构为资产评估项目承担法律责任的证明文件。评估报告包括正文和附件两部分。

资产评估报告不仅是资产评估机构完成评估工作的总结，也是国有资产管理部门验证、确认资产评估过程和评估结果的重要依据，是公众投资得以了解公司情况的重要途径。因此，资产评估机构必须依照客观、公正、实事求是的原则撰写资产评估报告，如实反映评估工作的情况，调查取证的资料要真实可靠，不得提供伪证。资产评估报告书必须由资产评估机构独立撰写，不受资产评估委托方或其主管单位、政府部门或其他经济行为当事人的干预。

四、资产评估的基本方法

我国采用资产评估的方法主要有收益现值法、重置成本法、现行市价法和清算价格法。

1. 收益现值法

收益现值法是将评估对象剩余寿命期间每年（或每月）的预期收益，用适当的折现率折现，累加得出评估基准日的现值，以此估算资产价值的方法。收益现值法通常用于有收益企业的整体评估及无形资产评估等。用收益现值法进行资产评估的，应当根据被评估资产合理的预期获利能力和适当的折现率，计算出资产的现值，并以此评定重估价值。

2. 重置成本法

重置成本法是在现时条件下，被评估资产全新状态的重置成本减去该项资产的实体性贬值、功能性贬值和经济性贬值，估算资产价值的方法。用重置成本法进行资产评估的，应当根据该项资产在全新情况下的重置成本，减去按重置成本计算的已使用年限的累积折旧额，考虑功能变化、成新率（被评估资产的新旧程度，如八成新、六成新）等因素，评定重估价值；或者根据资产的使用期限，考虑资产功能变化等因素，重新确定成新率，评定重估价值。重置成本法的计算公式是

被评估资产价值＝重置全价－实体性陈旧贬值－功能性陈旧贬值－经济性陈旧贬值或被评估资产价值＝重置全价×成新率

其中，重置全价是指被评估资产在全新状态下的重置成本。

3. 现行市价法

现行市价法是通过市场调查，选择一个或 n 个与评估对象相同或类似的资产作为比较对象，分析比较对象的成交价格和交易条件，进行对比调整，估算出资产价值的方法。

现行市价法的计算公式是

被评估资产价值＝被评估资产全新市价－折旧或被评估资产价值＝被评估资产全新市价×成新率

现行市价法的适用条件，一是存在着 3 个及 3 个以上具有可比性的参照物；二是价值影响因素明确并可量化。用现行市价法进行资产评估的，应当参照相同或者类似资产的市场价格评定重估价值。

4. 清算价格法

清算价格法适用于依照《中华人民共和国企业破产法（试行）》的规定，经人民法院宣告破产的公司。公司在股份制改组中一般不使用这一办法。采用清算价格法评估资产，应当根据公司清算时其资产可变现的价值，评定重估价值。

在资产评估时，应根据不同的评估目的、评估对象，选用不同的且最适当的价格标准。对不同公司投入股份有限公司的同类资产，应当采用同一价格标准评估。

第五节　股份制改造的会计报表审计

拟在新三板挂牌的企业需要在股份制改造之前进行财务报表的审计。

会计报表的审计是指从审计工作开始到审计报告完成的整个过程，一般包括三个主要阶段，即计划阶段、实施审计阶段和审计完成阶段。

一、计划阶段

计划阶段是整个审计工作的开始。为了实现审计目标，必须在审计工作开始之前进行科学、合理地计划。一般来讲，计划阶段的主要工作包括：调查、了解被审计单位的基本情况；与被审计单位签订审计业务约定书；执行分析程序；确定重要性水平；分析审计风险；编制审计计划。

1. 调查、了解被审计单位的基本情况

充分了解被审计单位的业务经营范围及所属行业的基本情况，可以弄清对会计报表具有重大影响的事项、交易，为实现审计目标、避免审计风险打下基础。

2. 与被审计单位签订审计业务约定书

审计业务约定书是会计师事务所与委托人共同签订的、据以确定审计业务的委托与受委托关系，明确委托目的、审计范围及双方责任与义务等事项的书面合约。

3. 执行分析程序

分析程序是指通过对被审计单位的财务信息与前期可比信息、审计结果、类似行业信息等的比较，研究财务信息要素之间、财务和非财务信息之间可能存在的关系，以评价财务信息。

4. 确定重要性水平

重要性水平是指财务会计报表等信息的漏报或错报程度足以影响使用者根据财务报表所作出的决策。注册会计师在计划审计工作时，必须对重要性水平作出初步判断，以便为检查数量上重要的错报确定一个可接受的水平。在计划阶段，注册会计师需要确定会计报表和账户余额两个层次的重要性水平。

5. 分析审计风险

审计风险是指注册会计师对有重要错报的会计报表仍发表无保留意见的可能性。注册会计师根据验证每个账户余额所获得的证据，对整个会计报表发表意见，其目的就在于限制各账户余额的审计风险，以便在审计结束时，对整个会计报表发表意见的审计风险保持在一个适当的水平。审计风险由固有风险、控制风险和检查风险组成。固有风险是假定没有内部控制的情况下，会计报表某项认定产生重大错报的可能性；控制风险是被审计单位的内部控制制度或程序不能及时防止或发现某项认定发生重大错报的可能性；检查风险则是指审计未能检查出某项认定已存在的重大错误的可能性。

6. 编制审计计划

审计计划由总体审计计划和具体审计计划两部分组成。总体审计计划是对审计的预期范围和实施方式所作的规划，是注册会计师从接受委托到出具审计报告整个过程基本工作内容的综合计划。总体审计计划包括被审计单位的基本情况，审计目的、审计范围及审计策略，重要会计问题及重点审计领域，审计工作进度及时间、费用预算，审计小组组成及人员分工，审计重要性水平的确定及审计风险的评估，专家、内审人员及其他审计人员工作的利用等其他有关内容。而具体审计计划是依据总体审计计划制定的，对实施总体审计计划所需要审计程序的性质、时间和范围所作的详细规划和说明。具体审计计划包括审计目标、审计程序、执行人员及执行时间、审计工作底稿的索引号及其他有关内容。

二、实施审计阶段

实施审计阶段是根据计划阶段所确定的范围、要点、步骤和方法，进行取证、评价并形成审计结论，实现审计目标的中间过程，是审计全过程的中间环节。实施审计阶段的主要工作包括：对被审计单位内部控制制度的建立及遵守情况进行符合性测试，根据测试结果修订审计计划；对会计报表项目的数据进行实质性测试，根据测试结果进行评估和鉴定。

三、审计完成阶段

审计完成阶段是实质性审计工作的结束，主要工作有：整理审计工作底稿与评价执行审计业务中收集到的各类审计证据，形成审计结论；会计师事务所注册会计师、项目经理（部门经理）、主任会计师分级复核工作底稿（签发审计报告前的审计工作底稿的复核，一般由主任会计师负责，是对整套工作底稿进行原则性复核）；审计期后事项和或有损失；完成审计报告。

会计师事务所的主任会计师进行的原则性复核，应当包括所采用的审计程序的恰当性、获取审计工作底稿的充分性、审计过程中是否存在重大遗漏、审计工作是否符合会计师事务所的质量要求。

被审计单位的资产负债表截至日到审计报告日发生的，以及审计报告日至会计报表公布日发生的对会计报表产生影响的事项，称为期后事项。期后事项主要有两类：一是对会计报表有直接影响并需要调整的事项；二是对会计报表没有直接影响但应予以关注、反映的事项。

或有损失是指由某一特定的经济业务所造成的，将来可能会发生，并要由被审计单位承担的潜在损失。这些可能发生的损失，到被审计单位资产负债表日为止仍不能确定。如果一项潜在损失是可能的，且损失的数额是可以合理地估计出来的，则该项损失应作为应计项目，在会计报表中反映。如果可能损失的金额无法合理估计，或者如果损失仅仅有些可能，则只能在附注中反映，而不在会计报表中列为应计项目。

第六节　履行股改法律程序

拟在新三板挂牌企业在进行股份制改造过程中，还需要由具有证券从业资质和新三板业务经验人员的法律事务所进行法律合规审查。

企业股份制改组与股份有限公司设立的法律审查，是指需由律师对企业改组与公司设立的文件及其相关事项的合法性进行审查。律师一般从以下几个方面进行审查，并出具法律意见书。

一、企业申请进行股份制改组的可行性和合法性

1. 企业进行股份制改组申请是否得到有关部门的批准；
2. 企业生产经营是否符合国家产业政策；
3. 股权结构及股份设置是否合法；
4. 其他要求。

二、发起人资格及发起协议的合法性

我国《公司法》关于发起人资格的规定：须有过半数的发起人在中国有住所；发起人可以是自然人或法人，他们均须符合《中华人民共和国民法通则》

中关于民事主体及民事行为能力的规定。

发起人协议是发起人以书面形式订立的关于设立股份有限公司的协议。协议应由发起各方签字；法人作为发起人的，还应加盖法人单位的公章。

三、发起人投资行为和资产状况的合法性

此项审查主要是对发起人投资入股是否合法、投资人的资产是否拥有产权及办理产权转移手续是否存在法律障碍等发表意见。

四、无形资产权利的有效性和处理的合法性

国家对商标权、专利权等知识产权的保护有期限性，因此，其权利仍然在保护期内，便是律师必须审查的内容。

关于土地使用权的处理，可入股、出让或租赁，均应依照法定要求办理有关手续。

五、原企业重大产权变更史的合法性和有效性

在企业股份制改组过程中，企业的资产、业务及债权、债务必然随之重组。由于原企业与新设公司属于两个主体，任何业务、资产、债权、债务的变更均有进一步完善法律手续的问题，因此，律师应当对这些变更的合法性和有效性进行法律审查。

六、原企业重大合同及其他债权、债务的合法性

律师应查阅改组企业签订的尚未履行完结的重要合同，审查重大合同的合法性和履行合同可能产生的负面影响或取得的权利是否存在瑕疵。

七、诉讼、仲裁或其他争议的解决

律师应尽责了解原企业尚未完结的诉讼、仲裁或其他争议，并依法对这些诉讼、仲裁或争议的处理结果以及可能带来的经济后果发表意见。

八、其他应当审查的事项

律师及其所在的律师事务所在履行职责时，应当按照行业公认的业务标准和道德规范，对其出具文件内容的真实性、准确性和完整性进行核查和验证。在核查和验证完毕后，对企业的申请文件是否齐全、是否符合审批的程序、是否得到

充分的授权、是否满足法律规定的实质要件、法律障碍是否排除等方面进行审核、验证,并进行综合分析,从而独立地发表明确的法律意见。

第七节　股份改制相关问题解读

一、拟挂牌的中小企业如何选择适宜的主办券商

根据证券监管部门的法律法规和全国中小企业股转系统公司制定的关于主办券商的规定。申请从事新三板企业推荐业务的主办券商必须具备证券承销和保荐的资格,具备专门的保荐业务部门和专业专职的保荐工作人员团队,并同时具备从事有关企业挂牌新三板保荐业务的一整套完整的工作管理制度体系。

通常而言,国内具备证券发行保荐业务资格的主要券商基本上都符合上述条件,各主要券商也都先后向全国中小企业股转系统公司申请到了有关从业资格和牌照。目前有超过七十多家券商具有新三板公司的推荐席位,因此可供拟挂牌企业选择的服务提供方有很多。

具体到选择某一家券商,需要根据拟挂牌公司自身需要和业务特点进行全方位的考量。虽然国内主要券商机构都纷纷参与到新三板企业的推荐挂牌业务中来,但不同的券商由于其自身业务定位方向、业务专长以及业务资源分配方面的差别,对于新三板业务的积极性也有很大不同。在现实业务层面,不同券商在新三板市场从事推荐业务的数量和规模差别很大。从中也可以看出每一家券商对于从事新三板推荐业务的态度和专业性方面存在很大差别,因此建议选择新三板公司推荐挂牌业务数量较多的券商作为主办券商选择对象。

从挂牌之前相关业务流程的时间效率来看,选择券商还要着重考虑对方业务团队的综合实力和专业性,特别是全国中小企业股转系统公司规定对推荐业务项目团队中的行业研究专家资历水平有着较高的要求。对于拟挂牌公司而言,应事先了解主办券商之前从事的主板、中小板、创业板以及新三板等各类保荐推荐项目公司的行业类型分布,以及该券商在不同行业的研究水平排名,从中选择对拟挂牌企业所在行业具有特别专业优势的券商作为挂牌业务的主办券商。

此外,从地域交通便利等问题考虑,主办券商最好与拟挂牌企业处于同一地区或者临近地区。但有关规定提到,主办券商不可以与拟挂牌企业有包括股份、人事任职以及亲属方面的关联关系。

综合而言,由于新三板业务规定主办券商与挂牌公司存在一一对应的关系,

负责挂牌公司推荐业务的主办券商同时要负责挂牌公司后续的包括持续督导以及信息披露等相关事宜,所以选择主办券商一定要仔细慎重。如果挂牌之后与主办券商产生问题和矛盾,更换主办券商将为挂牌公司带来极大的不便和不利影响。

二、国有企业准备在新三板挂牌进行股份制改造时应当注意哪些问题

目前国内各部门、各个地方进行国有企业改革普遍采用股份制改造和利用资本市场的方式,国有企业由于其产权性质较为特殊、企业历史问题较多、关联关系较为复杂,相比较一般企业改制,国有企业股份制改造需要注意很多特殊问题。

国有企业进行股份制改造设立股份公司最主要面对的问题是国有资产的评估认定和股东关系的确定。单一投资主体的国有企业进行股份制改造时,在对于国有资产进行评估和产权界定后,将评估后的净资产进行折股,不得低价进行折股,股权性质不得分设。对于有权代表国家投资的机构和部门直接设立的国有企业改制为股份有限公司的,进入股份有限公司的净资产累计高于原有企业净资产50%的(含50%),或者主营业务有关的绝大部分净资产进入股份有限公司的,净资产折成的国有股份界定为国家股;进入股份有限公司的净资产低于50%,净资产折成的国有股份界定为国有法人股。

除了国有资产评估转股以及股份界定外,国有企业股份制改造往往牵扯到包括原有固定资产、采矿权、土地及其他无形资产的权属问题,特别是许多国有企业原有企业土地为划拨用地,需要进行产权重新确认。许多准备股份制改造的国有企业,脱胎于原有企业集团,与控股股东在业务、办公产所、资产使用、业务关联、资金往来、人员任职关系等存在诸多联系,企业经营管理缺少自主性和规范性。因此在进行国有企业股份制改造时,应对于原有企业关系结构进行重新整理完善,对于不必要的业务部门人员进行清理剥离,对于公司内部管理体系制度进行规范。此外,许多国有企业股份制改造中涉及包括员工安置、企业职工身份置换补偿等历史遗留问题,这些问题都需要予以专门解决。

三、新三板挂牌公司在改制过程中如何解决同业竞争的问题

同业竞争是指挂牌公司从事的业务和其控股股东(包括绝对控股及相对控股)、实际控制人及控股股东的关联方所控制的企业在相同的行业提供相同和类似的产品服务,彼此之间存在竞争关系。同业竞争关系的判断,不应该仅仅局限于经营范围,应该按照实质重于形式的原则,从业务性质、产品服务类型、客户对象范围、产品服务可替代性和市场差别等方面进行。

同业竞争在新三板挂牌公司及拟挂牌公司中普遍存在，全国中小企业股转系统公司对于主办券商尽职调查的工作指引中也明确强调了挂牌公司及其控股股东、实际控制人之间的同业竞争问题。同业竞争问题的存在，不仅严重制约挂牌公司业务正常进行和企业健康发展，也对挂牌公司其他股东及投资者的利益带来潜在损害，对于规范公司治理存在极为不利的影响。

解决同业竞争的问题，需要挂牌公司、公司控股股东及实际控制人连同主办券商等有关机构经过利益协商谈判，再依据股转系统公司的反馈意见，制定出切实可行的解决同业竞争问题的方案计划。可行的方式内容有：

（1）挂牌公司控股股东及实际控制人控制的企业承诺放弃存在同业竞争的业务内容，结束并清理有关业务部门人员；

挂牌公司控股股东及实际控制人控制的企业将存在同业竞争关系的业务部门和人员通过资产注入、出售交易等手段转让至挂牌公司，与挂牌公司从事同类或者类似业务的部门人员进行合并，或转让予第三方外部企业；

（2）挂牌公司将涉及同业竞争的业务部门和人员以出售交易等手段转让至控股股东及实际控制人控制的相关企业，或者转让予第三方；

（3）挂牌公司及控股股东及实际控制人控制的企业双方业务产品和服务存在竞争关系的，通过合理调整筹划产品服务类别、市场范围等，使得双方规避直接的市场竞争。

（4）挂牌公司及控股股东、实际控制人控制企业在具体解决同业竞争过程中，可能存在资产转让过程中的关联交易，应该按照相关规定及时披露有关交易内容细节，并合理确定转让资产定价。

四、新三板挂牌公司实际控制人、主要股东、董事、监事和高管应该在主办券商培训过程中学习了解哪些内容

新三板挂牌公司作为非公开发行公司的公众公司，公司必须按照有关规范严格公司业务经营和公司治理活动，相应的，对于公司实际控制人、主要股东、董事、监事和高管的业务能力和知识水平有着一定要求，而主办券商作为挂牌公司挂牌转让全程的参与者，在公司股份制改造、尽职调查、挂牌交易等各个时间都有组织培训的责任和义务。

挂牌公司的实际控制人、主要股东、董事、监事和高管的培训学习内容应该包括以下方面：

（1）宏观经济、国家主要经济政策特别是与资本市场有关的政策学习；

（2）公司治理基本原则和原理、关于完善公司治理的主要思想理念、公司治理组织结构体系设计等公司治理内容；

（3）财务会计基本知识及公司财务管理制度有关内容；

（4）企业经营管理活动、资本运作、并购重组等有关问题涉及法律法规内容；

（5）证监会及全国中小企业股转系统公司出台的新三板挂牌公司各项规定、规范和指引等文件及相关解释；

（6）主要国内挂牌新三板及非挂牌新三板公司经营治理活动案例学习等。

除了一般性的学习内容外，主办券商还可以根据挂牌公司基本情况特点、培训对象的现实需求有针对性地开展专门的培训学习活动，以提高挂牌公司管理团队的总体水平，适应非挂牌新三板公众公司完善企业治理的需要。

五、新三板挂牌公司对于外商投资的股份有限公司有无特别的说明规定

全国中小企业股转系统公司对于新三板挂牌公司在所有制方面没有做出任何限定条件，外商投资股份有限公司可以作为新三板挂牌公司进行交易转让。但外商投资股份有限公司必须符合国家对于外资企业的有关法律法规规定。

首先，外商投资股份有限公司必须有5个以上的发起人，最低注册资本额为人民币3 000万元，其中外商投资部分占总股份比重不得低于25％。

其次，根据国家商务部出台的外商投资指导目录，对于不同行业外商投资股份有限公司的外资股份比重也有相应的限定。其中，属于国家鼓励外商投资的行业，外商投资股份有限公司中外资股份比重不受规定；对于国家限制外商投资的行业，外商投资股份有限公司中外资股份比重不得超过25％；对于国家禁止外商投资的行业，无法发起设立外商投资股份有限公司。

此外，拟挂牌新三板公司中如果属于外商投资股份有限公司的，其股份对外转让、对外投资收购、吸引境外战略投资者股东等事宜需要各级商务主管部门的审批。

六、拟在新三板挂牌的公司如何符合业务明确、具有持续经营能力的认定标准

根据全国中小企业股转系统公司对于拟在新三板挂牌公司的申请条件提出的具体要求来看，业务明确、具有持续经营能力应该符合下列标准：

（1）业务明确，是指公司能够明确、具体地阐述其经营的业务、产品或服务、用途及其商业模式等信息。公司可同时经营一种或多种业务，每种业务应具有相应的关键资源要素，该要素组成应具有投入、处理和产出能力，能够与商业合同、收入或成本费用等相匹配。公司业务如需主管部门审批，应取得相应的资质、许可或特许经营权等。公司业务须遵守法律、行政法规和规章的规定，符合国家产业政策以及环保、质量、安全等要求。从上述规定来看，业务明确的判定标准首先是挂牌公司自身对于从事的业务范围和内容有着清晰完整的认定，并确保公司全部的经营活动和经验中投入的人力物力等资源要素以及创造的产出和收益均与规定的行业类别有关。与目前资本市场中小板和创业板对于挂牌新三板公司从事主营业务必须集中于某个行业不同，新三板对于挂牌公司从事一种或多种业务，公司业务横跨不同行业没有具体要求。但公司挂牌公司从事业务的内容范围必须固定明确，对于没有明确经营方向，业务构成杂乱无章，业务对象选择随机性强的公司，很难保证业务的可持续性和竞争力，因此新三板公司的业务内容方向必须确定，集中专注于公司经营最有优势的一个或多个业务领域。

（2）持续经营能力，是指公司基于报告期内的生产经营状况，在可预见的将来，有能力按照既定目标持续经营下去。挂牌公司条件规定对于持续经营能力的解释仅仅局限于公司财务报告上的运营记录内容，以及披露的影响持续经营的事项，并未具体列示说明哪些情况不符合挂牌公司维持持续经营能力的范围。

但根据资本市场专业机构对于挂牌新三板公司持续经营能力的评价分析方法，对于新三板挂牌公司而言，以下情况的存在极有可能影响公司的持续经营能力：

（1）从公司财务方面来看，挂牌公司存在大额无法偿还或者延期的负债，存在大额的应缴税款拖欠行为，存在大额的债务清偿诉讼或者长期借款无法按照合同履约，累计经营性亏损数额巨大，公司主营业务长期出现亏损现象，公司经营活动产生的现金流长期为负数或者公司经营活动现金流无法覆盖公司债务利息支出，公司过度依赖短期负债融资或者短期负债压力巨大，公司无法为开发新产品服务或者提高经营能力的项目投入足够的资金，公司已经失去或者无法获得供应商的信用支持，公司控股股东或者其他关联机构长期占用公司大额的资金导致公司资金周转出现问题，对公司业务产生重大影响的主要子公司无法正常开展经营为公司贡献利润，公司存在大量不良资产无法及时处置变现或者处置变现将给公司带来巨大损失等。

（2）从公司业务经营来看，公司主要产品和服务的市场状况不景气，公司提供产品和服务即将被竞争产品替代，公司的产品和服务不符合行业规范和国家产业政策要求,公司提供产品和服务需要的上游原料、半成品和服务的采购成本增加影响公司销售利润率,公司因各种原因失去主要的下游客户、上游供应商和合作伙伴对公司经营产生重大不利影响且无法消除,公司出现严重的产品质量和商业信誉等方面的问题,公司经营活动所依赖的核心技术和关键设备严重落后将被淘汰,公司经营管理和技术研发等关键岗位的重要人员离职导致相关工作无法正常开展,公司业务盲目扩展导致过度投入无法获得预期投资收益,公司经营管理体制无法适应业务发展的需要导致业务管理混乱等。

其他方面影响公司持续经营能力的情况还有:挂牌公司在实际经营活动中出现过或已经出现严重的违法违规问题并受到有关主管部门的行政处罚,公司生产经营活动因人为或者不可抗力的事故导致业务停滞并造成人员财产损失,对于公司行业发展产生重大影响的国内宏观经济环境和国家政策出现不利变化,公司与其他经济主体出现合同法律纠纷对公司经营产生严重不利影响,公司股东内部出现矛盾影响公司正常稳定经营等。

应当注意的是,持续经营能力着眼于影响公司未来发展的各种潜在因素,与挂牌公司在新三板申请挂牌的时点是否盈利并无直接关系。即使挂牌公司短时期出现账面亏损,但并不存在影响公司持续经营的各种问题或者这些问题尚不严重,也可以认定挂牌公司具备持续经营能力。

拟挂牌公司应采取各种有效手段和措施,及时发现并处理可能影响公司持续经营能力的问题,以使得公司可以成功实现中小板挂牌。

七、如何理解拟在新三板挂牌的公司关于股权明晰、股票发行和转让行为合法合规方面的规范要求

根据全国中小企业股转系统公司对于拟在新三板挂牌公司的申请条件作出的规定,关于公司股权明晰问题的定义是指公司的股权结构清晰,权属分明,真实确定,合法合规,股东特别是控股股东、实际控制人及其关联股东或实际支配的股东持有公司的股份不存在权属争议或潜在纠纷。

其中具体情况又分为以下三个方面:
(1)公司的股东不存在国家法律、法规、规章及规范性文件规定不适宜担任股东的情形。
(2)申请挂牌前存在国有股权转让的情形,应遵守国资管理规定。
(3)申请挂牌前外商投资企业的股权转让应遵守商务部门的规定。

其中,关于不适宜担任股份公司股东的情形,根据公司法的相关规定:党政机关、司法行政部门以及党政机关主办的社会团体不得投资举办企业。党政机关所属具有行政管理和执法监督职能的事业单位，以及党政机关各部门所办后勤性、保障性经济实体（企业法人）和培训中心不得作为股份有限公司的股东；会计师事务所、审计事务所、资产评估机构、律师事务所等各类合伙制机构（有限合伙投资基金除外）不可以作为其他行业股份有限公司的股东；分公司、个人独资企业和合伙企业分支机构不得作为股份有限公司的股东；法律、法规禁止从事营利性活动的人，不得成为公司股东，这里主要指国家公务员以及部分参照国家公务员管理的具有行政性质的事业单位中的人员；不具有民事行为能力或不完全具备民事行为能力的自然人以及被剥夺部分民事经济权利的自然人等。

关于国有股份转让问题，现实操作中，拟挂牌转让公司的历史沿革中如果出现有国有企业或者国有创投公司投资退出的情形，需要特别关注其投资、退出时是否履行了国有股权投资、退出的法律程序。一般国有股份转让退出的主要程序包括：

（1）投资时，是否经有权部门履行了决策程序，是否对拟投资的公司进行过评估、备案，是否需要国有资产监督管理部门批准；

（2）增资扩股时，是否同比例增资，如未同比例增资，是否履行评估、备案手续；

（3）国有股退出时是否履行了评估、备案，是否在产权交易所进行了交易，是否需要国有资产监督管理部门批准；

（4）对于外资股份转让部分，主要参考商务部等主管部门对于外商投资的规定和限制，外商投资股份出资、入股、转让和登记等各个环节是否全部按照法定程序进行，相关程序规范文件是否齐备等。

八、拟在新三板挂牌公司如何解决历史形成的内部职工股、工会持股和股份代持的问题

许多新三板公司经营历史较长，在之前的企业改制过程中，由于当时制度不健全及其他外部原因，存在内部职工股、工会持股和股份代持等诸多影响股权结构正常化的问题。

其中，最为普遍的是内部职工股问题，很多企业为了激励员工并让员工分享企业经营成果，或多或少地发行了内部职工股，内部职工股的存在对于企业规范股权结构带来很大障碍。职工持股导致公司股东人数超过200人，不仅影响公司挂牌新三板，也增加了股东管理难度。很多职工股发行之初存在出资不实或者出资来源不明等问题,而职工股的变现流通会带来巨大的经济利益,又容易导致公司职工管理者之间出现巨大的利益纠纷和矛盾,影响公司内部稳定团结。处理公司内部职工股是非常必要但也很棘手的问题。

挂牌公司如果要彻底解决内部职工股问题,需要在主办券商及相关中介机构的协助下通过以下途径逐步进行,以减少不必要的风险和阻力。

由职工持股会或者企业工会召开理事会,做出关于同意持股员工转让出资(清理或解散职工持股会)的决议。接下来再由职工持股会或者企业工会召开会员代表大会,做出关于同意持股员工转让出资(清理或解散职工持股会)的决议。最后,由转让出资的职工与受让出资的职工或投资人签署《出资转让协议》,并由受让出资的职工或其他投资人支付款项。

上述股权转让工作虽然形式过程简单,但考虑到很多企业员工持股时间较长,大量员工工作调动、辞退、死亡等原因变动较大,逐一登记确认的工作量巨大。更为关键的,由于拟挂牌公司股份未来潜在的变现收益,使得很多员工不愿放弃已经获得的职工股份。针对这一现实利益问题,可以考虑设立民事信托的形式在确保持股员工经济利益的基础上实现公司股权结构的规范化。

通过信托公司持股或设置民事信托,将原本分散在职工手中的股权集中起来,增强了公司股权的完整性,有利于公司重大决策的制定,而又不会损害公司职工股东的切身利益。根据信托财产独立的原则,受托人建立的信托账户中的资产是与其独立的,即使该受托人存在严重的债务危机,债权人也不得要求受托人以该账户上的资产偿还其债务;受托人违反信托目的处分信托财产的,委托人有权申请人民法院撤销该处分行为,该信托财产的受让人明知是违反信托目的而接受该财产的,应当予以返还或者予以赔偿。这样无疑能很好地保护职工的利益。设置民事信托更容易得到职工认可,其手续简便,不需要办理相关审批手续;除了维持信托正常运作的费用以外,一般不会发生其他费用。

对于工会直接持股的情况,根据现有的法律法规,工会不可以作为挂牌新三板公司或者公众公司的股东。因此,对于工会持股情况,应该在充分了解挂牌公司管理层、其他股东方、工会组织和全体员工的基础上,制定出各方可以认可的股份转让方案,在平衡各方利益的基础上,遵照国家关于清理工会持股的有关法律意见规定,将工会持股的股份转让公司其他各方,新进入外部投资者或者其他中介托管机构,以最终规范公司股权结构。

股份代持也是很多挂牌公司股改中存在的常见问题,股份代持往往因为股东出资、股东身份限制等问题导致,代持股份的存在导致公司股权结构不明确,对于公司股权结构稳定性带来极大的不利影响。

股权代持的核查首先要从公司股东入手,向股东说明相关法律法规的规定,阐明股权代持对公司上新三板挂牌转让的法律障碍,说明信息披露的重要性,阐述虚假信息披露被处罚的风险,说明诚信在资本市场的重要性。

如果股东能够自己向中介机构说明原因,一般情况下,中介机构可以根据股东的说明进一步核查,提出股权还原的解决方案。核查中需要落实是否签署了股权代持协议、代持股权时的资金来源、是否有银行流水、代持的原因说明,还原代持时应当由双方出具股权代持的原因及出资情况,以及还原后不存在任何其他股权纠纷、利益纠葛。如果股东未向中介机构说明,中介机构自行核查难度较高,但是还是可以通过专业的判断搜索到一些蛛丝马迹,如该股东是否在公司任职、是否参加股东会、是否参与分红,股东是否有资金缴纳出资,股东出资时是否是以自有资产出资,与公司高级管理人员访谈,了解股东参与公司管理的基本情况等。

九、拟在新三板挂牌公司在改制过程中如何解决土地使用权处置问题

对于很多准备在新三板挂牌的企业,公司长期经营过程中没有注意到国有土地使用权的使用和处理问题,土地使用权存在很多瑕疵。公司在股改过程中,对于准备纳入股份公司的土地使用权需要进行相应地评估和产权确立。具体而言,对于新三板挂牌公司股改过程中国有土地使用权采取以下四种方式进行处置:

第一,以土地使用权作价入股。根据需要,国家可以以一定年限的国有土地使用权作价入股,经评估作价后,界定为国家股,由土地管理部门委托国家股持股单位统一持有。如果原公司已经缴纳出让金,取得了土地使用权,也可以将土地作价,以国有法人股的方式投入改制后的股份公司。

第二,缴纳土地出让金,取得土地使用权。拟挂牌新三板的股份有限公司以自己的名义与土地管理部门签订土地出让合同,缴纳出让金,直接取得土地使用权。

第三,缴纳土地租金。国家以租赁方式将土地使用权交给股份有限公司,定期收取租金。以租赁方式取得的土地不得转让、转租和抵押。改组前的企业取得土地使用权的,可以由挂牌新三板公司与原企业签订土地租赁合同,由挂牌新三板公司实际占用土地。

第四,授权经营。对于省级以上人民政府批准实行授权经营或国家控股公司试点的企业,可采用授权经营方式配置土地。

第七章　尽职调查与材料制作申报阶段

股份公司成立后，就进入了挂牌材料制作与申报阶段，其中，券商的详细尽职调查也在这个阶段，为制作挂牌材料收集相关信息。该阶段的工作并非全部需等到股份公司成立方可进行，部分工作可以提前准备，如券商的尽职调查的部分工作可与会计师审计同时进行。尽职调查与材料制作申报阶段从券商进场对企业业务、财务、公司治理、规范运作进行详细而全面的尽职调查开始，到完成全套申报材料的制作并向股转系统申报的全部过程，具体可以分为：中介机构进场尽职调查并出具专业报告、券商内核、全套申报材料制作、向股转系统申报四个步骤。

第一节　尽职调查

这里中介机构包括券商、会计师、律师。券商的专业报告为《公开转让说明书》，会计师的专业报告为两年一期的《审计报告》，律师的专业报告为《法律意见书》，这三大文件均是挂牌时需要公开披露的文件。中介机构的尽职调查是，为出具这些专业报告收集资料、核查相关数据与事实的过程，是出具专业报告的基础工作，决定着专业报告的质量。由于券商的尽职调查工作最为全面，涉及财务、法律、行业各方面，与会计师、律师部分工作重叠，券商为提高工作效率可充分借鉴会计师、律师的专业工作，但并不影响券商独立对自己出具的文件承担法律责任。所以券商的尽职调查通常与会计师、律师同时进行，但由于券商部分工作需在会计师、律师的基础上进行，所以券商专业报告出具的时间最晚。

如果企业挂牌的申报截至日为改制基准日，则这个阶段会计师不用实施审计程序、出具审计报告，但必须保证改制的审计报告为两年一期的审计报告。券商对财务部分调查工作也应与会计师实施审计程序时同时进行，确保双方对财务事项的核查进行必要的沟通。

律师在会计师审计过程中也可进行法律部分尽职调查工作，如核查公司历史沿革、股东股权、重大业务合同、重大资产、知识产权等事项。

券商在会计师审计过程中可以对公司业务与技术进行详细调查，因为这部分内容是券商在企业协助下独立完成的，无法借鉴会计师、律师的工作，并且其他阶段的工作不会影响业务技术的调查工作，故业务与技术部分的工作可以先行调查。

中介机构的尽职调查是专业性较强的工作，需要由专业人士借助专业的工具依据相关标准进行系统调查，如会计师的审计标准为财政部颁布的《审计准则》及其指南。券商推荐挂牌的尽职调查的标准为股转系统发布的《全国中小企业股份转让系统主办券商尽职调查工作指引（试行）》。

中介机构进行尽职调查时，应从公司内部控制、财务风险、会计资料稳健性、公司持续经营能力、公司治理、公司合法合规重要事项、风险因素等方面进行调查。

一、关于公司内部控制的资料提供清单

内部控制相关材料和说明：

1. 公司最近两年董事会、总经理办公会等会议记录；
2. 公司所有规章制度；
3. 业务流程相关文件（销售、生产、研发、采购）、业务规程与操作程序、岗位权限与职责分工；
4. 会计核算体系、财务管理和风险控制制度；
5. 会计政策和会计估计；
6. 公司最近两年风险评估报告；
7. 公司主要业务流程原始留痕文件各两份；
8. 公司信息沟通与反馈相关制度或渠道说明；
9. 公司关于是否建立了能够涵盖其全部重要活动，并对内部和外部信息进行搜集和整理的有效信息系统，以及公司是否建立了有效的信息沟通和反馈渠道，确保员工能通过其充分理解和坚持公司政策和程序，并保证相关信息能够传达到应被传达到的人员的说明；
10. 公司最近两年内部审计报告；
11. 内控自我评价；
12. 公司最近两年监事会报告或监事报告；

13. 注册会计师对公司现有内部控制制度对合理保证公司遵守现行法律法规、经营的效率和效果、财务报告的可靠性是否充分及内部控制制度的缺陷可能导致的财务和经营风险的意见。

二、关于公司财务风险的资料提供清单

（一）公司主要财务指标及流动资产相关资料和说明

1. 公司近两年及一期毛利率、净资产收益率、每股收益、每股净资产、每股经营活动产生的现金流量净额、资产负债率、流动比率、速动比率、应收账款周转率和存货周转率等主要财务指标与同行业公司平均水平相比有较大偏离的，或各项财务指标及相关会计项目有较大变动或异常的，请说明原因；

2. 公司近两年及一期财务状况、盈利能力、偿债能力、现金流量状况的变动趋势及原因说明；

3. 公司销售及收款政策说明；

4. 公司近两年及一期应收账款余额明细表（包括账龄）；

5. 公司期末大额应收账款相应的原始凭证、销售合同、期后回款原始凭证，超过信用期未回款的说明原因及收回可能性；

6. 公司期末账龄较长应收账款的形成原因及公司已采取和拟采取的收款措施；

7. 公司近两年及一期其他应收款余额明细表（包括账龄）；

8. 公司期末大额其他应收款的原始凭证、相关决议、期后回款凭证；

9. 公司期末账龄较长其他应收款的形成原因及公司已采取和拟采取的收款措施；

10. 公司生产循环说明；

11. 公司近两年及一期存货明细表；

12. 公司期末存货账龄表，账龄较长存货原因说明；

13. 存货跌价准备明细；

14. 公司近两年及一期预付账款余额明细表（包括账龄）；

15. 期末账龄超过一年的预付账款相关原始凭证、合同期末账龄超过一年的预付账款挂账原因说明。

（二）公司的关联方、关联方关系及关联方交易相关资料和说明

1. 公司股权结构图和组织结构图；

2. 公司近两年及一期关联交易明细账；

3. 公司期末关联交易往来余额明细表；

4. 公司近两年及一期关联交易相关决策文件；

5. 公司近两年及一期关联交易合同/决议/订单；

6. 关联方交易定价是否公允、与市场独立第三方价格是否有较大差异的说明；

7. 公司近两年及一期来自关联方的收入占公司主营业务收入的比例、向关联方采购额占公司采购总额的比例表；

8. 公司近两年及一期关联方交易有无大额销售退回情况说明；

9. 公司对关联方交易存在的必要性和持续性说明；

10. 独立董事（如有）、监事会对关联方交易合规性和公允性的意见；

11. 注册会计师对公司关联交易定价是否公允、与市场独立第三方价格是否有较大差异、是否存在关联方关系非关联化的情形、关联方交易有无大额销售退回情况的意见。

（三）公司收入、成本、费用的配比性相关材料和说明

1. 公司近两年及一期管理费用、营业费用、财务费用明细表；

2. 同行业其他公司的收入、成本、费用情况；

3. 公司近两年及一期收入与成本、费用，成本、费用与相关资产摊销等财务数据之间的配比或钩稽关系如明显缺乏合理的配比或钩稽关系，请做出说明。

（四）非经常性损益相关资料和说明

1. 公司近两年及一期非经常性损益表；

2. 公司近两年及一期营业外收入、营业外支出明细账；

3. 公司近两年及一期主要非经常性损益项目相关事项法律文件、审批记录、凭证、合同；

（五）注册会计师对公司财务报告的审计意见相关材料和说明

1. 公司近两年及一期审计报告；

2. 如审计意见为非标准无保留意见，请公司董事会和监事会对审计报告涉及事项处理情况作出说明。

（六）更换会计师事务所相关资料和说明

1. 公司最近两年更换会计师事务所的，提供审批程序文件、前任会计师事务所出具的报告；

2. 公司最近两年更换会计师事务所的，请对更换会计师事务所的原因、履行审批程序情况、前后任会计师事务所的专业意见情况作出说明。

三、关于公司会计政策稳健性的资料提供清单

（一）资产减值准备会计政策的相关资料和说明

1. 公司近两年及一期资产减值准备的计提、冲销和转回等的审批程序文件；

2. 公司资产减值准备的计提方法和比例发生变更的，说明变更原因。

（二）投资会计政策的相关资料和说明

1. 公司近两年及一期的投资合同、投资决议；

2. 公司股权或债权投资凭证；

3. 公司近两年及一期长短期投资明细账；

4. 公司近两年及一期投资收益明细账；

5. 公司子公司最新章程、营业执照、主要产品或服务说明；

6. 子公司近两年及一期审计报告或财务报表；

7. 注册会计师对影响子公司财务状况的重要方面的说明。

（三）固定资产和折旧会计政策的相关资料和说明

1. 公司近两年及一期固定资产明细表；

2. 公司近两年及一期固定资产折旧计算表；

3. 公司对是否需要进行固定资产更新及增加固定资产的说明；

4. 公司近两年及一期购建、处置重要固定资产相关审批程序文件；

（四）无形资产会计政策的相关资料和说明

1. 股东投入的无形资产，提供决议、投资合同、资产评估报告、资产权属证明、投资入账凭证；

2. 公司购买的无形资产，提供合同、入账凭证，并提供出售方与公司是否存在关联方关系、无形资产定价方法说明；

3. 公司自行开发的无形资产，提供立项文件、结项文件、开发支出明细账及会计凭证；

4. 公司近两年及一期处置无形资产审批程序文件。

（五）收入会计政策稳健性的相关资料和说明

1. 公司近两年及一期银行存款明细账；

2. 公司近两年及一期应收账款明细账；

3. 公司近两年及一期收入明细账；

4. 根据抽查的大额及期末收入项，提供相关销售商品或提供劳务的合同、订单、发出商品或提供劳务的凭证、收款凭证、发票、增值税、关税等完税凭

证、销售退回凭证；

5. 公司近两年及一期收入构成表；

6. 公司近两年及一期产品价格、销售量表；

7. 公司销售模式说明；

8. 公司最近两年及一期主营业务收入的变动趋势及原因说明；

9. 公司最近两年及一期成本明细账、成本计算表。

（六）广告费、研发费用、利息费等相关资料和说明

1. 公司近两年及一期广告费明细账；

2. 公司近两年及一期重要广告合同、付款凭证；

3. 公司近两年及一期研发费用明细账；

4. 公司近两年及一期利息费用明细账；

5. 对资本化的利息费用，提供借款合同、资本支出凭证、利息支出凭证、开工证明等资料；

6. 对计入当期损益的利息费用，提供借款合同、资金使用合同、利息支出凭证。

（七）合并会计报表相关资料和说明

1. 公司与其子公司会计期间和会计政策是否一致的说明；

2. 公司近两年及一期合并会计报表工作底稿。

（八）公司债务相关资料和说明

1. 公司近两年及一期应付账款余额表（包括账龄）；

2. 公司近两年及一期其他应付款余额表（包括账龄）；

3. 公司期末大额其他应付款原始凭证、相关合同/协议；

4. 公司近两年及一期预收账款余额表（包括账龄）。

四、关于公司持续经营能力的资料提供清单

（一）主营业务及经营模式相关资料和说明

1. 公司主营业务和主要产品说明；

2. 公司商业模式、该模式主要风险及对未来的影响说明；

3. 公司销售模式、该模式主要风险及对未来的影响说明；

4. 公司盈利模式、该模式主要风险及对未来的影响说明；

5. 公司最近两年内是否发生经营模式转型的说明，公司未来是否将发生经营模式转型的说明。

（二）业务发展目标相关资料和说明

1. 与公司业务发展相关的董事会会议记录；

2. 公司已履行及待履行的重大业务合同；

3. 公司未来两年的业务发展目标，公司发展计划（包括发展战略、整体经营目标及主要业务的经营目标、产品开发计划、市场开发与营销网络建设计划等）；

4. 公司实现目标和计划的主要措施说明。

（三）公司所属行业情况及市场竞争情况资料和说明

1. 公司所处行业基本情况说明（所在行业的产业政策，未来发展方向，行业竞争格局，行业内的主要企业及其市场份额，进入本行业的主要障碍，市场供求状况及变动原因，影响行业发展的有利和不利因素，行业周期性、季节性、区域性特征等）；

2. 相关行业研究报告、市场数据等能说明行业基本情况的第三方资料；

3. 公司面临的主要竞争状况说明；

4. 公司在行业中的竞争地位、自身竞争优势及劣势、采取的竞争策略和应对措施说明；

5. 相关行业研究报告、市场数据等说明公司面临的竞争状况和竞争地位的第三方资料。

（四）公司对客户和供应商的依赖情况资料和说明

1. 公司近两年及一期前五名客户的销售额、前五名销售占销售总额比例表；

2. 对客户有重大依赖的，公司采取的规避风险的措施；

3. 公司近两年及一期前五名供应商的采购额、前五名采购占采购总额比例表；

4. 对供应商有重大依赖的，公司采取的规避风险的措施；

5. 公司董事、监事、高级管理人员和核心技术人员、主要关联方或持有公司5%以上股份的股东在前五名客户或供应商中所占的权益说明。

（五）公司技术优势和研发能力情况资料和说明

1. 公司主要产品的技术含量、可替代性、在国内外同行业的先进性说明；

2. 查新报告、专家认定等能说明技术含量和先进性的第三方资料；

3. 公司核心技术的来源说明，公司自主技术占核心技术的比重说明；

4. 公司核心技术的保护说明；

5. 公司的研发机构和研发人员情况说明；

6. 公司近两年及一期研发费用投入占公司主营业务收入的比重表。

五、关于公司治理的资料提供清单

（一）公司治理机制的建立情况的相关资料和说明

1. 公司现行章程；

2. 公司三会议事规则（《股东大会议事规则》、《董事会议事规则》和《监事会议事规则》）；

3. 公司历次股东（大）会、董事会、监事会、总经理会议资料，包括会议通知、会议记录（纪要）、会议决议，以及职工（代表）大会选举职工监事、职工董事（若有）决定（附电子文件）；

4. 公司管理层就公司治理机制执行情况的说明和自我评价；

5. 公司组织结构图。

（二）公司股东出资情况的相关资料和说明

1. 工商管理局打印盖章的自公司设立至今的全套工商资料；

2. 公司股权结构图；

3. 公司股东名册；

4. 公司股东相互间的关联关系说明；

5. 公司自然人股东身份证复印件；

6. 法人股东最新营业执照、股权结构、现行章程；

7. 公司历次股权转让的转让价格依据说明，公司现有股东受让股份的对价支付证明。

（三）公司独立性的相关资料和说明

1. 公司购买及处置重要固定资产相关会议记录、资产产权转移合同、资产交接手续和购货合同及发票；

2. 公司房产权证、土地使用权证；

3. 土地使用权出让的批准文件、国有土地使用权出让合同；

4. 土地使用权租赁合同、房屋租赁合同；

5. 公司专利证书、非专利技术、商标、版权、特许经营权及其他无形资产的权属证明；

6. 股东单位员工名册及劳务合同；

7. 公司员工名册及最近两个月工资明细表；

8. 公司员工社保等福利费缴纳凭证；

9. 公司同员工签订的劳动合同、保密协议（如有）；

10. 公司董事、监事、高级管理人员、核心技术人员简历（姓名、性别、年龄、国籍及境外永久居留权、学历、职称、主要业务经历、曾经担任的重要职务及任期、现任职务及任期等）；

11. 公司董事、监事、高级管理人员、核心技术人员在母子公司兼职情况；

12. 高级管理人员的书面声明：高级管理人员是否在股东单位中双重任职，是否在公司领取薪酬，公司员工的劳动、人事、工资报酬以及相应的社会保障是否完全独立管理；

13. 公司在银行开立的基本存款账户、税务登记证；

14. 公司股东大会和董事会关于设立相关机构的决议；

15. 员工结构图。

（四）同业竞争的相关资料和说明

1. 公司控股股东、实际控制人及控股股东、实际控制人控制的其他企业的营业执照；

2. 公司控股股东、实际控制人及控股股东、实际控制人控制的其他企业业务说明（业务范围、业务性质、客户对象、可替代性、与公司市场差别）；

3. 主要股东（持股5%以上）对外投资情况（以图或表简要描述）；

4. 存在同业竞争的，公司就其合理性、为避免同业竞争采取的措施作出说明。

（五）重要事项的决策和执行情况的相关资料和说明

1. 公司最近两年及一期对外担保决策文件；

2. 公司最近两年及一期重大投资决策文件；

3. 公司最近两年及一期委托理财决策文件；

4. 公司最近两年及一期关联交易决策文件；

5. 公司管理层就公司对外担保、重大投资、委托理财、关联方交易等事项的情况、是否符合法律法规和公司章程，及其对公司影响的书面声明；

6. 公司控股子公司营业执照、公司章程及历史沿革。

（六）管理层及核心技术人员的持股情况的相关资料和说明

1. 公司管理层及核心技术人员的股权凭证；

2. 公司关于管理层及核心技术人员持股的锁定情况、最近两年上述人员的变动情况，及公司为稳定上述人员已采取或拟采取的措施说明。

（七）管理层诚信情况的相关资料和说明

1. 经公司管理层签字的关于诚信状况的书面声明（至少包括以下内容：（1）最近两年内是否因违反国家法律、行政法规、部门规章、自律规则等受到刑事、民事、行政处罚或纪律处分；（2）是否存在因涉嫌违法违规行为处于调查之中尚无定论的情形；（3）最近两年内是否对所任职（包括现任职和曾任职）的公司因重大违法违规行为而被处罚负有责任；（4）是否存在个人负有数额较大债务到期未清偿的情形；（5）是否有欺诈或其他不诚实行为等情况）；

2. 中国人民银行征信系统关于公司诚信行为的记录；

3. 工商行政管理部门的企业信用信息系统关于公司诚信行为的记录；

4. 税务部门关于公司诚信行为的记录；

5. 公司贷款银行关于公司诚信行为的记录。

六、关于公司合法合规事项的资料提供清单

（一）公司设立及存续情况的相关资料和说明

1. 公司历年年度检验资料；

2. 公司最近两年内主营业务和董事、高级管理人员是否发生重大变化的说明。

（二）股份报价转让试点企业资格的相关资料和说明

××政府出具的确认公司属于股份报价转让试点企业的函。

（三）最近两年是否存在重大违法违规行为的相关资料和说明

1. 已生效的判决书、行政处罚决定书以及其他能证明公司存在违法违规行为的证据性文件；

2. 要求公司提供的相关公司档案；

3. 税务部门违法违规记录；

4. 工商部门违法违规记录。

（四）股份转让限制的相关资料和说明

公司股东关于其股份是否存在质押等转让限制情形以及是否存在股权纠纷或潜在纠纷的书面声明。

（五）主要财产的合法性相关资料和说明

1. 所有与知识产权相关的技术转让或许可协议；

2. 公司的车辆行驶证；

3. 公司主要生产经营设备的权属凭证、相关合同等资料；

4. 证券（股票和债券）、合资或合作权益；

5. 融资租赁和经营租赁合同；

6. 委托理财合同；

7. 公司就其财产及经营所进行的所有保险情况，包括保险合同及保单。

（六）重大债务情况的相关资料和说明

1. 公司将要履行、正在履行以及虽已履行完毕但可能存在潜在纠纷的重大合同；

2. 公司是否有因环境保护、知识产权、产品质量、劳动安全、人身权等原因产生的债务说明；

3. 公司金额较大的其他应付款产生原因说明。

（七）纳税情况的相关资料和说明

1. 公司及其控股子公司执行的税种、税率说明；

2. 公司近两年及一期主要税种的纳税申报表、税收缴款书；

3. 公司近两年及一期税务处理决定书或税务稽查报告；

4. 公司获得有关税收优惠、财政补贴的依据性文件。

（八）环境保护和产品质量、技术标准相关资料和说明

1. 公司关于生产经营活动是否符合环境保护的要求，是否受过环境保护部门的处罚；公司产品是否符合有关产品质量及技术标准，是否受过产品质量及技术监督部门的处罚的书面声明；

2. 公司的资产及业务在其生产经营过程中存在哪些造成环境污染的因素及公司对上述环境污染问题采取哪些治理措施说明；

3. 公司环保认证情况；

4. 公司生产产品所适用的标准（国颁标准、部颁标准、企业标准）；

5. 公司产品符合标准的有关证明文件；

6. 公司产品质量认证证书；

7. 公司产品质量检测结果；

8. 公司产品有关质量的评比、表彰证书。

（九）重大诉讼、仲裁及未决诉讼、仲裁情况相关资料和说明

1. 公司重大诉讼、仲裁及未决诉讼、仲裁相关文件；

2. 管理层对公司重大诉讼、仲裁及未决诉讼、仲裁事项情况及其影响的书面声明。

七、关于风险因素及其他重要事项的资料提供清单

（一）风险因素资料或说明

1. 公司采购、生产和销售等环节存在的经营风险分析，获取经常性收益能力的分析；

2. 公司产品（服务）的市场前景、行业经营环境的变化、商业周期或产品生命周期、市场饱和或市场分割、过度依赖单一市场、市场占有率下降等情况说明，对经营是否产生重大影响的分析；

3. 公司经营模式是否发生变化、经营业绩不稳定、主要产品或主要原材料价格波动、过度依赖某一重要原材料或产品、经营场所过度集中或分散等情况说明，对经营是否产生重大影响的分析；

4. 下列情况说明：公司是否存在因内部控制有效性不足导致的风险、资产周转能力较差导致的流动性风险、现金流状况不佳或债务结构不合理导致的偿债风险、主要资产减值准备计提不足的风险、主要资产价值大幅波动的风险、非经常性损益或合并财务报表范围以外的投资收益金额较大导致净利润大幅波动的风险、重大担保或诉讼等或有事项导致的风险情况，对经营是否产生重大影响的分析；

5. 公司是否存在因技术不成熟、技术尚未产业化、技术缺乏有效保护或保护期限短、缺乏核心技术或核心技术依赖他人、产品或技术面临被淘汰等情况的说明，对经营是否产生重大影响的分析；

6. 公司是否存在由于财政、金融、税收、土地使用、产业政策、行业管理、环境保护等方面法律、法规、政策变化引致的风险情况说明，对经营是否产生重大影响的分析；

7. 公司是否存在可能严重影响发行人持续经营的其他因素，如自然灾害、安全生产、汇率变化、外贸环境、担保、诉讼和仲裁等情况说明，对经营是否产生重大影响的分析；

8. 以往公司针对相关风险的主要应对措施以及这些措施实际发挥作用情况说明，针对曾经发生和可能发生的主要风险制定的相关制度或规程、重大风险。

八、关于备案文件的资料提供清单

1. 法律意见书；

2. 公司及其股东对××市人民政府的承诺书；

3. 公司向主办券商申请股份报价转让的文件；

4. 公司董事会、股东大会有关股份报价转让的决议及股东大会授权董事会处理有关事宜的决议；

5. 公司企业法人营业执照；

6. 公司董事、监事、高级管理人员名单及其持股情况；

7. 公司全体董事对备案文件真实性、准确性和完整性的承诺书；

8. 注册会计师对备案文件真实性、准确性和完整性的承诺书；

9. 注册会计师对纳入股份报价转让说明书的由其出具的专业报告或意见无异议的函；

10. 律师对备案文件真实性、准确性和完整性的承诺书；

11. 律师对纳入股份报价转让说明书的由其出具的专业报告或意见无异议的函；

12. 注册会计师及所在机构的执业证书复印件，该复印件需由该机构盖章确认并说明用途；

13. 律师及所在机构的执业证书复印件，该复印件需由该机构盖章确认并说明用途。

第二节　券商内核

这是新三板挂牌的重要环节，主办券商内核机构会议审议拟挂牌企业的书面备案文件并决定是否向协会推荐挂牌。

主办券商新三板业务内核机构对前述项目小组完成的《股份报价转让说明书》及《尽职调查报告》等相关备案文件进行审核，出具审核意见，关注项目小组是否已按照《尽职调查工作指引》的要求对拟推荐企业进行了勤勉尽责的尽职调查；发现拟挂牌企业存在的仍需调查或整改的问题，提出解决思路；同意推荐目标企业挂牌的，向中国证券业协会出具《推荐报告》。

一、内核机构及人员

1. 主办报价券商应成立股份报价转让业务内核机构，负责推荐挂牌业务内部审核工作。内核机构应由十名以上成员组成，其中律师、注册会计师、行业专家至少各一人。行业专家应为具有所推荐园区公司所属行业高级职称的专家或从事行业研究五年以上的分析人员。

2. 主办报价券商应对内核成员的任职条件进行核查，内核成员简历应充分表明该成员符合任职条件。主办报价券商应在获得股份报价转让业务资格后十个工作日内，将经协会备案的内核机构工作制度、成员名单及简历在代办股份转让信息披露平台上披露。内核机构工作制度或内核成员发生变动的，主办报价券商应及时书面报协会备案，并在代办股份转让信息披露平台上更新披露。未经协会备案的人员不得作为内核人员参与内核工作。

3. 内核小组成员应独立、客观、公正地对申请挂牌公司拟提交的备案文件进行审核，并提供签名的审核工作底稿。内核小组成员应当遵守以下自律要求：

（1）坚持原则、公正廉洁、勤勉尽责、忠于职守、遵纪守法；

（2）按时出席内核会议；

（3）保守非上市公司的商业秘密，不向不相关人员泄露内部信息；

（4）不向项目小组、非上市公司及其他相关人员泄露内核会议的讨论内容、表决情况；

（5）不受他人的干扰，以审慎的态度独立发表审核意见、独立进行表决，并独立承担责任；

（6）不得利用职务之便为自己谋取私利、参与内幕交易等。

二、内核机构工作职责

1. 每个拟推荐备案项目需由七名内核人员审核，其中，律师、注册会计师和行业专家至少各一人。内核人员应对以下事项进行重点审核：

（1）备案文件的齐备性；

（2）项目小组成员是否符合条件，项目小组成员，特别是其中的律师、注册会计师、行业分析师，是否实际参与尽职调查；

（3）项目小组是否按《主办报价券商尽职调查工作指引》规定的内容和方法进行了调查，调查是否充分，结论是否明确；

（4）尽职调查工作底稿是否按要求制作，尽职调查报告结论是否有底稿充分支持；

（5）股份报价转让说明书是否按信息披露要求制作，内容是否完备，所披露信息是否经过尽职调查并与工作底稿相关内容在结论上一致；如不一致，主办报价券商是否在推荐报告中充分提示风险。

2. 主办报价券商应对拟推荐备案项目填列《主办报价券商推荐备案内部核查表》。内核人员应对核查表填列情况进行核查并签字确认。

3. 内核机构应为每个项目在七名内核人员中指定一名内核专员。内核专员除承担与其他六名内核人员相同的审核工作外，还应承担以下职责：

（1）就该项目内核工作的有关事宜接受证监会质询；

（2）整理内核意见；

（3）跟踪审核项目小组对内核意见的落实情况；

（4）审核项目小组对备案文件反馈意见的回复。

4. 内核人员应独立制作审核工作底稿，底稿内容至少包括：审核工作起止日期、发现的问题、建议补充调查核实的事项、对推荐挂牌的意见及本人签名。内核人员中的律师、注册会计师和行业专家还应分别对项目小组中的法律事项调查人员、财务会计事项调查人员和行业分析师的尽职调查工作及调查意见进行专业审核，并单独出具审核意见。

三、内核会议

1. 内核会议应由参与该项目内核工作的七名内核人员出席。少于或多于七名内核人员出席的内核会议无效。内核会议应对参会内核人员人数以及人员构成是否符合规定、参会内核人员是否不存在应回避而未回避的情形进行核查并在内核意见中进行说明。

2. 内核会议可采用现场会议、电话会议或视频会议的形式召开。内核人员应以个人身份亲自出席并提交独立制作的审核工作底稿。因故不能出席的内核人员应委托他人出席并提交授权委托书及独立制作的审核工作底稿。授权委托书应明确委托事项，包括陈述审核意见、根据审核意见投票表决以及签字权等。每次会议委托他人出席的内核人员不得超过二名。

3. 内核机构应在内核会议表决基础上制作内核意见。内核意见包括审核意见、表决结果、出席会议的内核人员名单及其投票记录。其中，审核意见应明确：

（1）项目小组是否已按照尽职调查工作指引的要求对拟推荐园区公司进行了尽职调查；

（2）园区公司拟披露的信息是否符合信息披露规则的要求；

（3）是否同意推荐该园区公司挂牌。

4. 七名内核人员应全部在内核意见上签字确认。

5. 内核会议提出补充或修改意见的，内核专员应督促项目小组按照内核会议的要求进行相应的补充或修改，并对项目小组补充或修改的内容予以审核。内核专员应单独制作补充审核意见,就项目小组是否已按内核会议要求补充或完善相关内容发表意见。该意见应与内核意见一起报协会备案。

四、备案文件报送后相关问题的处理

协会对备案文件提出反馈意见的,内核专员应就反馈意见的回复进行审核。反馈意见的回复应由内核专员签字确认,并由主办报价券商加盖公章。

内核机构成员应积极参加协会组织的股份报价转让工作会议及业务培训,并对相关业务人员适时开展法规及业务培训。

第三节 申报材料制作

全国股份转让系统公司对申报文件的制作要求详见《全国中小企业股份转让系统挂牌申请文件内容与格式指引(试行)》,指引要求:申请文件需要为原件,不能提供原件的,需要律师鉴证,保证与原件一致。申请文件所有需要签名处,均应为签名人亲笔签名,不得以名章、签名章等代替。申请文件应有企业、券商以及其他中介机构的联系人,申请文件章与章之间、章与节之间应有明显的分隔标识,文件中的页码应与目录中的页码相符。

同时,主办券商在申报时也应按照全国股份转让系统发布的《全国中小企业股份转让系统申请材料接收须知》、《关于做好申请材料接收工作有关注意事项的通知》以及电子化报送有关问题的通知要求进行申报。

1. 如何编写公开转让说明书?

公开转让说明书的编写要求详见《全国中小企业股份转让系统公开转让说明书内容格式与指引(试行)》。主要编写原则和注意事项有:在公开转让说明书中披露的所有信息应真实、准确、完整,不得有虚假记载、误导性陈述或重大遗漏。公开转让说明书的编制和披露应便于投资者理解和判断,符合下列一般要求:

(1)通俗易懂、言简意赅。要切合公司具体情况,用词要符合社会公众的认知习惯,对有特定含义的专业术语应作出释义。为避免重复,可采用相互引证的方法,对相关部分进行合理的技术处理。

(2)表述客观、逻辑清晰。不得有夸大性、广告性、诋毁性的词句。可采用图形、表格、图片等较为直观的方式进行披露。

(3)业务、产品(服务)、行业等方面的统计口径应前后一致。

(4) 引用的数字采用阿拉伯数字，货币金额除特别说明外，指人民币金额，并以元、万元、亿元为单位。

公开转让说明书的编写内容主要有六大部分，包括公司基本情况、公司业务、公司治理、公司财务、有关声明和附件。凡对投资者投资决策有重大影响的信息，均应披露。

2. 如何编写挂牌发行备案文件？

对于挂牌同时股票发行备案文件，全国股份转让系统公司尚未单独制定有关指引，可以参照《全国中小企业股份转让系统股票发行业务指引第1号——备案文件的内容与格式（试行）》和《全国中小企业股份转让系统股票发行业务指引第2号——股票发行方案及发行情况报告书的内容与格式（试行）》开展相关业务。

但挂牌同时股票发行备案材料的最低要求，应至少包括：（1）股票发行情况报告书；（2）公司关于股票发行的董事会决议；（3）公司关于股票发行的股东大会决议；（4）主办券商关于股票发行合法合规性意见；（5）股票发行法律意见书；（6）本次股票发行的验资报告、缴款凭证或者其他证明出资到位的文件等。

3. 如何准备财务报表及审计报告？

申请挂牌公司应按照《企业会计准则》的规定编制并披露最近两年及一期（如有）的财务报表，在所有重大方面公允反映公司财务状况、经营成果和现金流量，并由注册会计师出具无保留意见的审计报告。编制合并报表的，应同时披露合并财务报表和母公司财务报表。

申请挂牌公司应披露财务报表的编制基础、合并财务报表范围及变化情况。

申请挂牌公司应披露会计师事务所的审计意见类型。财务报表被出具带强调事项段的无保留审计意见的，应全文披露审计报告正文以及董事会、监事会和注册会计师对强调事项的详细说明。

4. 如何准备法律意见书？

全国股份转让系统公司对申请挂牌的法律意见书没有发布专门的业务指引，各律师事务所可以根据自己的执业习惯自行制定模板，但主要内容应为对企业历史沿革、合法规范经营、是否符合挂牌条件以及其他重大事项发表的专业意见。

律师应在法律意见书中详尽、完整地阐述所发表意见或结论的依据、进行有关核查验证过程、所涉及必要资料或文件。

5. 如何准备主办券商推荐工作报告?

主办券商应根据全国股份转让系统公司发布的《全国中小企业股份转让系统主办券商推荐业务规定（试行）》、《全国中小企业股份转让系统主办券商尽职调查工作指引（试行）》等规定，对企业进行全面的尽职调查，对企业是否符合挂牌条件和信息披露要求进行分析，并通过主办券商的内核以后，对是否同意推荐挂牌出具专业报告。

附件1

全国中小企业股份转让系统挂牌申请文件目录

（适用于申请时股东人数未超过200人）

第一部分　要求披露的文件

第一章　公开转让说明书及推荐报告

1-1 公开转让说明书（申报稿）

1-2 财务报表及审计报告

1-3 法律意见书

1-4 公司章程

1-5 主办券商推荐报告

1-6 股票发行情况报告书（如有）

第二部分　不要求披露的文件

第二章　申请挂牌公司相关文件

2-1 向全国股份转让系统公司提交的申请股票在全国股份转让系统挂牌及股票发行（如有）的报告

2-2 有关股票在全国股份转让系统挂牌及股票发行（如有）的董事会决议

2-3 有关股票在全国股份转让系统挂牌及股票发行（如有）的股东大会决议

2-4 企业法人营业执照

2-5 股东名册及股东身份证明文件

2-6 董事、监事、高级管理人员名单及持股情况

2-7 申请挂牌公司设立时和最近两年及一期的资产评估报告

2-8 申请挂牌公司最近两年原始财务报表与申报财务报表存在差异时，需要提供差异比较表

2-9 申请挂牌公司全体董事、监事和高级管理人员签署的《董事（监事、高级管理人员）声明及承诺书》

第三章　主办券商相关文件

3-1 主办券商与申请挂牌公司签订的推荐挂牌并持续督导协议

3-2 尽职调查报告

3-3 尽职调查工作文件

3-3-1 尽职调查工作底稿目录、相关工作记录和经归纳整理后的尽职调查工作表

3-3-2 有关税收优惠、财政补贴的依据性文件

3-3-3 历次验资报告

3-3-4 对持续经营有重大影响的业务合同

3-4 内核意见

3-4-1 内核机构成员审核工作底稿

3-4-2 内核会议记录

3-4-3 对内核会议反馈意见的回复

3-4-4 内核专员对内核会议落实情况的补充审核意见

3-5 主办券商推荐挂牌内部核查表及主办券商对申请挂牌公司风险评估表

3-6 主办券商自律说明书

3-7 主办券商业务备案函复印件（加盖机构公章并说明用途）及项目小组成员任职资格说明文件

<h3 style="text-align:center">第四章 其他相关文件</h3>

4-1 申请挂牌公司全体董事、主办券商及相关中介机构对申请文件真实性、准确性和完整性的承诺书

4-2 相关中介机构对纳入公开转让说明书等文件中由其出具的专业报告或意见无异议的函

4-3 申请挂牌公司、主办券商对电子文件与书面文件保持一致的声明

4-4 律师、注册会计师及所在机构的相关执业证书复印件（加盖机构公章并说明用途）

4-5 国有资产管理部门出具的国有股权设置批复文件及商务主管部门出具的外资股确认文件

4-6 证券简称及证券代码申请书

附件2

全国中小企业股份转让系统挂牌
申请文件目录

(适用于申请时股东人数超过200人)

第一部分　要求披露的文件

第一章　公开转让说明书及推荐报告

1-1 公开转让说明书(证监会核准的最终稿)

1-2 财务报表及审计报告

1-3 法律意见书

1-4 公司章程

1-5 主办券商推荐报告

1-6 股票发行情况报告书(如有)

1-7 中国证监会核准文件

第二部分　不要求披露的文件

第二章　申请挂牌公司相关文件

2-1 向全国股份转让系统公司提交的申请股票在全国股份转让系统挂牌及股票发行(如有)的报告

2-2 有关股票在全国股份转让系统挂牌及股票发行(如有)的董事会决议

2-3 有关股票在全国股份转让系统挂牌及股票发行(如有)的股东大会决议

2-4 企业法人营业执照

2-5 股东名册及股东身份证明文件

2-6 董事、监事、高级管理人员名单及持股情况

2-7 申请挂牌公司全体董事、监事和高级管理人员签署的《董事(监事、高级管理人员)声明及承诺书》

2-8 证券简称及证券代码申请书

2-9 国有资产管理部门出具的国有股权设置批复文件及商务主管部门出具的外资股确认文件

2-10 中国证监会核准后至申请挂牌前新增重大事项的说明文件(如有)

第三章 证券服务机构相关文件

3-1 主办券商与申请挂牌公司签订的推荐挂牌并持续督导协议

3-2 主办券商业务备案函复印件（加盖机构公章并说明用途）及项目小组成员任职资格说明文件

3-3 律师、注册会计师及所在机构的相关执业证书复印件（加盖机构公章并说明用途）

以上目录即可看出，挂牌中需报送的文件较多，制作文件时需一一核对，保证文件不缺不漏，对于不适用的文件需要书面说明。

第四节　向股转系统申报

一、电子化报送与受理的基本业务流程

所有材料全部制作完成后，需要向股转系统公司申报。2014 年 8 月 4 日以后新三板启动电子申报系统，可以在线接收审核材料。挂牌审查电子化报送系统正式上线后，所有挂牌申请材料包括挂牌并发行、反馈回复、归档等，必须通过挂牌审查系统进行报送，并由受理窗口在线上进行受理确认。申请挂牌公司将不需专程来北京进行挂牌申请材料的报送，通过设在主办券商的远程端口即能实现挂牌申请材料的上报、反馈意见的接收、反馈意见回复以及归档等审查程序。

二、电子化报送材料过程中需要注意的问题

1. 必须认真对待并准确完成填写报送信息，尤其是基本信息、财务信息、中介机构信息等表格；申报材料电子版文件需经过签字、盖章，并扫描签字盖章页（PDF 版必须彩色扫描），与纸质文件具备同等法律效力。

2. 报送的申请挂牌文件需按照《全国中小企业股份转让系统挂牌申请文件内容与格式指引》中规定的申请文件目录进行制作。

3. 上传的电子文件应包括 Word、PDF 版本各一套。其中，需要披露文件的 Word 版本除签字盖章页为图片扫描外，其余部分均应为可编辑状态，文字命名方式应为"公司全称＋申请文件对应目录名"，如：XXX 股份有限公司公开转让说明书。

4. 单个文件大小应不超过 20MB。

三、采用电子化报送后，是否还要报送纸质材料

全国股份转让系统的挂牌审查电子化系统已正式上线，将不再接收纸质版文件。

第八章　挂牌阶段

企业的申报条件和准备的材料都符合全国股份转让系统公司的要求时，经主办券商确认后，主办券商将正式向全国股份转让系统公司提出该企业的挂牌申请。本章将介绍挂牌申请的主要流程。

第一节　股份公司申请在全国中小企业转让系统的审查流程

根据 2013 年 3 月 19 日初次发布，2013 年 12 月 30 日修订后重新发布的《股份公司申请在全国中小企业转让系统公开转让、定向发行股票的审查工作流程》，股东人数未超过 200 人的股份公司申请到全国中小企业股份转让系统（以下简称全国股份转让系统）挂牌，须经全国中小企业股份转让系统有限责任公司（以下简称全国股份转让系统公司）审查同意，中国证监会豁免核准，纳入非上市公众公司统一监管。

按照标准公开、程序透明、行为规范、高效便民的原则，股东人数未超过 200 人的股份公司申请股票在全国股份转让系统挂牌公开转让、定向发行股票（包括股份公司申请挂牌同时发行、挂牌公司申请股票发行）的审查工作流程如下。

一、全国股份转让系统公司接收材料

全国股份转让系统公司设接收申请材料的服务窗口。申请挂牌公开转让、定向发行的股份公司（以下简称申请人）通过窗口向全国股份转让系统公司提交挂牌（或定向发行）申请材料。申请材料应符合《全国中小企业股份转让系统业务规则（试行）》、《全国中小企业股份转让系统挂牌申请文件内容与格式指引（试行）》等有关规定的要求。

全国股份转让系统公司对申请材料的齐备性、完整性进行检查：需要申请人补正申请材料的，按规定提出补正要求；申请材料形式要件齐备，符合条件的，

全国股份转让系统公司出具接收确认单。

二、全国股份转让系统公司审查反馈

1. 反馈

对于审查中需要申请人补充披露、解释说明或中介机构进一步核查落实的主要问题，审查人员撰写书面反馈意见，由窗口告知、送达申请人及主办券商。

2. 落实反馈意见

申请人应当在反馈意见要求的时间内向窗口提交反馈回复意见；如需延期回复，应提交申请，但最长不得超过三十个工作日。

三、全国股份转让系统公司出具审查意见

申请材料和回复意见审查完毕后，全国股份转让系统公司出具同意或不同意挂牌或股票发行（包括股份公司申请挂牌同时发行、挂牌公司申请股票发行）的审查意见，窗口将审查意见送达申请人及相关单位。

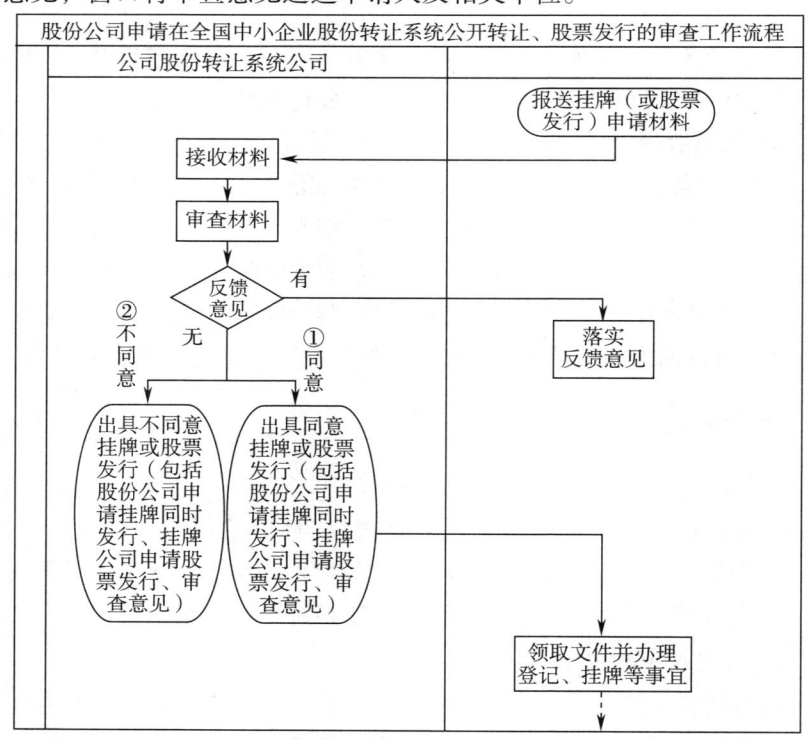

图8-1 申请审查工作流程

第二节 挂牌的主要事项

一、挂牌申请的相关文件

2013年12月30日修订后颁布的《全国中小企业股份转让系统挂牌申请文件内容与格式指引（试行）》规定，申请挂牌公司需要按照规定中列明的目录要求提交申请文件。根据审查需要，全国股份转让系统公司可以要求申请挂牌公司和相关中介机构补充文件。如部分文件对申请挂牌公司不适用，可不提供，但应书面说明。

申请挂牌同时定向发行的，应按照全国股份转让系统公司规定在挂牌申请文件中增加有关内容。

申请文件一经接收，非经全国股份转让系统公司同意，不得增加、撤回或更换。

未按要求制作和报送申请文件的，全国股份转让系统公司不予接收。

二、取得证券简称和代码及领取挂牌相关文件

1. 证券简称和代码

申请挂牌公司应于向全国中小企业股份转让系统有限责任公司（以下简称"全国股份转让系统公司"）报送申请挂牌文件时一并提交《证券简称及证券代码申请书》。

2. 缴费

根据全国股份转让系统公司发送的《缴费通知单》，申请挂牌公司缴纳挂牌初费和当年年费。

3. 领取文件

申请挂牌公司接到领取相关文件的通知后前往全国股份转让系统公司领取下列文件：

（1）在服务窗口领取全国股份转让系统公司出具的同意挂牌的函。

（2）在财务管理部领取缴费发票。

（3）在挂牌业务部领取《关于证券简称及证券代码的通知》，同时提交《信息披露业务流转表》、《主办券商办理股份公司股票挂牌进度计划表》。

（4）在公司业务部领取股票初始登记明细表。

公司股票办理初始登记时，无论是否存在首批解除转让限制情形，均需在全国股份转让系统公司业务部领取股票初始登记明细表。

4. 办理股份首批解除转让限制（如有）

公司股票挂牌时，如股份存在首批解除转让限制的情形，申请挂牌公司应向主办券商提交股份首批解除转让限制申请材料，主办券商审核后出具《挂牌公司股东所持股份解除转让限制明细表》，并提交至全国股份转让系统公司业务部，可先以传真或电子邮件方式发送，在领取同意挂牌的函时提交原件。

三、办理信息披露及股份初始登记

1. 挂牌前首次信息披露

取得证券简称和代码的当日，申请挂牌公司及主办券商向深圳证券信息公司报送挂牌前首次信息披露文件；第二个工作日或之前相关文件在全国股份转让系统指定信息披露平台（www.neeq.com.cn 或 www.neeq.cc）披露。

挂牌前首次信息披露文件包括：

（1）公开转让说明书；
（2）财务报表及审计报告；
（3）补充审计期间的财务报表及审计报告（如有）；
（4）法律意见书；
（5）补充法律意见书（如有）；
（6）公司章程；
（7）主办券商推荐报告；
（8）股票发行情况报告书（如有）；
（9）全国股份转让系统公司同意挂牌的函；
（10）中国证监会核准文件（如有）；
（11）其他公告文件。

文件披露后，不得随意更改、替换或撤销。如确需修改，申请挂牌公司和主办券商或其他信息披露主体应当及时向全国股份转让系统公司挂牌业务部提交情况说明；经挂牌业务部确认后，发布更正公告及更正后的信息披露文件。

2. 股份初始登记

申请挂牌公司及主办券商应不迟于取得证券简称和代码的第二个工作日前往中国证券登记结算有限责任公司北京分公司（以下简称"中国结算北京分公司"）办理股份初始登记：

（1）主办券商应协助申请挂牌公司股东在证券公司开立证券账户；

（2）申请挂牌公司与中国结算北京分公司签署《股份登记及服务协议》；

（3）申请挂牌公司向中国结算北京分公司提交《股份初始登记申请书》；

（4）中国结算北京分公司为申请挂牌公司办理股份初始登记，出具《股份登记确认书》。

3. 挂牌前的第二次信息披露

申请挂牌公司及主办券商取得中国结算北京分公司出具的《股份登记确认书》的当日，向全国股份转让系统公司挂牌业务部报送《股份登记确认书》、《股票公开转让记录表》、《信息披露业务流转表》（加盖主办券商公章）等文件的原件或扫描件、传真件，确定公司挂牌日期（挂牌日为取得《股份登记确认书》后的第三个工作日），办理挂牌前的第二次信息披露事宜。

（1）披露时间

T-2日或之前（T日为挂牌日，下同），申请挂牌公司及主办券商向深圳证券信息公司报送第二次信息披露文件。

T-1日或之前，相关文件在全国股份转让系统指定信息披露平台（www.neeq.com.cn 或 www.neeq.cc）披露。

（2）披露文件

关于公司股票将在全国股份转让系统挂牌公开转让的提示性公告；

关于公司挂牌同时发行的股票将在全国股份转让系统挂牌公开转让的公告（如有）；

其他公告文件。

四、申请挂牌同时发行股票融资的流程

全国股份转让系统是公开市场，为提高投融资对接的效率，满足申请挂牌公司的融资需求，申请挂牌公司可在申请挂牌时或挂牌审查期间提出股票发行申请，履行董事会、股东大会审议程序，自主决定发行方式、发行价格和发行的比例。申请挂牌同时股票发行后股东不超过200人的，中国证监会豁免核准。

1. 披露发行意向

申请挂牌同时发行股票且尚未确定认购对象的，可在报送申请挂牌材料后向全国股份转让系统公司挂牌业务部申请在 www.neeq.com.cn 或 www.neeq.cc 披露股票发行意向。

2. 披露公开转让说明书等文件

取得证券简称和代码后，申请挂牌公司按照"二（一）挂牌前首次信息披露"流程办理《公开转让说明书》等文件的信息披露事宜。

3. 报送备案材料

在完成股票认购、验资后，参照《全国中小企业股份转让系统股票发行业务细则（试行）》及其指引的有关规定，申请挂牌公司向全国股份转让系统公司挂牌业务部报送备案材料单行本一份（原件）及电子文件（含 WORD 和 PDF 文件各一套）；取得全国股份转让系统公司出具的股份登记函。

4. 披露股票发行情况报告书等文件

在取得股份登记函后的第二个工作日，申请挂牌公司披露《股票发行情况报告书》、《关于公司挂牌同时发行的股票将在全国股份转让系统挂牌公开转让的公告》等文件。

5. 办理股份登记

《股票发行情况报告书》等文件披露后，申请挂牌公司、主办券商持股份登记函及其他材料前往中国结算北京分公司办理股份初始登记或新增股份登记。

6. 披露工商变更登记公告

申请挂牌公司完成工商变更登记后，发布《关于完成工商变更登记的公告》。

7. 注意事项

（1）关于新增股份的登记

在股份初始登记前完成股票发行的：挂牌公司在股份初始登记前取得股份登记函的，初始登记的股份为发行完成后的全部股份。

在挂牌日前完成股票发行的：申请挂牌公司在股份初始登记后、挂牌日前取得股份登记函的，持股份登记函及其他材料前往中国结算北京分公司办理新增股份登记。

（2）通过股票发行持有公司股份的股东

根据《全国中小企业股份转让系统投资者适当性管理细则（试行）》的规定，通过申请挂牌同时股票发行持有公司股份的股东，如不符合参与挂牌公司公开转让条件，只能买卖其持有或曾持有的挂牌公司股票。

（3）挂牌日后完成股票发行的

申请挂牌公司拟于挂牌日后完成股票发行的，其发行程序按照已挂牌公司股票发行的规定办理。

五、挂牌仪式

申请挂牌公司拟举办挂牌仪式的，请填写《全国股转系统公司挂牌仪式申请》，发邮件至 guapaiyishi@neeq.org.cn，与全国股份转让系统公司信息服务部沟通具体事宜。

六、一般股票挂牌操作流程图

下面是股票挂牌的操作流程图，让读者能更加直观地了解股票挂牌的流程。

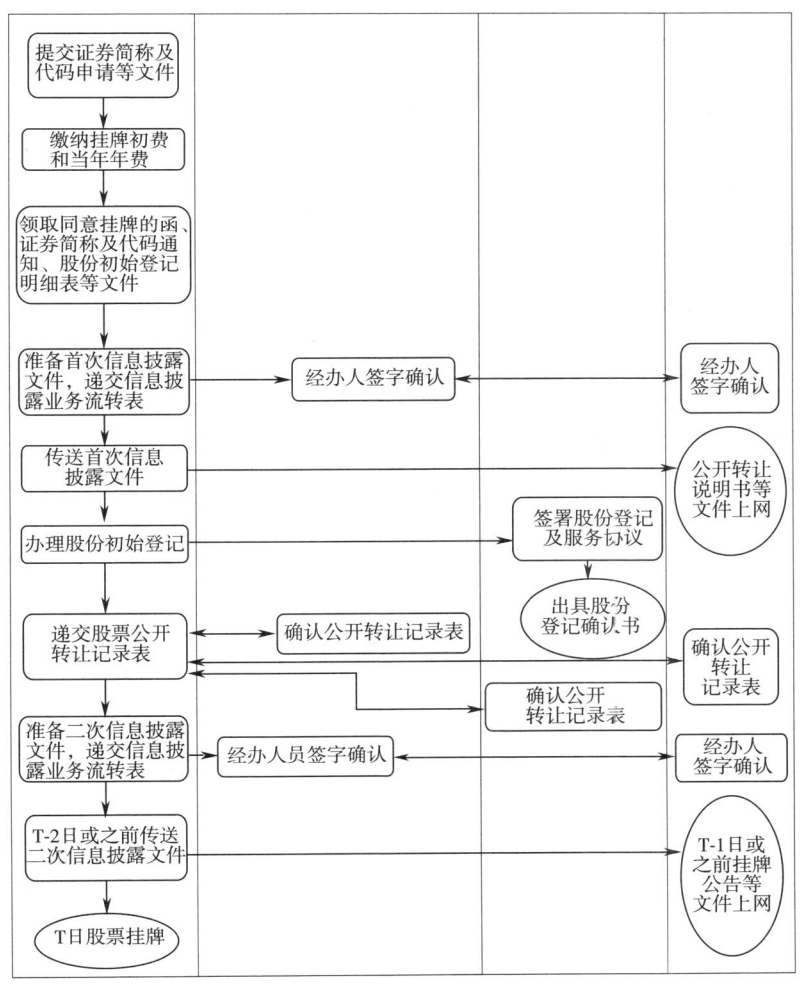

图 8-2　挂牌申请流程图

七、申请的部分文件汇编

1. 证券简称及证券代码申请书

_____股份有限公司股票

证券简称及证券代码申请书

全国中小企业股份转让系统有限责任公司：

我公司股票拟在全国中小企业股份转让系统挂牌公开转让。

特向贵公司申请证券简称及证券代码，挂牌公开转让的证券简称拟定为_____。

请予核定。

申请挂牌公司经办人签名：

联系电话：

传真：

_____股份有限公司

（公章）

年　月　日

说明：证券简称应从公司中文全称中选取不超过四个汉字的字符。

2. 主办券商办理股份公司股票挂牌进度计划表

主办券商办理股份公司股票挂牌进度计划表

主办券商：股份公司：

序号	事　项	办理时限	预计完成日期
1	申请挂牌同时股票发行工作进度安排	挂牌日前（　） 挂牌日后（　）	
2	股份公司原股东在证券公司营业部开立证券账户	取得同意挂牌的函前完成	
3	向股转系统公司公司业务部提交申请，取得股票初始登记明细表	2个工作日	
4	挂牌前首次信息披露文件披露日期	取得证券简称和代码后的第2个工作日或之前	
5	向中国证券登记结算公司北京分公司申请办理股份初始登记	4个工作日	

续表

序号	事项	办理时限	预计完成日期
6	向股转系统公司挂牌业务部递交《股票公开转让记录表》、《股份登记确认书》、《信息披露业务流转表》，确定挂牌日期	取得股份登记确认书当日	
7	挂牌前第二次信息披露日期	T-1日或之前	
8	股票挂牌	T日	
9	挂牌仪式	是（ ）否（ ）	

主办券商经办人签名：

电话：

手机：　　　　　　　　　　　　　　　　　　　　　　年　月　日

3. 挂牌公司股票公开转让记录表

挂牌公司股票公开转让记录表

编号：

股票信息	公司全称*			
	证券代码*		证券简称*	
	证券类别*	□挂牌公司协议转让股票 □挂牌公司做市转让股票		
	证券级别	挂牌公司股票		
	英文简称		ISIN编码	
	转让单位（倍）	1	每股面值	1元
	行业种类及代码*			
	货币种类*	人民币	上年每股收益（元）	
	总股本（股）*		非限售股本（股）*	
	挂牌日期*			
	转让状态	首日挂牌		

注：1. 挂牌日期确定后不可更改；

　　2. 带有*的为必填项；编号无需填写；

　　3. 所属行业及代码依据中国证监会《上市公司行业分类指引（2012年修订）》填写。

本公司对以上资料的真实性、准确性负责，以上资料如有不实和遗漏，本公司负担由此产生的一切责任。

（挂牌公司公章）　　　　　　　　　　　　　　　　　　（主办券商公章）

　年　月　日　　　　　　　　　　　　　　　　　　　　　年　月　日

4. 信息披露业务流转表

存档编号：

信息披露业务流转表

挂牌公司名称					
证券简称			证券代码		
主办券商名称					
主办券商经办人		联系电话		传真号码	
申请披露时间					
公告类别	公告编号		公告标题		
挂牌公司公告					
主办券商公告					
公告总数合计	份				
主办券商确认			全国股份转让系统公司确认		
经办人：（签名） 电　话： 手　机： （主办券商公章）			经办人：（签名） 电　话： 手　机：		

注：一张《信息披露业务流转表》只用于一家挂牌公司的信息披露。

5. 全国股转系统公司挂牌仪式申请表

全国股转系统公司挂牌仪式申请

基本资料

报送信息	内容
拟参加（集体/专场）仪式	
公司全称	
证券简称	
证券代码	
主办券商	
控股股东	
主营业务	
企业或主办券商联系人	
总资产（万元）	
总股本（万）	
净资产（万元）	
净利润（万元）	
公司简介（200~400字）	

6. 股票挂牌提示性公告

_____股份有限公司
关于公司股票将在全国股份转让系统挂牌公开转让的
提示性公告

本公司股票挂牌公开转让申请已经全国股份转让系统公司同意。本公司股票将于_____年_____月_____日起在全国股份转让系统挂牌公开转让。

证券简称：_____，证券代码：_____。

公开转让说明书及附件已于_____年_____月_____日披露于全国股份转让系统指定信息披露平台 www.neeq.com.cn 或 www.neeq.cc，供投资者查阅。

_____股份有限公司

（公章）
年 月 日

7. 挂牌同时发行的股票公开转让公告

_____股份有限公司
关于公司挂牌同时发行的股票将在全国股份转让系统
挂牌公开转让的公告

本公司此次股票发行总额为_____股，其中限售条件_____股，无限售条件_____股。无限售条件股份将于_____年_____月_____日在全国股份转让系统挂牌公开转让。《股票发行情况报告书》披露于全国股份转让系统指定信息披露平台 www.neeq.com.cn 或 www.neeq.cc，供投资者查阅。

_____股份有限公司
（公章）
年 月 日

8. 关于完成工商变更登记手续的公告

_____股份有限公司
关于完成工商变更登记手续的公告

根据_____股份有限公司（以下简称"公司"）_____年第_____次临时股东大会决议，公司成功发行_____万股，募集资金_____万元。

_____年_____月_____日，公司办理完成工商变更登记手续，并取得了变更后的营业执照。

此次变更后，公司注册资本增至人民币_____万元。

特此公告。

_____股份有限公司
（公章）
年 月 日

9. 全国中小企业股份转让系统挂牌协议

全国中小企业股份转让系统挂牌协议

甲方：全国中小企业股份转让系统有限责任公司
法定代表人：
住所：
联系电话：

乙方：　　　股份有限公司
法定代表人：
住所：
联系电话：

第一条　甲方是全国中小企业股份转让系统（以下简称"全国股份转让系统"）的运营管理机构，负责组织和监督挂牌公司的股票转让及相关活动，实行自律管理。乙方是经中国证监会核准的非上市公众公司，申请其股票在全国股份转让系统挂牌。乙方已向甲方提交了挂牌申请及相关文件，并取得了甲方同意挂牌的审查意见及中国证监会核准。

第二条　为规范乙方股票在全国股份转让系统挂牌行为，明确双方权利与义务，甲乙双方根据《合同法》、《公司法》、《证券法》、《非上市公众公司监督管理办法》、《全国中小企业股份转让系统有限责任公司管理暂行办法》、《全国中小企业股份转让系统业务规则（试行）》等规定，签订本协议。

第三条　甲方的权利：

（一）甲方有权在有关法律、行政法规、中国证监会相关规定授权范围内对乙方实施日常监管；甲方有权依据全国股份转让系统业务规则、细则、指引、通知等规定（以下简称"甲方业务规则"）对乙方的股票挂牌、公开转让、终止挂牌等行为进行管理。

（二）甲方有权依据经中国证监会批准的收费标准收取挂牌费。

第四条　甲方的义务：

（一）甲方应当依据有关法律、行政法规及中国证监会相关规定制定甲方业务规则并及时公布，为乙方及其他市场主体参与市场活动提供制度保障。

（二）甲方负责运营、管理全国股份转让系统、发布市场信息，为乙方及其他市场参与主体提供正常的信息环境。

（三）甲方负责提供股票转让平台及相关设施，安排乙方股票挂牌，组织乙方股票转让活动。

（四）甲方负责提供信息披露服务平台，安排乙方首次挂牌信息披露及日常信息披露。

（五）甲方应当接受乙方的咨询，对其股票挂牌操作提供必要的指导。

第五条　乙方的权利：

（一）乙方有权向甲方咨询股票挂牌操作事宜，并获得甲方的指导。

（二）乙方有权获得甲方提供的股票转让、信息披露平台及相关设施服务。

第六条　乙方的义务：

（一）乙方同意接受甲方的日常监督及管理。

（二）乙方承诺遵守法律、法规、规章等规范性法律文件。乙方进一步承诺遵守甲方业务规则，履行包括但不限于规范公司治理、信息披露等义务。乙方应保证并责成其包括董事、监事、高级管理人员在内的全体员工理解并遵守本协议内容。

（三）乙方及其董事、监事和高级管理人员在挂牌时和挂牌后作出的承诺文件为本协议不可分割的一部分，是本协议的附件。乙方应保证其董事、监事和高级管理人员签署该等承诺文件。

（四）乙方应按本协议约定向甲方缴纳挂牌费。

（五）乙方应按要求参加甲方组织的业务培训。

（六）乙方应当以书面形式及时通知甲方任何导致乙方不再符合挂牌要求的公司行为或其他事件。

第七条　挂牌费：

（一）挂牌费包括挂牌初费和挂牌年费，由甲方依据经中国证监会批准的收费标准收取。

（二）乙方应当在挂牌日前缴纳按照挂牌首日总股本计算的挂牌初费，并在每年7月15日以前一次性缴纳按照公司上一年度末总股本计算的本年度挂牌年费。

（三）当年的挂牌年费按照挂牌首日的总股本和实际挂牌月份（自挂牌日的次月起计算）予以折算，与挂牌初费一并缴纳。

（四）乙方逾期缴纳挂牌费，甲方有权每日按应缴纳金额的3‰收取滞纳金。

（五）经甲方催告后，乙方于 10 个工作日内仍未缴纳的，甲方有权对乙方采取监管措施，并保留向乙方主张其违约造成之全部损失的权利。

（六）乙方股票终止挂牌后，已经缴纳的挂牌费不予返还。

第八条　本协议的执行与解释适用中华人民共和国法律。

第九条　本协议未尽事宜，双方应依照有关法律、法规、规章及甲方业务规则执行。

第十条　与本协议的解释或执行有关的争议及纠纷，应首先由甲乙双方通过友好协商解决。若自争议或者纠纷发生之日起的 30 天内未能通过协商解决，任何一方均可将该项争议提交中国国际经济贸易仲裁委员会按照当时适用的仲裁规则进行仲裁，仲裁地点为北京。仲裁裁决为最终裁决，对双方均具有法律约束力。

第十一条　双方一致同意，本协议生效后，如因适用的法律、法规、规章等规范性法律文件及甲方业务规则发生变化，导致本协议相关条款内容与修订或新颁布的上述法律、法规、规章、甲方业务规则等内容相抵触，本协议该部分条款将自动变更并以修订或新颁布的相关法律、法规、规章、甲方业务规则内容为准。

尽管有前款内容，本协议其他不与有关法律、法规、规章、甲方业务规则内容相抵触的条款持续有效。

第十二条　乙方申请终止或被甲方终止在全国股份转让系统挂牌的，本协议自终止挂牌之日自动解除。本协议解除不影响甲方依法向乙方主张本协议项下未结费用、滞纳金支付的权利。

第十三条　本协议自双方签字盖章之日起生效。双方可以以书面方式对本协议作出补充，经双方签字盖章的有关本协议的补充协议是本协议的组成部分，与本协议具有同等法律效力。

第十四条　本协议一式肆份，双方各执贰份。

（以下无正文）

甲方（公章）：乙方（公章）：
法定代表人　　　　　　　　　　法定代表人
或授权代表（签字）：_____或授权代表（签字）：_____
____年____月____日　　　　　____年____月____日

第三节 退市公司的挂牌要求和程序

退市公司、主办券商在全国中小企业股份转让系统（以下简称"全国股份转让系统"）办理股票挂牌业务，应遵守《全国中小企业股份转让系统退市公司股票挂牌业务指南（试行）》、《全国中小企业股份转让系统两网公司及退市公司股票转让暂行办法》（以下简称《股票转让暂行办法》）等相关规定。

一、整体要求

根据中国证监会的有关安排，向全国中小企业股份转让系统有限责任公司（以下简称"全国股份转让系统公司"）申请股票挂牌的退市公司的主办券商应严格依照本指南的规定，制定并遵守《挂牌工作时间安排表》（见附件1），及时办理退市公司股票在全国股份转让系统的挂牌手续。退市公司应当积极配合主办券商办理相关挂牌手续。

1. 证券交易所公告股票终止上市决定、退市整理期届满或接到交易所指定通知之日为退市公司办理挂牌手续的时限计算基准日（以下简称T日，相关期间从次一转让日起算）。

上述三个时点出现两个以上的，以最晚者为T日。

2. 主办券商应在T+5日（"日"为转让日，下同）内，开始并办理完成股份退市登记手续。

3. 主办券商应在T+20日前开始为投资者办理股份确权手续。

4. 主办券商应在T+30日前向全国股份转让系统公司报送推荐挂牌文件。

5. 主办券商应在T+40日前到中国证券登记结算有限责任公司（以下简称"中国结算"）北京分公司办理退市公司股票重新登记手续。

6. 退市公司股票应在T+45日开始在全国股份转让系统挂牌。

二、具体流程

1. 确定主办券商

（1）确定主办券商

上市公司股票被终止上市并申请在全国股份转让系统挂牌的，应依照相关规则确定主办券商。

上市公司股票被终止上市前已经签订《推荐恢复上市、委托股票转让协议书》(见附件2)的,由主办券商依照《股票转让暂行办法》、本指南及其他相关规定办理退市公司股票在全国股份转让系统的挂牌手续。

截至证券交易所作出终止上市决定时仍未签订《推荐恢复上市、委托股票转让协议书》、由证券交易所指定主办券商的,由指定的主办券商依照《股票转让暂行办法》、本指南及其他相关规定办理退市公司股票在全国股份转让系统的挂牌手续。

(2) 明确挂牌工作时间安排

主办券商应依照本指南的规定,在 T－2 日向全国股份转让系统公司公司业务部提交《挂牌工作时间安排表》(主办券商盖章),并传真至全国股份转让系统公司公司业务部。

主办券商应严格依照《挂牌工作时间安排表》办理推荐挂牌业务,并及时与全国股份转让系统公司公司业务部沟通进展情况。

2. 办理退市登记

主办券商、退市公司应在 T＋5 日内依照中国结算的相关规定办理完毕退市登记手续。

3. 办理股份确权、托管手续,刊登确权公告

主办券商应依照中国结算的相关规定,为投资者办理确权、托管手续。

(1) 申请确权代码

主办券商应在 T＋2 日内,提交《股份确权代码申请》(见附件3),向全国股份转让系统公司申请退市公司确权代码。

(2) 刊登确权公告

主办券商应在 T＋5 日内,向中国结算取得相关资料,并在中国证监会指定的一种信息披露媒体及全国股份转让系统指定信息披露平台(www.neeq.com.cn 或 www.neeq.cc)上刊登《股份确权公告》(见附件4)。《股份确权公告》中应说明退市公司股票终止上市的情况,通知投资者办理股份确权登记手续、时间安排以及股票开始转让的时间,并明确退市公司股票开始挂牌转让后,主办券商可继续为投资者办理股份确权和托管手续。

(3) 办理确权手续

主办券商应在 T＋20 日前开始为投资者办理股份确权手续。主办券商应当持续关注投资者确权的整体情况,并根据确权的实际情况发布《股份确权和托管催示公告》(见附件5)。

(4) 刊登《股份确权和托管催示公告》

退市公司股份确权比例未达100%的,主办券商应于 T＋25 日在中国证监会

指定的一种信息披露媒体及全国股份转让系统指定信息披露平台上刊登《股份确权和托管催示公告》。

4. 报送推荐挂牌文件

主办券商应在 T+30 日前，依照《退市公司推荐挂牌文件内容与格式》（见附件6）的要求向全国股份转让系统公司接收申请材料的服务窗口（北京市西城区金融大街丁26号金阳大厦南门）报送推荐挂牌文件。

全国股份转让系统公司对推荐挂牌文件进行审查后，通知主办券商前往全国股份转让系统公司服务窗口领取同意股票挂牌的意见、关于股份委托登记托管的函等相关文件。

5. 申请证券简称

主办券商应在全国股份转让系统公司出具同意挂牌的意见后，最迟在 T+36 日前向全国股份转让系统公司提交《证券简称及证券代码申请书》（见附件7）。

主办券商接到领取相关文件的通知后，前往全国股份转让系统公司服务窗口领取《证券简称及证券代码通知书》。

6. 股份初始登记

主办券商应根据确权情况，持同意股票挂牌的意见、关于股份委托登记托管的函、《证券简称及证券代码通知书》等其他中国结算要求的文件，在 T+40 日内依照中国结算的有关规定办理股份初始登记手续。

主办券商应在 T+42 日内向中国结算确认进入全国股份转让系统的股份登记情况。

7. 股票挂牌

（1）刊登《股票转让公告》

股份初始登记办理完成之后，主办券商应于 T+43 日内在全国股份转让系统指定信息披露平台刊登《股票转让公告》（见附件8），并由主办券商和退市公司加盖公章。

退市公司因特殊情况无法履行信息披露义务的，可以刊登由主办券商单独加盖公章的《股票转让公告》。

（2）刊登《投资风险分析报告》

主办券商应在披露《股票转让公告》的同时，在全国股份转让系统指定信息披露平台上发布《投资风险分析报告》（见附件9），对投资者进行必要的风险提示。

T+44 日 15 时前，主办券商应当确认挂牌准备工作是否已就绪；T+45 日

9:30分,退市公司、主办券商应当检查股票是否已经挂牌。

8. 关于挂牌当日暂停转让的特别规定

退市公司申请股票挂牌当日即暂停转让的,除特殊情形外,应当在T+40日内经董事会或者股东大会审议通过;主办券商应在T+40日内向全国股份转让系统公司提交相关决议文件、公司股票挂牌后暂停转让申请(附件10)及主办券商关于公司股票挂牌后暂停转让的专项意见(附件11),披露退市公司挂牌当日即暂停转让的公告。

退市公司申请股票挂牌当日即暂停转让的,应当符合《股票转让暂行办法》第三十八条的规定。

股票挂牌相关的的申请表格如下。

附件1

表5-5 _____股份有限公司挂牌工作时间安排表

序号	时间（指工作日）	工作内容
1	T+5日前×月×日前	主办券商办理完毕股份退出登记手续
2	T+2日前×月×日前	主办券商向全国股转系统提交《股份确权代码申请》
3	T+5日前×月×日前	主办券商刊登《股份确权公告》
4	T+20日前×月×日前	主办券商开始为投资者办理股份确权手续
5	T+25日×月×日	主办券商刊登《股份确权和托管催示公告》（如适用）
6	T+30日前×月×日	主办券商向全国股转系统报送挂牌推荐文件
7	T+36日前×月×日前	主办券商向全国股转系统提交《证券简称及证券代码申请书》
8	T+40日前×月×日前	主办券商向中国结算申请办理股份初始登记。
9	T+40日前×月×日	主办券商报送退市公司相关决议文件、股票暂停转让申请及主办券商意见（如适用）
10	T+42日前×月×日	主办券商向中国结算确认进入全国股份转让系统的股份登记的完成情况。
11	T+43日前×月×日	主办券商刊登《股票转让公告》、《投资风险分析报告》
12	T+44日15时前×月×日	主办券商确认挂牌准备工作是否已就绪。
13	T+45日9:30×月×日	主办券商、退市公司检查股份是否挂牌。

注："日"指转让日；"T"指证券交易所公告股票终止上市决定、退市整理期届满或接到交易所指定通知之日，相关期间从次一转让日起算。上述三个时点出现两个以上的，以最晚者为T日。

附件2

推荐恢复上市、委托股票转让协议书

甲方：_____股份有限公司
法定代表人：_____
注册地址：_____
乙方：_____
法定代表人：_____
注册地址：_____

一、甲方为依法设立并合法存续的股份有限公司，其在证券交易所交易的股票已被暂停上市。

二、乙方为可在全国股份转让系统从事推荐业务的证券公司。

三、甲、乙双方承诺遵守《公司法》、《证券法》、《全国中小企业股份转让系统业务规则（试行）》（以下简称《业务规则》）、《全国中小企业股份转让系统两网公司及退市公司股票转让暂行办法》（以下简称《转让暂行办法》）、《全国中小企业股份转让系统两网公司及退市公司信息披露暂行办法》（以下简称《披露暂行办法》）及有关法律法规的规定。

四、甲、乙双方本着平等互利的原则，经充分协商，甲方委托乙方担任其恢复上市推荐人或担任其股票在全国股份转让系统转让业务（以下简称股票转让业务）的主办券商，乙方同意接受甲方的委托。

五、甲方向证券交易所申请股票恢复上市时，由乙方担任甲方的恢复上市推荐人，甲、乙方执行本协议"推荐恢复上市"部分。甲方股票被证券交易所终止上市后，由乙方为甲方提供股票转让业务，甲、乙双方执行"委托股票转让"部分。

第一部分 推荐恢复上市

第一章 委托事项

甲方全权委托且仅委托乙方担任其股票恢复上市的上市推荐人，乙方接受委托。

第二章 甲方义务

一、甲方保证依本协议而承担的义务是合法有效的，甲方履行本协议项下的义务与其依据其他协议或文件而履行的义务并不冲突，同时与法律、法规及有关行政规章也无任何抵触。

二、甲方在具备恢复上市条件时，承诺遵守证券交易所关于恢复上市的各项规则。

三、甲方向乙方及时、全面提供股票恢复上市所需的文件、材料及相关信息，并保证所提供文件、材料、信息的真实性、准确性和完整性，不存在虚假记载、误导性陈述或重大遗漏。

四、按照有关法律、法规及《_____证券交易所股票上市规则》的要求，积极配合乙方的尽职核查工作，为乙方的上市推荐工作提供必要的条件和便利，并承担有关本项工作各项公告的费用。

五、从本协议书签署之日起至股票恢复上市公告书公布之日止，在事先未与乙方协商并取得乙方书面同意的情况下，不得以新闻发布、散发文件或其他任何形式向公众披露《恢复上市公告书》的有关内容或可能影响本次股票恢复上市的其他文件信息、材料及有关信息。

六、在本协议有效期内，未经乙方书面同意不得与其他任何机构签订与本协议类似的协议、合同或约定。

第三章 乙方义务

一、乙方保证依本协议而承担的义务是合法有效的义务，乙方履行本协议项下的义务与其依据其他协议或文件而履行的义务并不冲突，同时与法律、法规及有关行政规章也无任何抵触。

二、乙方选派具有实际工作经验、责任心强的业务骨干组成项目工作组，具体负责本次股票恢复上市事务。

三、根据法律、法规及《_____证券交易所股票上市规则》的有关规定，履行甲方恢复上市推荐人义务。

四、从本协议书签署之日起至股票恢复上市公告书公布之日止，在事先未与甲方协商并取得甲方书面同意的情况下，不得以新闻发布、散发文件或其他任何形式向公众披露股票恢复上市公告的有关内容或可能影响本次股票恢复上市的文件信息、材料及有关信息。

五、在推荐甲方恢复上市过程中，如果乙方经合适的审核程序，有充分理由认为甲方不具备恢复上市的条件，乙方可以不再推荐甲方恢复上市。

六、为甲方提供与股票恢复上市有关的政策、法律、财务等方面的咨询。

第四章 保密

一、协议双方对因签署和履行本协议而获得的、与下列各项有关的信息，负有严格的保密义务：

1. 本协议的各项条款；
2. 有关本协议的谈判；

3. 协议一方提供给对方的涉及提供方专属的、未公开的或保密的信息和数据，且该信息和数据以书面、录音、录像等形式（口头形式除外）提供。

二、在下列情况下，协议各方才可披露上款所述的信息：

1. 依法律、法规的规定；

2. 依有管辖权的政府机关、监管机构、全国股份转让系统公司或证券交易所的正当审核要求；

3. 因股票恢复上市的需要，向相关的中介机构披露；

4. 非因任何一方过错，而使信息已经公开；

5. 协议各方事先达成书面认可。

三、本条款的适用不因本协议的终止而失效，效力至本协议终止后一年。

第五章　恢复上市推荐费用及支付方式

对于乙方提供的恢复上市推荐服务，甲方向乙方支付恢复上市推荐费于甲方符合恢复上市条件时双方另行协商签订补充协议。

第六章　免责条款

一、甲方股票恢复上市前，如果发生不能预见、不能避免并不能克服的下列客观情况，导致任何一方或双方的履约能力丧失致使本协议无法实际履行或对股票恢复上市产生实质性不利影响或障碍，双方均有权向另一方发出暂缓执行或解除本协议的书面通知，双方均免除继续履行本协议的责任：

1. 地震、台风、水灾、火灾、战争等不可抗力之情况；

2. 新的法律、法规的颁布、实施和现行法律、法规的修改或有权机构对现行法律、法规的解释的变动；

3. 国家的政治、经济等情况的重大变化；

4. 其他不可预见的意外事件。

二、发生本章第一款所列情况的一方需向对方提供相应的证明文件。

第七章　违约责任

一、对于甲方的不规范行为，包括但不限于甲方存在明显违反会计准则、制度及相关信息披露规范规定的事项的，乙方有权要求甲方改正，督促甲方进行整改。对于拒绝改正的，乙方有权并且应当按照有关规定拒绝为甲方出具《恢复上市推荐书》；由于甲方的故意或重大过失而导致乙方无法出具《恢复上市推荐书》的，乙方对此不承担任何责任。

二、如果本协议任何一方违约，违约方应向守约方依法赔偿损失，赔偿范围包括守约方为履行本协议支出的一切合理的费用（具体内容由双方协商确定）。

三、任何一方违反其义务，导致他人向对方提出或者威胁提出权利或赔偿请求，责任方应就对方产生的一切损失提供完全、有效的赔偿。赔偿范围包括但不限于：赔偿给他人的费用；为对抗上述请求和根据本款实现自己的请求而发生的诉讼费、律师费、差旅费等一切合理费用。

第八章 争议解决

履行本协议而产生或与本协议有关的任何争议，协议各方应首先通过协商解决。如果当事人协商不能解决，可以（应当）提交_____仲裁委员会，根据该会仲裁规则进行仲裁。仲裁地点_____，仲裁裁决是（否）终局，对本协议的当事人具有约束力。

第二部分 委托股票转让

第一章 释义

一、除另有约定外，下列词语应当具有本条所赋予的定义：

全国股份转让系统：指全国中小企业股份转让系统；

全国股份转让系统公司：指全国中小企业股份转让系统有限责任公司；

初始股东：指股份转让开始日前，乙方取得的甲方股东名册上登记的股东；

可转让股份：指根据《转让暂行办法》和有关规定可以在全国股份转让系统转让的股份。

二、甲方股份的基本情况

（一）股份总额：_____股；

（二）股本结构：（附后）；

（三）每股面值：_____元；

（四）最近一次股票的发行价：_____元/股；

（五）在原交易所最后一个交易日的收盘价格：

A股：_____人民币元/股；B股：_____港元（或美元）/股。

第二章 甲方的权利和义务

一、甲方承担以下义务

（一）甲方负责与中国证券登记结算有限责任公司（以下简称"中国结算"）签订《证券登记及服务协议》（2014年3月以后签过该协议的上市公司退市后无需另外再签）。

当甲方股票终止上市时，甲方同意乙方凭本协议办理其在证券交易所市场登记结算系统股份退出登记，办理股票重新确认及全国股份转让系统股份登记结算等事宜，包括向中国结算取得股东名册、报送确权股份数据、向全国股份转让系统公司申请股票简称和代码等。

（二）甲方及其董事、监事、高级管理人员应当了解并遵守《转让暂行办法》、《披露暂行办法》和本协议等有关规定，并履行相关义务。

（三）甲方委托乙方具体办理股票重新确认、登记和托管工作。甲方应将其所有股票予以登记、托管。

（四）甲方应当在刊登股票确权公告书前向乙方提供以下文件：

1. 股东大会关于委托股票转让的决议；
2. 公司营业执照（副本）及章程；
3. 经具有证券、期货相关业务资格的会计师事务所审计的最近一个年度的报告。

（五）保证提供的股东名册合法、真实、准确和完整，如因甲方工作失误造成其股东、乙方客户等损失的，由甲方承担赔偿责任。

（六）甲方应严格依照法律、法规、《转让暂行办法》和《披露暂行办法》等规定，履行首次转让前和开始转让后的持续信息披露义务。

（七）甲方应当配备信息披露所必要的通信工具和计算机等办公设备，保证计算机可以连接国际互联网和对外咨询电话的畅通。

（八）甲方董事会全体成员必须保证信息披露内容真实、准确、完整，没有虚假记载、误导性陈述或重大遗漏，并就其保证承担个别和连带的责任。

（九）甲方披露的信息应同时经甲方董事长本人或其授权人签字确认，若有虚假记载、误导性陈述或重大遗漏，董事长应当承担相应责任。

（十）甲方及其董事、监事、高级管理人员不得泄露公司尚未披露的信息，不得进行内幕交易或配合他人操纵股份转让价格。

（十一）甲方公开披露的信息必须第一时间报送乙方，并同时以书面（包括传真）和电子文件的形式报送，甲方应保证电子文件与书面文件内容一致。

（十二）甲方的信息披露应在全国股份转让系统指定信息披露平台上进行，在其他媒体上披露的信息不应早于在指定信息披露平台上披露的信息。

（十三）甲方向其他证券市场公开的信息，应同时在全国股份转让系统指定信息披露平台披露。如甲方在全国股份转让系统指定信息披露平台披露的信息与在其他市场披露的有差异，应当向乙方说明并在全国股份转让系统指定信息披露平台公告。

（十四）当股份转让出现异常波动时，或乙方认为需向甲方查询有关问题时，甲方应如实答复，并按乙方要求办理公告事宜。

（十五）甲方股票转让的暂停与恢复原则上由甲方向乙方申请，并说明理由、计划停牌时间和复牌时间；对于不能决定是否申请停牌的情况，应当及时报告乙方。甲方应在规定时间内提出暂停、恢复转让申请。

（十六）甲方应按照《披露暂行办法》的要求设立董事会秘书，负责其股权管理与信息披露事务。甲方在聘任董事会秘书的同时，应当另外委任一名授权代表，授权代表在董事会秘书不能履行其职责时，代行董事会秘书的职责。甲方解聘董事会秘书也应遵守《披露暂行办法》的规定。

（十七）甲方董事会秘书和授权代表应当将其通信联络方式报告乙方，包括办公电话、住宅电话、移动电话、传真、通信地址及其他通讯联络方式。

（十八）甲方全体董事、监事和高管人员持有的股份以及有限售条件的流通股份，应托管在推荐主办券商的托管单元上。定向法人股、发起人股等非流通股应托管在中国结算专用托管单元上。内部职工股可选择股份托管在主办券商托管单元，也可选择托管在中国结算专用托管单元上。甲方董事、监事和高管人员持有公司股票的转让，应当遵守《公司法》等相关规则的规定。

（十九）甲方确保其董事、监事和高级管理人员按照乙方提出的内容和格式要求签署声明与承诺。一旦董事、监事、高级管理人员发生变化，甲方应及时通知乙方，同时应告知并督促新任董事、监事、高级管理人员签署声明与承诺。

（二十）甲方积极配合和协助乙方对股票转让事项的监督和查询。

（二十一）法律、法规、规章和规则规定的其他义务。

二、甲方有以下权利：

甲方有权根据股票转让的有关规定，要求乙方为其提供股票转让服务。

第三章　乙方的权利和义务

一、乙方承担以下义务：

（一）乙方应当遵循公开、公平、公正的原则，勤勉尽责地为甲方开展股票转让业务，不得损害甲方的合法权益。

1. 当甲方股票终止上市时，乙方凭本协议代表甲方办理证券交易所市场登记结算系统股份退出登记，办理股票重新确认及全国股份转让系统股份登记结算等事宜，包括向中国结算取得股东名册、报送确权股票数据、向全国股份转让系统公司申请股票简称和代码等。

2. 乙方在甲方股票终止上市的5个工作日内至少在一种中国证监会指定的信息披露媒体及全国股份转让系统指定信息披露平台刊登股份确权公告，20个工作日内开始办理股票确权手续，在43个工作日内在全国股份转让系统信息披露刊登"股票转让公告"，第45个工作日股份开始转让。

（二）对甲方全体董事、监事及高级管理人员进行辅导，使其了解相关法律、法规和本协议所规定的责任和义务。在甲方挂牌前，完成初次辅导。如果甲方董事、监事及高级管理人员不具备辅导条件的，可以不予辅导。

（三）乙方接受甲方的委托具体办理股票重新确认、登记和托管工作，为甲方的初始股东办理开户、股票登记并协助办理托管手续。乙方应在甲方终止上市后的5个工作日内完成以下工作：

1. 至少在一种中国证监会指定的信息披露媒体及全国股份转让系统指定信息披露平台上公告，通知甲方原股东办理股票重新登记手续；

2. 公告通知甲方初始股东办理股票登记、托管手续。

（四）本部分协议内容生效后，与甲方商定股票简称。

（五）甲方在依法公开披露信息前，乙方不得擅自公开或泄露有关信息的内容。乙方及其工作人员不得利用甲方的内幕信息直接或间接谋取利益。

（六）甲方因召开股东大会或股份转让出现异常波动等情况需要股东名册时，乙方应按甲方的要求提供股东名册。

（七）乙方如终止在全国股份转让系统从事推荐业务，应及时通知甲方。

（八）法律、法规、规章和规则规定的其他义务。

二、乙方有以下权利：

（一）乙方有权根据股票转让的有关规则，确定并调整甲方股票的转让方式。

（二）乙方根据有关法律、法规、《转让暂行办法》和《披露暂行办法》等规定，指导和督促甲方依法、及时、准确、完整地进行信息披露。

（三）乙方对甲方披露的文件有进行形式审查的权力。对甲方拟披露或已披露信息的真实性可以提出合理性怀疑，并据此采取专项调查等必要措施。乙方对甲方披露信息的内容不承担责任。

（四）甲方不履行信息披露义务时，乙方有权按照《转让暂行办法》、《披露暂行办法》等有关规定暂停其股份转让，向市场公告，并报全国股份转让系统公司备案。

（五）甲方信息披露不够及时、充分、完整或可能误导投资者的，乙方可以要求甲方作出修改或作出澄清公告。

甲方未按乙方要求作出修改的，乙方可以公告的方式作出风险提示。

（六）乙方可依据《转让暂行办法》和《披露暂行办法》等有关规定，或根据全国股份转让系统公司的决定，对甲方股份转让实施暂停、恢复以及终止转让，公告相关事项，并报全国股份转让系统公司备案。

（七）乙方有权锁定甲方尚不能在全国股份转让系统转让的股票，并依据《公司法》等相关规则对甲方董事、监事和高管人员在任职期间及离职后的6个月内，锁定相应股票。

（八）对于股票转让业务中出现的问题，乙方有权依据有关规则和协议及时处理，重大事项报全国股份转让系统公司。

（九）法律、法规、规章和规则规定的其他权利。

第四章　费用支付

一、甲方应当按照约定的标准向乙方支付费用。费用标准为_____。

二、费用缴纳方式和时间为_____。

第五章　违约责任

一、甲方违反本协议规定，未能履行《转让暂行办法》、《披露暂行办法》及有关规则规定的信息披露义务，乙方有权要求其限期改正，并可报请全国股份转让系统公司根据情节轻重采取监管措施或者作出纪律处分。

二、任何一方违反本协议规定，给其他当事方造成经济损失的，应赔偿相应损失。

三、甲方逾期缴纳有关费用的，乙方有权按欠缴金额每日_____%的比例收取违约金。

第六章　争议的解决

甲、乙双方在协议履行过程中发生争议，应协商解决。协商不成的，适用本协议第一部分第八章有关争议解决的规定。

第七章　合同解除

如出现下列情况之一，本协议之本部分内容自动解除：

（一）甲方获准上市、重新上市或被收购；

（二）甲方发生股权置换，致使挂牌主体出现变更；

（三）甲方解散、破产或因违法被撤销的；

（四）依照有关规定，必须重新签订股票转让协议。

第八章　免责条款

一、因地震、台风、水灾、火灾、战争及其他不可抗力因素导致的任何一方损失，其他当事人不承担任何赔偿责任。

二、本协议依据《转让暂行办法》、《披露暂行办法》及其他有关股票转让的规则签订，如果上述有关规定进行修订，或颁布实施新的规定，本协议与新的规定相抵触的有关条款自动失效，不与法律、法规相抵触的条款继续有效，双方不得以此解除本协议。

三、如果修订或颁布实施有关股票转让新的规定，甲、乙双方应勤勉尽责地维护对方利益，及时通知对方，并修订本协议。

本协议附则

一、本协议规定的事项发生重大变化或存在未尽事宜，甲、乙双方应当重新签订协议或补充协议。补充协议是本协议的组成部分，补充协议与本协议有不一致的，以补充协议为准。

二、本协议自甲、乙双方签字盖章后生效。

三、本协议一式七份，甲、乙双方各执二份，报当地省政府有关部门、中国证监会当地派出机构、全国股份转让系统公司各一份备案，每份均具有同等法律效力。

甲方（盖章）： 乙方（盖章）：

法定代表人或 法定代表人或
授权代表（签字）： 授权代表（签字）：

年　月　日 年　月　日

附表2-1：甲方股本结构表（适用于未股改公司）

填报日期：_____年_____月_____日　　　　　　　　　　　　　　单位：股

股份性质		股份数量
发起人股	发起人国家股	
	发起人国有法人股	
	发起人境内法人股	
	发起人外资法人股	
	发起人自然人股	
	其他发起人股	
定向法人股	定向法人国家股	
	定向法人国有法人股	
	定向法人境内法人股	
	定向法人外资法人股	
	定向法人自然人	
	其他定向法人股	
内部职工股		
高管股		
流通股待确认股份		
限售股待确认股份		
公众已托管股份	无限售条件流通股	
	挂牌后个人类限售股	
	股权激励限售股	
	挂牌后机构类限售股	
	高管锁定股	
	挂牌前个人类限售股	
	挂牌前机构类限售股	
总股本		

甲方盖章

附表2-2：甲方股本结构表（适用于已股改公司）

填报日期：_____年_____月_____日　　　　　　单位：股

股份性质		股份数量
无限售条件的流通股	已确认无限售条件流通股	
	待确认无限售条件流通股	
有限售条件的流通股	挂牌后个人类限售股	
	股权激励限售股	
	挂牌后机构类限售股	
	高管锁定股	
	挂牌前个人类限售股	
	挂牌前机构类限售股	
	待确认有限售条件流通股	
总股本		

甲方盖章

附件3

关于_____股份有限公司
股份确权代码的申请

全国中小企业股份转让系统有限责任公司：

  我司作为_____股份有限公司的主办券商进行股权确认事宜。特向你司申请确权代码，经你司同意_____股份有限公司股票挂牌后，该代码即是证券代码，请予以批准为盼。

主办券商（加盖公章）

经办人签名
 年 月 日

附件 4

关于_____股份有限公司
股份确权公告

（适用于深市退市公司）

鉴于_____股份有限公司已于____年____月____日起终止在深圳证券交易所挂牌上市，____证券股份有限公司（或"有限责任公司"）（以下简称"_____证券公司"）____年____月____日与_____股份有限公司签订《推荐恢复上市、委托股票转让协议书》（或：_____证券交易所指定_____证券公司为_____股份有限公司提供股票转让服务）。根据《全国中小企业股份转让系统两网公司及退市公司股票转让暂行办法》（以下简称《转让暂行办法》）的有关规定，现就_____股份有限公司股份确权、登记和托管的有关事项公告如下。

一、股票终止上市的情况

终止上市股票种类：A/B 股

股票简称：

股票代码：

____年____月____日，_____证券交易所对_____股份有限公司作出了《关于_____股份有限公司股票终止上市的决定》（文号_____），_____股份有限公司从____年____月____日起终止上市。从____年____月____日起的 45 个转让日（即____年____月____日），_____股份有限公司股份将开始在全国中小企业股份转让系统（以下简称"全国股份转让系统"）挂牌转让。

_____股份有限公司终止上市股票退出_____证券交易所市场登记的相关手续将于近日办理完毕。

二、_____股份有限公司股东办理股份确权、登记和托管的手续及安排

根据《转让暂行办法》，_____股份有限公司股东办理股票确权登记后，其股票可在全国股份转让系统进行挂牌转让。持有_____股份有限公司无限售流通股的股东可到_____证券公司或其他具有全国股份转让系统经纪业务资格的主办券商办理股份重新确权、登记和托管手续；持有_____股份有限公司限售股或非流通股的股东须到_____证券公司办理重新确权、登记和托管手续。

（一）关于证券账户的相关事宜

持有深市退市公司股票的投资者在公司股票退出深市主板登记结算系统后不再开设新的股票转让账户，可直接使用原有的深市证券账户或原已开立的股份转让账

户办理股份确权和托管手续,并在全国股份转让系统中转让结算。

(二)股份确权和托管

1. 办理股份确权和托管的开始时间为,＿＿＿＿年＿＿＿＿月＿＿＿＿日。

2. 确权证券代码:＿＿＿＿＿＿＿＿＿＿＿＿＿＿＿＿

3. 无限售流通股股东的股份确权和托管

(1)原股份托管给具有全国股份转让系统经纪、自营资格证券公司的无限售流通股股东

为了简化股东股份确权和托管手续,＿＿＿＿＿＿股份有限公司退市时,原无限售条件流通股份,由＿＿＿＿＿＿证券公司直接向中国证券登记结算有限责任公司办理股票托管手续,托管在原股东持股对应的全国股份转让系统托管单元上,该部分原股东无需向＿＿＿＿＿＿证券公司及托管证券公司支付股份确权手续费。股份直接托管成功的原无限售流通股股东无需再办理股份确权和托管手续;但由于原深圳证券账户无效或已注销等原因,导致股份直接托管失败的原无限售流通股股东仍需自行到＿＿＿＿＿＿证券公司和其他可在全国股份转让系统从事经纪业务的主办券商所属营业部办理股份确权和托管手续,并支付股份确权手续费。

全国股份转让系统主办券商名单及托管单元号如下:

序号	证券公司	托管单元号

以上证券公司所属营业部的地址、咨询电话可登录全国股份转让系统指定信息披露平台(www.neeq.com.cn 或 www.neeq.cc)查询。

(2)原股份托管给非具有全国股份转让系统经纪、自营资格证券公司的无限售流通股股东

＿＿＿＿＿＿股份有限公司退市时,原无限售流通股股东在非主办券商托管的流通股股票,需要进行股份确权,并托管至已开立的深圳证券账户或股份转让账户中。股份确权和托管可以到＿＿＿＿＿＿证券公司或其他具有全国股份转让系统经纪业务资格的主办券商所属营业部办理手续,并支付股份确权手续费。需办理股份确权托管的无限售流通股股东可以将股份托管至全国股份转让系统经纪业务资格主办券商中的任一家。

4. 限售流通股或非流通股股东的股份确权和托管

根据《转让暂行办法》,＿＿＿＿＿＿股份有限公司限售流通股或非流通股股东须到＿＿＿＿＿＿证券公司办理确权和托管手续。

5. 办理确权、登记和托管手续

_____股份有限公司股东提交的确权申请资料应当与中国证券登记结算有限公司提供的原始托管记录中记载的投资人资料一致，包括名称、身份证件编号等。

待确权托管的投资人和原股份持有人如不是同一人，基于以下原因，可以确权同时办理股份过户。

（1）遗产继承；

（2）出国定居赠予；

（3）法院裁决；

（4）出资人申请。

_____股份有限公司股东在全国股份转让系统经纪业务主办券商所属营业部办理股份确权和托管手续时，填妥《非上市公司股份确权申请表》，除了携带已开设的深圳证券账户原件及复印件，还要携带以下证件资料：

（1）境内个人：中华人民共和国居民身份证（以下简称身份证）及复印件。委托他人代办的，还须提交经公证的委托代办书、代办人身份证及复印件。

（2）境外个人：有效身份证明文件及复印件。委托他人代办的，还须提交经公证的委托代办书、代办人有效身份证明文件及复印件。

（3）境内机构：企业法人营业执照（副本）复印件（加盖单位公章）、法定代表人身份证明书、法定代表人授权委托书、法定代表人有效身份证明文件复印件和经办人有效身份证明文件及复印件。

（4）境外机构：商业注册登记证明文件或其他具有同等法律效力的并能证明该机构设立的有效证明文件及复印件、董事会、董事、主要股东或有权人士的授权委托书、授权人有效身份证明文件复印件、经办人有效身份证明文件及复印件。

根据原股东的自身需要，还可以携带已开设的股份转让账户原件及复印件。

（5）其他

若机构投资者因企业已注销、被吊销营业执照或歇业而无法提供企业法人营业执照，需提供发证机关出具的关于法人已破产或注销的证明，原持有人的股东与现持有人签署的转让协议、法院裁决书、清算组或管理人、上级主管单位文件、证明。

若机构投资者原法人已变更名称、合并、分立、兼并、重组的，须提供发证机关出具的名称变更相关证明，和变更名称后的法人或相关承接法人承诺承担原法人债权债务的证明文件。

若实际出资的投资者无法提供股票持有人的身份证明原件、原挂牌交易场所股票账户卡原件等，需提供以下证明材料之一方可办理：

A. 原挂牌交易场所的托管券商出具出资证明，证明其为实际出资人，并承诺承担由此而引起的任何法律责任。

B. 股票持有人与实际出资人之间签订的股票转让协议，股票持有人需声明该股份属于实际出资人，并承诺承担因转让引起的任何法律责任（该协议书需经公证处公证）。

C. 法院裁决书。

6. 办理股份确权手续费用标准

（1）股份不需过户

个人：10元/笔；机构：30元/笔（B股公司按上述标准收取人民币，或根据确权开始第一天国家外汇管理局当天公布的外汇中间价折算成美元收取）。

（2）股份需过户

除按上述标准收费外，还须收取：

非交易过户费（双边收取）：所涉股份面值×1‰×股数

印花税（出让方征收，受让方不征收）：转让股数×转让价格×印花税率

7. 股份确权过程中遇有特殊情况，可向_____证券公司咨询。

（三）签订委托协议和开立资金账户

投资者在全国股份转让系统进行股票转让前，应在阅读《股票转让风险揭示书》并充分了解参与股票转让所面临投资风险的基础上，签署《股票转让风险揭示书》，并与证券营业部签订股票转让委托协议书，开立资金账户。

（四）服务时间

周一至周五（遇有节假日除外）：9:00～11:30，13:00～15:00。

三、股票开始转让时间

按有关规定，自____股份有限公司终止上市后的第45个工作日，____股份有限公司股票开始在全国股份转让系统转让。《股票转让公告》将在股票开始转让前2个工作日通过全国股份转让系统指定信息披露平台（www.neeq.com.cn或www.neeq.cc）发布。

_____股份有限公司股份开始在全国股份转让系统转让后，信息公告通过全国股份转让系统指定信息披露平台发布。

四、特别提请股东注意的事项

在_____股份有限公司股票开始挂牌转让后，投资者办理股份确权和托管手续，其股票通常需要经过两个转让日后方能到账，并可开始转让。敬请相关股东尽快办理股份确权和托管手续。

五、咨询电话

咨询电话：

咨询时间：周一至周五（遇有节假日除外）：9:00~11:30，13:00~15:00。

_____证券股份有限公司（或"有限责任公司"）

年　月　日

关于_____股份有限公司
股份确权公告

（适用于沪市退市公司）

鉴于_____股份有限公司已于____年____月____日起终止在上海证券交易所挂牌上市，_____证券股份有限公司（或"有限责任公司"）（以下简称"_____证券公司"）____年____月____日与_____股份有限公司签订《推荐恢复上市、委托股票转让协议书》（或：_____证券交易所指定_____证券公司为_____股份有限公司提供股票转让服务）。根据《全国中小企业股份转让系统两网公司及退市公司股票转让暂行办法》（以下简称《转让暂行办法》）的有关规定，现就_____股份有限公司股份确权、登记和托管的有关事项公告如下：

一、股票终止上市的情况

终止上市股票种类：A/B股

股票简称：

股票代码：

____年____月____日，_____证券交易所对_____股份有限公司作出了《关于_____股份有限公司股票终止上市的决定》（文号_____），_____股份有限公司从____年____月____日起终止上市。从____年____月____日起的45个转让日（即____年____月____日），_____股份有限公司股份将开始在全国中小企业股份转让系统（以下简称"全国股份转让系统"）挂牌转让。

_____股份有限公司终止上市股票退出_____证券交易所市场登记的相关手续将于近日办理完毕。

二、_____股份有限公司股东办理股份确权、登记和托管的手续及安排

根据《转让暂行办法》，_____股份有限公司股东办理股票确权登记后，其股票可在全国股份转让系统进行挂牌转让。持有_____股份有限公司无限售流通股的股东可到_____证券公司或其他具有全国股份转让系统经纪业务资格的主办券商办理股份重新确权、登记和托管手续；持有_____股份有限公司限售股或非流通股的股东须到_____证券公司办理重新确权、登记和托管手续。

（一）关于证券账户的相关事宜

持有_____股份有限公司股票的股东在公司股票退出沪市主板登记结算系统后如已开立深市证券账户或股份转让账户，可直接使用原有的深市证券账户或股份转让账户办理股份确权和托管手续，并在全国股份转让系统中转让结算。如没有开立深市证券账户（含股份转让账户）的投资者需在办理确权手续前开立深市证券账户。

（二）股份确权和托管

1. 办理股份确权和托管的开始时间为____年____月____日。

2. 确权证券代码：

3. 股份确权和托管

_____股份有限公司退市时，所有股东均须进行股份确权，并托管至已开立的深圳证券账户或股份转让账户中，并支付股份确权手续费。其中，办理股份确权托管的无限售流通股股东可以将股票托管至全国股份转让系统经纪业务主办券商中的任何一家。

全国股份转让系统经纪业务主办券商名单及托管单元号如下：

序号	证券公司	托管单元号

以上证券公司所属营业部的地址、咨询电话可登录全国股份转让系统指定信息披露平台（www.neeq.com.cn 或 www.neeq.cc）查询。

4. 办理确权、登记和托管手续

_____股份有限公司股东提交的确权申请资料应当与中国证券登记结算有限公司提供的原始托管记录中记载的投资人资料一致，包括名称、身份证件编号等。

待确权托管的投资人和原股份持有人如不是同一人，基于以下原因，可以确权同时办理股份过户。

（1）遗产继承；

（2）出国定居赠予；

（3）法院裁决；

（4）出资人申请。

_____股份有限公司股东在全国股份转让系统具有经纪业务资格的主办券商所属营业部办理股份确权和托管手续时，填妥《非上市公司股份确权申请表》，除了携带已开设的深圳证券账户原件及复印件，还要携带以下证件资料：

（1）境内个人：中华人民共和国居民身份证（以下简称身份证）及复印件。委托他人代办的，还须提交经公证的委托代办书、代办人身份证及复印件。

（2）境外个人：有效身份证明文件及复印件。委托他人代办的，还须提交经公证的委托代办书、代办人有效身份证明文件及复印件。

（3）境内机构：企业法人营业执照（副本）复印件（加盖单位公章）、法定代表人身份证明书、法定代表人授权委托书、法定代表人有效身份证明文件复印件和经办人有效身份证明文件及复印件。

（4）境外机构：商业注册登记证明文件或其他具有同等法律效力的并能证明该机构设立的有效证明文件及复印件、董事会、董事、主要股东或有权人士的授权委托书、授权人有效身份证明文件复印件、经办人有效身份证明文件及复印件。

根据原股东的自身需要，还可以携带已开设的股份转让账户原件及复印件。

（5）其他

若机构投资者因企业已注销、被吊销营业执照或歇业而无法提供企业法人营业执照，需出具发证机关出具的关于法人已破产或注销的证明，原持有人的股东与现持有人签署的转让协议，法院裁决书、清算组或管理人、上级主管单位文件、证明。

若机构投资者原法人已变更名称、合并、分立、兼并、重组的，须提供发证机关出具的名称变更相关证明，和变更名称后的法人或相关承接法人承诺承担原法人债权债务的证明文件。

若实际出资的投资者无法提供股票持有人的身份证明原件、原挂牌交易场所股票账户卡原件等，需提供以下证明材料之一方可办理：

A. 原挂牌交易场所的托管券商出具出资证明，证明其为实际出资人，并承诺承担由此而引起的任何法律责任。

B. 股票持有人与实际出资人之间签订的股票转让协议，股票持有人需声明该股份属于实际出资人，并承诺承担因转让引起的任何法律责任（该协议书需经公证处公证）。

C. 法院裁决书。

5. 办理股份确权手续费用标准：

（1）股份不需过户

个人：10元/笔；机构：30元/笔（B股公司按上述标准收取人民币，或根据确权开始第一天国家外汇管理局当天公布的外汇中间价折算成美元收取）。

（2）股份需过户

除按上述标准收费外，还须收取：

非交易过户费（双边收取）：所涉股份面值×1‰×股数

印花税（出让方征收，受让方不征收）：转让股数×转让价格×印花税率

6. 股份确权过程中遇有特殊情况，可向_____证券公司咨询。

（三）签订委托协议和开立资金账户

投资者在全国股份转让系统进行股票转让前，应在阅读《股票转让风险揭示书》并充分了解参与股票转让所面临投资风险的基础上，签署《股票转让风险揭示书》，并与证券营业部签订股票转让委托协议书，开立资金账户。

（四）服务时间

周一至周五（遇有节假日除外）：9:00~11:30，13:00~15:00。

三、股票开始转让时间

按有关规定，自＿＿＿股份有限公司终止上市后的第45个工作日，＿＿＿股份有限公司股票开始在全国股份转让系统转让。《股票转让公告》将在股票开始转让前2个工作日通过全国股份转让系统指定信息披露平台（www.neeq.com.cn 或 www.neeq.cc）发布。

＿＿＿股份有限公司股份开始在全国股份转让系统转让后，信息公告通过全国股份转让系统指定信息披露平台发布。

四、特别提请股东注意的事项

在＿＿＿股份有限公司股票开始挂牌转让后，投资者办理股份确权和托管手续，其股票通常需要经过两个转让日后方能到账，并可开始转让。敬请相关股东尽快办理股份确权和托管手续。

五、咨询电话

咨询电话：

咨询时间：周一至周五（遇有节假日除外）：9:00~11:30，13:00~15:00。

＿＿＿＿证券股份有限公司（或"有限责任公司"）

年　月　日

附件5

关于_____股份有限公司原流通股股东
股份确权和托管的催示公告

鉴于_____股份有限公司（以下简称"_____"）已于____年____月____日起终止上市，_____证券股份有限公司（或"有限责任公司"）（以下简称"_____证券公司"）____年____月____日与_____股份有限公司签订《推荐恢复上市、委托股票转让协议书》（或：_____证券交易所指定_____证券公司为_____股份有限公司提供股票转让服务）。_____证券公司于____年____月____日在《_____证券报》（中国证监会指定的信息披露媒体之一）及全国中小企业股份转让系统（以下简称"全国股份转让系统"）指定信息披露平台（www.neeq.com.cn 或 www.neeq.cc）上刊登了《关于_____股份有限公司股份确权公告》。根据该公告，原流通股股东可于____年____月____日开始到_____证券公司和其他可在全国股份转让系统从事经纪业务的主办券商下属证券营业部办理股份确权和托管手续。目前，_____股份确权和托管工作已经满足有关规定的要求，将于____年____月____日起在全国股份转让系统进行股票转让，为更好地保障股东利益，现发布催示公告如下：

一、办理股份确权和托管手续的对象
尚未办理股份确权和托管的原流通股股东。

二、股份确权和托管的办理时间
周一至周五上午9:30~11:30，下午1:00~3:00，节假日除外。

三、办理股份确权和托管手续的地点
_____证券公司以及其他可在全国股份转让系统从事经纪业务的主办券商下属营业部。相关主办券商名单及托管单元号如下：

序号	证券公司	托管单元号

四、办理股份确权和托管手续及收费标准请参阅《关于_____股份有限公司股份确权公告》。

五、其他事项
原股东在办理股份确权和股份托管时，如有疑问可向_____证券公司咨询。
咨询电话：
咨询时间：周一至周五（遇有节假日除外）：9:00~11:30，13:00~15:00。
六、敬请原股东尽快办理股份确权与托管手续。

_____证券股份有限公司（或"有限责任公司"）
年　　月　　日

附件 6

全国中小企业股份转让系统

退市公司推荐挂牌文件内容与格式

主办券商应依照全国中小企业股份转让系统有限责任公司（以下简称"全国股份转让系统公司"）的要求制作和报送推荐挂牌文件。

推荐挂牌文件目录是对推荐挂牌文件的最低要求。根据审查要求，全国股份转让系统公司可以要求退市公司、主办券商及其他证券服务机构补充材料。

主办券商报送备案文件应提交原件一份，复印件两份。每次报送书面备案文件的同时，应报送一份与书面文件一致的电子文件（WORD、EXCEL、PDF及全国股转系统公司要求的其他文件格式）。

经接收服务窗口人员核对，确认提交的文件齐备后，向主办券商出具《材料接收确认单》。文件一经接收，未经全国股份转让系统公司同意，不得变更或撤回。

备案文件所有需要签名处，均应为签名人亲笔签名，不得以名章、签名章等代替。

备案文件的封面和侧面应标明"推荐_____股份有限公司挂牌文件"字样，扉页应标明退市公司法定代表人、董事会秘书或信息披露事务负责人，主办券商主管领导、项目负责人，以及相关中介机构项目负责人姓名、电话、传真等联系方式。

备案文件章与章之间、节与节之间应有明显的分隔标识，文件中的页码应与目录中的页码相符。备案文件应采用标准A4纸张双面印刷（需提供原件的历史文件除外）。

附：全国中小企业股份转让系统退市公司推荐挂牌文件目录

1. 关于股票在全国中小企业股份转让系统挂牌的申请报告（退市公司盖章原件）；

2. 主办券商关于公司股票进入全国中小企业股份转让系统转让的推荐意见（主办券商盖章原件）；

3. 推荐恢复上市、委托股票转让协议书（原件），或证券交易所指定主办券商为退市公司提供股份转让服务的文件（主办券商盖章复印件）；

4. 股份确权公告（主办券商盖章原件）；

5. 退市公司企业法人营业执照（副本）复印件（主办券商、退市公司盖章）；

6. 退市公司章程复印件（主办券商、退市公司盖章）；

7. 股票转让公告原件（主办券商、退市公司盖章）；

8. 经具有证券、期货相关业务资格会计师事务所审计的最近年度财务报告（原件）；
9. 全国中小企业股份转让系统挂牌协议（四份、退市公司盖章）；
10. 挂牌工作时间安排表（主办券商盖章）；
11. 全国股份转让系统公司要求报送的其他文件。

附件7

_____股份有限公司
证券简称及证券代码申请书

全国中小企业股份转让系统有限责任公司：

我公司股票拟在全国中小企业股份转让系统挂牌公开转让。

特向贵公司申请证券简称及证券代码，挂牌公开转让的证券简称拟定为_____。请予核定。

申请挂牌公司经办人签名：

联系电话：

传真：

_____股份有限公司

（公章）

年　月　日

说明：证券简称应从公司中文全称中选取不超过三个汉字的字符。

附件 8

_____股份有限公司
股票转让公告重要提示

　　股票简称：（在_____证券交易所退市时的股票简称为"_____"，证券代码为"_____"）

　　股票代码：_____

　　开始转让日：_____

　　转让首日报价区间：

　　（应分别列示：A 类人民币_____元/股至_____元/股，B 类美元_____美元/股至_____美元/股。）

　　转让方式：_____。

　　公司可在全国中小企业股份转让系统（以下简称"全国股份转让系统"）转让的仅限于原在_____证券交易所挂牌交易的流通股份。公司退市时的流通股份总额_____万股，截至____年____月____日（指刊登本公告的前一至两个工作日）已办理确权手续的为_____万股，股份确权率为_____%（如有 B 类股份，应分别列示）。

　　_____股份有限公司（以下简称"_____"）已于____年____月____日起终止上市，(1)_____证券交易所指定_____证券公司为_____股份有限公司提供股票转让服务（适用交易所指定主办券商的退市公司）；(2)_____证券公司____年____月____日与_____股份有限公司签订的《推荐恢复上市、委托股票转让协议书》（适用已与主办券商签订协议的退市公司）。根据全国中小企业股份转让系统有限责任公司《全国中小企业股份转让系统两网公司及退市公司股票转让暂行办法》的有关规定，_____证券公司将于____年____月____日起为_____股份有限公司在全国股份转让系统提供股票转让服务。现将有关事项公告如下：

　　一、投资者在转让_____股份有限公司股票（简称"_____"）前，须到_____证券公司或其他可在全国股份转让系统从事经纪业务的主办券商所属营业部办理股份确权和托管手续，并开立资金账户，有关事项请详见刊载于____年____月____日《_____证券报》（中国证监会指定的信息披露媒体之一）和全国股份转让系统指定信息披露平台（www.neeq.com.cn 或 www.neeq.cc）上披露的《关于_____股份有限公司股份确权公告》。

　　二、在____年____月____日（含____月____日）之前办理了确权的股票，自____年____月____日（开始转让日）开始可在全国股份转让系统转让；____年____月____日（含____月____日）之后办理确权的股票，通常在办理确权手续两个转让日后才能转让。

　　三、投资者欲了解_____股份有限公司的有关资料，请查阅该公司在_____证券交易所上市期间披露的相关信息。

四、股票转让

1. 股票开始转让日和转让方式

_____股份有限公司股票开始转让日为____年____月____日，股票转让方式为_____。

2. 股票转让委托申报

投资者参与股票转让，应当委托_____证券公司或其他可在全国股份转让系统从事经纪业务的主办券商所属营业部办理。

3. 股票简称和股票代码

股票简称：_____股票代码：_____

4. 股票转让单位

股票转让以"股"为单位，买入申报量须是"手"（1手等于100股）的整数倍。不足一手的股票，只能一次性申报卖出。

5. 股票转让报价单位

每股价格报价的最小变动单位：（A类股份为人民币0.01元，B类股份为0.001美元）。

股票转让价格实行涨跌幅限制，涨跌幅比例限制为前一转让日转让价格的5%。投资者应根据上一转让日的股票转让价格，在涨跌幅限制范围内进行申报委托。

6. 股票转让首日报价区间

转让首日报价区间：以_____股份有限公司股票在_____证券交易所最后一个交易日的收盘价作为基价，设基价5%的涨跌幅价格限制。_____股份有限公司股票在_____证券交易所最后一个交易日的收盘价为_____元/股，因此，_____股份有限公司股票转让首日报价区间为_____元/股至_____元/股（如有B类股份，应分别说明A、B类股份的价格，原B类股份应说明折算的汇率）。投资者应在此区间内进行申报，否则为无效申报。

五、尚未办理股份托管和确权手续的投资者，请尽快到_____证券公司所属营业部以及其他可在全国股份转让系统从事经纪业务的主办券商所属营业部办理手续。

六、_____股份有限公司股票开始在全国股份转让系统转让后，信息公告通过全国股份转让系统指定信息披露平台发布，敬请投资者注意。

咨询电话：

_____股份有限公司　　　　_____证券（股份）有限公司
（盖章）　　　　　　　　　　（盖章）
　年　　月　　日　　　　　　　年　　月　　日

附件 9

关于_____股份有限公司
投资风险分析的报告

根据《_____股份有限公司股份转让公告》，_____股份有限公司_____股份将于____年____月____日起在全国中小企业股份转让系统（以下简称"全国股份转让系统"）挂牌转让。依据有关规定主办券商须公司股份在全国股份转让系统挂牌前发布分析报告，客观地揭示公司所存在的投资风险，_____证券股份有限公司（或"有限责任公司"）作为_____股份有限公司主办券商，特此发布本分析报告。

本报告仅依据_____股份有限公司披露的最近年度和半年度报告，对该公司的情况进行客观分析并向投资者揭示存在的主要投资风险，不构成对_____股份有限公司股份的任何投资建议。

一、_____股份有限公司概况

（一）公司基本情况

（二）挂牌前的股本结构

（三）挂牌前的前十名股东持股情况

1. 上述股东关联关系或一致行动的说明；

2. 前十名股东之间是否存在其他关联关系，或是否属于一致行动人。

二、_____股份有限公司经营情况及财务状况分析

（一）主要会计数据和财务指标

（二）经营情况分析

（三）财务状况分析

1. 资产状况分析

2. 债务状况分析

三、_____股份有限公司重大事项分析

（一）对外担保情况分析

1. 公司对外担保余额合计，担保总额占公司净资产的比例；

2. 对子公司的担保金额、为股东和实际控制人及其关联方提供担保金额、直接或间接为资产负债率超过70%的被担保对象提供的债务担保金额、担保总额超过净资产50%部分的金额；

3. 公司对外担保情况汇总表。

（二）控股股东占用资金情况分析

（三）涉诉情况分析

以上涉讼情况分析，系根据_____股份有限公司的公告材料整理得出，鉴于无法保证_____股份有限公司既往均如实履行公告义务，且可能发生公告期后涉讼事项，因而本涉讼情况分析可能无法反映_____股份有限公司涉讼的完整信息，敬请投资者注意。

（四）前十大股东所持公司股份被质押、冻结情况

四、提请投资者注意的投资风险

（一）最近年度和半年度财务报告的审计意见

（二）公司的持续经营存在的重大不确定性

（三）破产重整计划执行及公司破产清算风险

（四）法律风险

（五）其他风险

_____证券股份有限公司（或"有限责任公司"）

年　　月　　日

附件 10

_____股份有限公司
关于公司股票在全国中小企业股份转让系统挂牌后暂停转让的申请

_____证券股份有限公司（或"有限责任公司"）：

_____股份有限公司（以下简称"_____"或"公司"）已于_____年_____月_____日终止在_____证券交易所挂牌上市。公司已与贵公司签订《推荐恢复上市、委托股票转让协议书》，聘请贵公司担任本公司股票在全国中小企业股份转让系统（以下简称"全国股份转让系统"）转让的主办券商。（或"经_____证券交易所指定贵公司为本公司提供股票转让服务。"）

公司正在进行在全国股份转让系统挂牌的相关准备工作，预计将于_____年_____月_____日在该系统挂牌。目前，因公司_____事宜，根据《全国中小企业股份转让系统两网公司及退市公司股票转让暂行办法》等相关法规的规定，公司申请股票在全国股份转让系统挂牌后暂停转让。

特此申请。

_____股份有限公司
年　　月　　日

附件 11

主办券商关于_____股份有限公司
申请股票在全国中小企业股份转让系统挂牌后暂停转让的专项意见

全国中小企业股份转让系统有限责任公司：

_____证券股份有限公司（或"有限责任公司"）于_____年_____月_____日收到_____股份有限公司（以下简称"_____"）申请，_____将于_____年_____月_____日在全国中小企业股份转让系统挂牌，由于_____事宜，_____拟在全国中小企业股份转让系统挂牌后暂停转让。根据《全国中小企业股份转让系统两网公司及退市公司股票转让暂行办法》，公司发生影响股票转让的重大事件，由主办券商报经全国股份转让系统公司同意后可对其股票暂停转让。_____因_____事宜而申请暂停转让，符合上述规定。

_____证券股份有限公司（或"有限责任公司"）

年　　月　　日

附件 12

全国中小企业股份转让系统挂牌协议

甲方：全国中小企业股份转让系统有限责任公司

法定代表人：

住所：

联系电话：

乙方：_____股份有限公司

法定代表人：

住所：

联系电话：

第一条 甲方是全国中小企业股份转让系统（以下简称"全国股份转让系统"）的运营管理机构，负责组织和监督退市公司挂牌后的股票转让及相关活动，实行自律管理。乙方是_____证券交易所的退市公司，申请其股票在全国股份转让系统挂牌。乙方已向甲方提交了挂牌申请及相关文件，并取得了甲方同意挂牌的审查意见。

第二条 为规范乙方股票在全国股份转让系统挂牌行为，明确双方权利与义务，甲乙双方根据《合同法》、《公司法》、《证券法》、《非上市公众公司监督管理办法》、《全国中小企业股份转让系统有限责任公司管理暂行办法》、《全国中小企业股份转让系统业务规则（试行）》等规定，签订本协议。

第三条 甲方的权利：

（一）甲方有权在有关法律、行政法规、中国证监会相关规定授权范围内对乙方实施日常监管；甲方有权依据全国股份转让系统业务规则、细则、指引、通知等规定（以下简称"甲方业务规则"）对乙方的股票挂牌、公开转让、终止挂牌等行为进行管理。

（二）甲方有权依据经中国证监会批准的收费标准收取挂牌费，挂牌费包括挂牌初费和挂牌年费（依据甲方相关政策，对乙方暂免收取挂牌费）。

第四条 甲方的义务：

（一）甲方应当依据有关法律、行政法规及中国证监会相关规定制定甲方业务规则并及时公布，为乙方及其他市场主体参与市场活动提供制度保障。

（二）甲方负责运营、管理全国股份转让系统、发布市场信息，为乙方及其他市场参与主体提供正常的信息环境。

（三）甲方负责提供股票转让平台及相关设施，安排乙方股票挂牌，组织乙方股票转让活动。

（四）甲方负责提供信息披露服务平台，安排乙方首次挂牌信息披露及日常信息披露。

（五）甲方应当接受乙方的咨询，对其股票挂牌操作提供必要的指导。

第五条　乙方的权利：

（一）乙方有权向甲方咨询股票挂牌操作事宜，并获得甲方的指导。

（二）乙方有权获得甲方提供的股票转让、信息披露平台及相关设施服务。

第六条　乙方的义务：

（一）乙方同意接受甲方的日常监管及管理。

（二）乙方承诺遵守法律、法规、规章等规范性法律文件。乙方进一步承诺遵守甲方业务规则，履行包括但不限于规范公司治理、信息披露等义务。乙方应保证并责成其包括董事、监事、高级管理人员在内的全体员工理解并遵守本协议内容。

（三）乙方及其董事、监事和高级管理人员在挂牌时和挂牌后作出的承诺文件为本协议不可分割的一部分，是本协议的附件。乙方应保证其董事、监事和高级管理人员签署该等承诺文件。

（四）乙方应按本协议约定向甲方缴纳挂牌费。

（五）乙方应按要求参加甲方组织的业务培训。

（六）乙方应当以书面形式及时通知甲方任何导致乙方不再符合挂牌要求的公司行为或其他事件。

第七条　本协议的执行与解释适用中华人民共和国法律。

第八条　本协议未尽事宜，双方应依照有关法律、法规、规章及甲方业务规则执行。

第九条　与本协议的解释或执行有关的争议及纠纷，应首先由甲乙双方通过友好协商解决。若自争议或者纠纷发生之日起的30天内未能通过协商解决，任何一方均可将该项争议提交中国国际经济贸易仲裁委员会按照当时适用的仲裁规则进行仲裁，仲裁地点为北京。仲裁裁决为最终裁决，对双方均具有法律约束力。

第十条　双方一致同意，本协议生效后，如因适用的法律、法规、规章等规范性法律文件及甲方业务规则发生变化，导致本协议相关条款内容与修订或新颁布的上述法律、法规、规章、甲方业务规则等内容相抵触，本协议该部分条款将自动变更并以修订或新颁布的相关法律、法规、规章、甲方业务规则内容为准。

尽管有前款内容，本协议其他不与有关法律、法规、规章、甲方业务规则内容相抵触的条款持续有效。

第十一条　乙方申请终止或被甲方终止在全国股份转让系统挂牌的，本协议自终止挂牌之日自动解除。本协议解除不影响甲方依法向乙方主张本协议项下未结费用、滞纳金支付的权利。

第十二条　本协议自双方签字盖章之日起生效。双方可以以书面方式对本协议作出补充，经双方签字盖章的有关本协议的补充协议是本协议的组成部分，与本协议具有同等法律效力。

第十三条　本协议一式肆份，双方各执贰份。

甲方（公章）：　　　　　　　乙方（公章）：

法定代表人　　　　　　　　　法定代表人
或授权代表（签字）：　　　　或授权代表（签字）：

____年____月____日　　　　____年____月____日

附件 13

_____股份有限公司
关于股票在全国中小企业股份转让系统挂牌的申请报告

全国中小企业股份转让系统有限责任公司：

____年____月____日，_____证券交易所出具《关于_____股份有限公司股票终止上市的决定》（_____号），决定本公司股票终止上市。____年____月____日，公司股票被_____证券交易所摘牌终止上市。

经本公司董事会和股东大会审议通过，本公司与____证券股份有限公司（或"有限责任公司"）（以下简称"____证券公司"）签署了《关于推荐恢复上市、委托股票转让协议书》，聘请____证券公司担任本公司股票在全国中小企业股份转让系统（以下简称"全国股份转让系统"）转让的主办券商（或____年____月____日经____证券交易所指定____证券公司为本公司提供股票转让服务）。

目前，公司总股本为_____万股，拟向贵公司申请股票在全国股份转让系统挂牌，现将有关事项报告如下：

一、公司简介

公司名称：

法定代表人：

注册资本：

成立日期：

股份公司设立日期：

住　　所：

邮政编码：

公司电话：

公司传真：

电子信箱：

信息披露事务负责人：

所属行业：

经营范围：

组织机构代码：

二、股权结构及主要股东情况

（一）公司股权结构图

（二）控股股东及实际控制人情况

（三）前十名股东及持有5%以上股份股东情况

三、主要业务、主要产品（服务）

四、最近两年财务简表（数据经审计）

（一）资产负债表主要数据

（二）利润表主要数据

（三）现金流量表主要数据

根据《全国中小企业股份转让系统两网公司及退市公司股票转让暂行办法》及相关规定，本公司股票可以在全国股份转让系统进行挂牌转让。

本公司规范履行信息披露义务，经注册会计师对公司_____年度财务报告出具了_____意见。本公司治理机制健全，合法规范经营；股权明晰，股票发行和转让行为合法合规。公司及公司董事、监事、高级管理人员理解并同意遵守全国中小企业股份转让系统有限责任公司发布的规则、细则、指引、通知等规定。

现特向贵公司申请股票在全国股份转让系统挂牌。

特此申请，请予同意。

_____股份有限公司（盖章）

年　月　日

附件14

主办券商关于_____股份有限公司
股票进入全国中小企业股份转让系统转让的推荐意见

全国中小企业股份转让系统有限责任公司:

_____股份有限公司（以下简称"_____"）于____年____月____日起终止上市，____年____月____日与我公司签订《推荐恢复上市、委托股票转让协议书》（或：____年____月____日____证券交易所指定我公司为_____提供股票转让服务）。根据《全国中小企业股份转让系统两网公司及退市公司股票转让暂行办法》等有关规定，我公司作为主办券商，目前已经完成了下列工作：

一、_____终止上市股份退出登记的相关手续已经于____年____月____日办理完毕，我公司已经取得_____的股东名册。

二、我公司于____年____月____日在中国证监会指定的信息披露媒体及全国中小企业股份转让系统（以下简称"全国股份转让系统"）指定信息披露平台（www.neeq.com.cn或www.neeq.cc）上登载了《关于_____股份有限公司股份确权公告》，确定了分类股份确权、托管的方法：深市上市公司退市时原股东在全国股份转让系统从事经纪业务的主办券商托管的流通股份，由我公司直接向中国证券登记结算有限责任公司（以下简称"中国结算"）办理股票托管手续，托管在股东的深圳市场证券账户及原托管证券公司对应全国股份转让系统托管单元上；深市上市公司退市时有限售条件流通股、非流通股、原股东在其他证券公司托管的流通股份及沪市退市公司所有原股东，需要进行股份确权，并登记至已开立的深圳市场证券账户或股份转让账户中。

三、我公司已组织客户服务中心及营业部业务人员仔细阅读_____股份确权公告，熟悉新的确权业务要求，为投资者及其他可在全国股份转让系统从事经纪业务的主办券商提供优质咨询及受理服务。

四、我公司已对退市时托管在全国股份转让系统经纪业务主办券商的流通股股票进行数据处理，编制了_____股票初始托管数据文件，拟托管流通股股东_____户，占该公司流通股股东总数的_____%，拟托管流通股_____股，占流通股总数的_____%，____年____月将向中国结算报送股票初始托管数据。

五、我公司与其他可在全国股份转让系统从事经纪业务的主办券商将于____年____月____日开始为_____原流通股股东办理股份确权和托管手续，我公司将确权成功的股票数据以初始托管或网上申报方式报送中国结算。

我公司认为_____符合进入全国股份转让系统的要求，同意推荐该公司原流通股股票进入全国股份转让系统转让。

如果我公司推荐_____进入全国股份转让系统获得贵司同意，_____原流通股股票开始转让日为____年____月____日；转让首日报价区间：以_____股票在_____证券交易所最后一个交易日的收盘价作为基价，设基价有5%的涨跌幅价格限制。_____股票在_____证券交易所最后一个交易日的收盘价为_____元（美元/港元）/股，因此，_____股份转让首日报价区间为_____元（美元）/股至_____元（美元）/股。

_____证券股份有限公司（或"有限责任公司"）
年　月　日

9. 挂牌公司股东所持股份解除转让限制明细表

挂牌公司股东所持股份解除转让限制明细表
（批次解除转让限制申请及董监高股票（每年）解除转让限制申请适用）

挂牌公司：　　　　　　　　证券简称：　　　　　证券代码

序号	股东名称	任职	是否为控股股东、实际控制人	身份证号或注册号	挂牌前持股数量	挂牌前12个月内受让自控股股东、实际控制人的股份数量*	因司法裁决、继承等原因而获得有限售条件股票的数量①*	挂牌后权益分派新增股份数量*	挂牌后实施股权激励新增股份数量*	挂牌后定向发行新增股份数量*	挂牌后债转股新增股份数量*	挂牌后通过转让新增股份数量*	质押股份数量*	司法冻结股份数量*	截至201×年×月×日持股数量	截至201×年×月×日持有的无限售条件的股份数量	本次申请解除转让限制登记股份数量	尚未解除转让限制登记股份数量
1																		
2																		
合计																		

注：主办券商可根据挂牌公司情况增减栏目，带"*"列，不可以删除。

（主办券商公章）

年　月　日

---

① 本栏是指因司法裁决、继承等原因而获得的挂牌公司的控股股东、实际控制人挂牌前直接或间接持有的股票及挂牌前12个月内从控股股东、实际控制人受让人处受让的股票。

第九章　挂牌后的工作

第一节　企业挂牌后的持续信息披露的主要内容

一、定期报告

1. 编制年度报告

挂牌公司应在每个会计年度结束之日起四个月内（第二年的 4 月 30 日之前）编制并披露年度报告。挂牌公司年度报告中的财务报告必须经会计师事务所审计。年度报告应包括以下内容：

（1）公司基本情况；

（2）最近两年主要财务数据和指标；

（3）最近一年的股本变动情况及报告期末已解除限售登记股份数量；

（4）股东人数，前十名股东及其持股数量、报告期内持股变动情况、报告期末持有的可转让股份数量和相互间的关联关系；

（5）董事、监事、高级管理人员、核心技术人员及其持股情况；

（6）董事会关于经营情况、财务状况和现金流量的分析，以及利润分配预案和重大事项介绍；

（7）审计意见和经审计的资产负债表、利润表、现金流量表以及主要项目的附注。

2. 披露年度报告

挂牌公司应在董事会审议通过年度报告之日起两个报价日内，以书面和电子文档的方式向推荐主办券商报送下列文件并披露：

（1）年度报告全文；

（2）审计报告；

（3）董事会决议及其公告文稿；

（4）推荐主办券商要求的其他文件。

3. 编制年度报告

挂牌公司应在每个会计年度的上半年结束之日起两个月内（8月31日之前）编制并披露半年度报告。半年度报告应包括以下内容：

（1）公司基本情况；

（2）报告期的主要财务数据和指标；

（3）股本变动情况及报告期末已解除限售登记股份数量；

（4）股东人数，前十名股东及其持股数量、报告期内持股变动情况、报告期末持有的可转让股份数量和相互间的关联关系；

（5）董事、监事、高级管理人员、核心技术人员及其持股情况；

（6）董事会关于经营情况、财务状况和现金流量的分析，以及利润分配预案和重大事项介绍；

（7）资产负债表、利润表、现金流量表及主要项目的附注。

半年度报告的财务报告可以不经审计，但有下列情形之一的，应当经会计师事务所审计：

（1）拟在下半年进行利润分配、公积金转增股本或弥补亏损的；

（2）拟在下半年进行定向增资的；

（3）中国证券业协会认为应当审计的其他情形。

财务报告未经审计的，应当注明"未经审计"字样。财务报告经过审计的，若注册会计师出具的审计意见为标准无保留意见，公司应说明注册会计师出具标准无保留意见的审计报告；若注册会计师出具的审计意见为非标准无保留意见，公司应披露审计意见全文及公司管理层对审计意见涉及事项的说明。

4. 披露半年度报告

挂牌公司应在董事会审议通过半年度报告之日起两个报价日内，以书面和电子文档的方式向推荐主办券商报送下列文件并披露：

（1）半年度报告全文；

（2）审计报告（如有）；

（3）董事会决议及其公告文稿；

（4）推荐主办券商要求的其他文件。

5. 自愿编制并披露季度报告

挂牌公司可在每个会计年度前三个月、九个月结束之日起一个月内自愿编制并披露季度报告。挂牌公司第一季度季度报告的披露时间不得早于上一年度年度报告的披露时间。挂牌公司应在董事会审议通过季度报告之日起两个报价日内，以书面和电子文档的方式向推荐主办券商报送下列文件并披露：

（1）季度报告全文；

（2）董事会决议及其公告文稿；

（3）推荐主办券商要求的其他文件。

二、临时报告

挂牌公司召开董事会、监事会、股东大会会议，应在会议结束后两个报价日内将相关决议报送推荐主办券商备案。决议涉及第十六条相关事项的应披露。

挂牌公司出现以下情形之一的，应自事实发生之日起两个报价日内向推荐主办券商报告并披露：

（1）经营方针和经营范围的重大变化；

（2）发生或预计发生重大亏损、重大损失；

（3）合并、分立、解散及破产；

（4）控股股东或实际控制人发生变更；

（5）重大资产重组；

（6）重大关联交易；

（7）重大或有事项，包括但不限于重大诉讼、重大仲裁、重大担保；

（8）法院裁定禁止有控制权的大股东转让其所持公司股份；

（9）董事长或总经理发生变动；

（10）变更会计师事务所；

（11）主要银行账号被冻结，正常经营活动受影响；

（12）因涉嫌违反法律、法规被有关部门调查或受到行政处罚；

（13）涉及公司增资扩股和公开发行股票的有关事项；

（14）推荐主办券商认为需要披露的其他事项。

挂牌公司有限售期的股份解除转让限制前一报价日，挂牌公司须发布股份解除转让限制公告。

三、推荐主办券商对挂牌公司信息披露的督导

主办券商应配备适当数量的人员担任专职信息披露督导人员。专职信息披露督导人员应取得证券承销和证券交易业务资格,其中,具有财务、法律专业知识的人员至少各一名。指导和督促所推荐挂牌公司规范履行信息披露义务,并负责对所推荐挂牌公司风险揭示公告的编制和发布。

推荐主办券商在任免专职信息披露人员时,应将相关人员名单及简历报中国证券业协会备案。

推荐主办券商应督导挂牌公司按照本规则的要求履行信息披露义务。发现披露的信息存在虚假记载、误导性陈述或重大遗漏的,或者发现存在应披露而未披露事项的,推荐主办券商应要求挂牌公司进行更正或补充。挂牌公司拒不更正或补充的,推荐主办券商应在两个报价日内发布风险揭示公告。

推荐主办券商应对挂牌公司临时报告进行事前审查;对定期报告进行事后审查。挂牌后的持续信息披露流程:

(1)挂牌公司未在规定期限内披露年度报告或半年度报告的,推荐主办券商应发布风险揭示公告。挂牌公司未在规定期限内披露年度报告的,推荐主办券商对其股份实行特别处理。

(2)挂牌公司及其董事违反本规则规定的,推荐主办券商应责令其改正。情节严重的,由中国证券业协会报告有关主管部门给予处罚。

(3)挂牌公司拒不履行信息披露义务的,推荐主办券商应暂停解除其控股股东和实际控制人的股份限售登记,并将有关事项报告中国证券业协会。

第二节 挂牌后的持续信息披露流程

根据《全国中小企业股份转让系统业务规则(试行)》(以下简称《业务规则》)及《全国中小企业股份转让系统挂牌公司信息披露细则(试行)》(以下简称《信息披露细则》)等有关规定,在新三板进行交易的企业都有信息披露的义务。新三板交易的企业披露信息应满足以下的要求。

一、挂牌公司准备披露文件并报主办券商审查

1. 挂牌公司董事会秘书或者信息披露事务负责人应按照《业务规则》、《信息披露细则》、定期报告格式指引和临时公告格式模板等规定编写公告文稿,并准备备查文件。

临时公告格式模板里没有明确给出格式的公告类型,由挂牌公司自行编制。

2. 挂牌公司准备好披露文件后,应将加盖董事会章的公告的纸质文件及相应电子文档送达主办券商。

3. 挂牌公司在遇到可能涉及暂停与恢复转让的事宜时，应提前告知主办券商，主办券商在办理信息披露业务的同时应当协助挂牌公司办理暂停与恢复转让。办理暂停与恢复转让业务按照《全国中小企业股份转让系统挂牌公司暂停与恢复转让业务指南》执行。

4. 进行定期报告披露的，挂牌公司应与主办券商商定披露日期，主办券商应于商定日期前将挂牌公司书面预约申请报送全国中小企业股份转让系统有限责任公司（以下简称"全国股份转让系统公司"）进行披露预约。特殊原因需变更披露预约时间的，应于原预约披露日 5 个转让日前向全国股份转让系统公司申请，经全国股份转让系统公司同意后方可变更。在 5 个转让日内需要变更预约披露时间的，经全国股份转让系统公司同意，主办券商协助挂牌公司发布《关于变更 XX 年度（半年度）报告披露日期的提示性公告》后方可变更。

全国股份转让系统公司根据均衡披露原则统筹安排披露时间，并由深圳证券信息有限公司（以下简称"信息公司"）在全国中小企业股份转让系统（以下简称"全国股份转让系统"）信息披露平台公布预计披露日期、变更情况及最终披露日期。

5. 挂牌公司申请豁免披露涉及国家机密或商业秘密的信息，应通过主办券商向全国股份转让系统公司申请并提出豁免披露的充分依据。豁免定期报告相关信息披露的，应于申报预约披露日期的同时申请；豁免临时公告披露的，应及时向全国股份转让系统公司提出申请。

6. 进行临时报告披露的，应按照《信息披露细则》规定的披露时点之后的 2 个转让日内发布临时公告。

二、主办券商事前审查并提交信息公司

1. 主办券商对拟信息披露文件进行事前审查，发现拟披露文件与全国股份转让系统公司相关规定不相符合的，主办券商应与挂牌公司沟通，了解相关情况，督导挂牌公司进行更正或补充，直至符合全国股份转让系统公司有关规定的要求。拟信息披露文件存在虚假记载、误导性陈述、重大遗漏、不正当披露信息的，主办券商应要求挂牌公司及时改正，挂牌公司拒不改正的，主办券商应向全国股份转让系统公司报告并在 2 个转让日内发布风险揭示公告。

2. 主办券商事前审查无异议后，应最迟于 T 日（T 日为公告披露日，且需为

转让日）20 点前将加盖主办券商公章的《信息披露业务流转表》（以下简称"流转表"，见附件 1）传真至信息公司，将披露材料的电子文档（Word 格式或 PDF 格式，如非特别要求，公告不用影印形式）上传至信息公司业务平台或发送至信息披露专用邮箱（ssi@cninfo.com.cn），并与信息公司电话确认收悉。如 T+1 为非转让日，则 T 日下午收市后披露 T+1 公告。若流转表无法传真送达信息公司，可以将已盖章流转表的影印电子版随公告电子文档上传至业务平台或发送至邮箱。

三、信息公司公告处理及披露

信息公司对披露资料采编整理完成后，于 T 日非股票转让时段上载至全国股份转让系统信息披露平台（www.neeq.com.cn 或 www.neeq.cc）公布。

披露完成后，信息公司回传流转表给主办券商作为回执。

四、公告披露后的事后处理

1. 更正或补充公告的处理

公告在全国股份转让系统公司网站披露后，挂牌公司或主办券商如发现有重大错误或遗漏需要更正或补充的，挂牌公司需发布更正或补充公告，并重新披露相关公告。原已披露的公告不做撤销。

全国股份转让系统公司监管人员在信息披露平台审阅挂牌公司公告，若发现公告不符合全国股份转让系统公司信息披露有关规定，或公告存在重大错误或遗漏的，通知主办券商督促挂牌公司进行更正或补充处理。

2. 或替换公告的处理

一经披露的公告不得随意被撤销或替换。

挂牌公司或主办券商确有理由认为已披露的信息需要被撤销或者全文替换的，应向全国股份转让系统公司递交盖有挂牌公司及主办券商公章的书面申请，经全国股份转让系统公司同意的，可联系信息公司进行撤销或替换。

3. 补发公告的处理

挂牌公司不能按照规定的时间披露公告，或发现存在应当披露但尚未披露的公告的，挂牌公司应发布补发公告并补发披露文件。

全国股份转让系统公司若发现挂牌公司存在应披露但未披露公告的，通知主办券商督促挂牌公司补发公告处理。

信息披露业务流转表如下：

第九章　挂牌后的工作

表 9-1　　　　　　　　　信息披露业务流转表

主办券商				
经办人		座　机		
手　机		传　真		
股份代码		股份简称		
披露时间	年　月　日非交易时段			
发送公告电子版至	○ ssi@cninfo.com.cn　　◉ 业务平台			
公告处理	○ 新发 ◉ 替换　○ 补发　○ 撤销 处理依据： □ 运营机构要求　□ 券商督导发现　□ 挂牌公司要求　□ 其他_____ 处理原因：			
公告类别	序号	公告标题		
主办券商公告	1			
	2			
挂牌公司公告	1			
	2			
	3			
	4			

续表

公告份数		合计：份	
是否暂停转让	◉ 是　○ 否	暂停转让期限：	
主办券商和深圳证券信息有限公司相互确认			
主办券商		深圳证券信息有限公司	
经办人：（签名）		经办人：（签名）	
（主办券商业务印章）		复核人：（签名）	

注：1. 表中"是否暂停转让"一栏信息公司用于信息披露，如需暂停转让须向运管机构提出申请；
2. 一张业务流转表只用于一家挂牌公司的一次信息披露。

参考案例

涉密内容信息披露豁免

已在新三板挂牌的西安市C通信科技股份有限公司，以下简称C公司。该公司主要业务是从事军用及民用集成通信系统设备的研发、生产和应用。

C公司向其主管军工产品生产研发的部门西安市国防科技办公室提交新三板挂牌申请报告，对公司申请新三板挂牌公开转让的必要性和意义，以及申请挂牌的各项事宜进行专门的汇报。同时，公司与参与新三板挂牌的主办券商及其他主办机构签署保密协议，要求有关各个机构按照公司的保密标准履行相关保密义务。

C公司向负责管理审批武器装备生产科研单位保密资格的委员会提交C公司重大事项变更报告，对于公司在新三板挂牌公开转让的各类事项进行专门报告。

C公司连通主办券商及其他中介机构，向全国中小企业股转系统公司申请公司股票挂牌及公开转让信息披露豁免，就公司在新三板进行挂牌和公开转让过程中可能涉及保密要求的内容进行专门说明，希望主管部门对于公司相关披露内容进行披露豁免。

C公司的主办律师认为，公司具备国防武器装备生产科研相关的保密资质，按照有关规定对于相关涉密信息申请豁免披露的依据充分有效。经过公司内部审核，公司申请在新三板股票挂牌及公开转让的各中介机构符合相关保密条件。公司申请新三板股票挂牌等相关事项，已经向武器装备科研生产机构的主管部门进行了专门的汇报，符合武器装备科研生产有关的管理规定。公司申请在新三板股票挂牌及公开转让已经按照新三板有关规定进行了充分的信息披露，未以保密为由规避依法应当披露的必要信息，不存在影响投资者对于挂牌公司进行投资判断的行为，可以充分保障投资者利益。公司对于披露文件中涉密信息的相关处理，将符合国家保密法律规定，也符合全国中小企业股转系统公司关于挂牌公司申请信息披露豁免的有关规定。

第三节　证券简称或公司全称变更

挂牌公司证券简称或公司全称变更工作，应该遵循《全国中小企业股份转让系统挂牌公司证券简称或公司全称变更业务指南（试行）》等有关规定。

一、证券简称或公司全称变更所需的申请材料

申请材料包括申请书及相关证明材料。挂牌公司变更公司全称的，应以新公司名称提出申请，并加盖新的公司印章。相关证明材料至少包括变更公司全称后的《企业法人营业执照》复印件（加盖新公司印章）或工商行政管理部门关于公司变更全称的证明复印件（加盖新公司印章）。

挂牌公司如果是申请证券简称变更的，还应事先与全国中小企业股份转让系统有限责任公司（以下简称"全国股份转让系统公司"）公司业务部进行沟通，核实新证券简称的可行性。

主办券商审核确定证券简称或公司全称变更申请材料后，填写《挂牌公司证券简称或公司全称变更业务申请表》并加盖主办券商公章。

二、证券简称或公司全称变更的相关时间要求

主办券商须于T-4日（T日为证券简称或公司全称变更生效日）15点前将上述业务表和其他证明材料一同传真（传真号：010-63889674）至全国股份转让系统公司，并将所有材料的电子扫描件发送至全国股份转让系统公司（电邮地址：ywbl@neeq.org.cn），同时电话确认收悉（电话：010-63889549）。

挂牌公司或主办券商发布相关公告的，最迟应于T-1日进行信息披露。

T日挂牌公司证券简称或公司全称变更生效。

股份有限公司
证券简称或公司全称变更的申请书

全国中小企业股份转让系统有限责任公司：

股份有限公司在___年___月___日召开的会上审议通过了《关于变更公司全称（或者证券简称）的议案》，公司全称（或者证券简称）由"　　"变更为"　　"，证券代码保持不变。

特此申请。

申请人：股份有限公司

（加盖公章）

经办人签名：

年　月　日

联系电话：

传真电话：

表9-2　　　挂牌公司证券简称或公司全称变更业务申请表

主办券商名称							
证券代码	变更前证券简称	变更后证券简称（加风险警示注标的在下栏填写"ST"）	变更前公司全称	变更后公司全称	变更起始生效日期	变更后首次转让日期	变更公告内容
			中文： 英文：	中文： 英文：			
主办券商经办人签名：			联系电话：		传真电话：		

主办券商　　盖章
年　月　日

第四节　暂停与恢复转让业务

挂牌公司股票暂停与恢复转让业务办理要遵守《全国中小企业股份转让系统

业务规则（试行）》（以下简称《业务规则》）等有关规定，制定本指南。

一、暂停与恢复转让业务申请所需的材料

挂牌公司填写《暂停（恢复）转让申请表》并提供相关证明材料送主办券商审查。

表9－3　　　　　　　　暂停（恢复）转让申请表

暂停（恢复）转让申请表					
挂牌公司名称		证券简称		证券代码	
导致申请暂停转让的突发事项	□ 预计应披露的重大信息在披露前已难以保密或已经泄露，或公共媒体出现与公司有关传闻，可能或已经对股票转让价格产生较大影响的 □ 涉及需要向有关部门进行政策咨询、方案论证的无先例或存在重大不确定性的重大事项 □ 向中国证监会申请首次公开发行股票并上市，或向证券交易所申请股票上市 □ 向全国股份转让系统公司主动申请终止挂牌 □ 未在规定期限内披露年度报告或者半年度报告 □ 主办券商与挂牌公司解除持续督导协议 □ 出现依《公司法》第一百八十条规定解散的情形，或法院依法受理公司重整、和解或者破产清算申请 □ 挂牌公司有合理理由需要申请暂停股票转让的其他事项				
对上述所选事项的具体说明					
上述所选事项的消除情况（申请恢复转让填写）					
暂停转让日期		停复期限预期（如有）		恢复转让日期（申请恢复转让填写）	
申请人：XXX 股份有限公司（加盖公章） 经办人签名： 年　　月　　日 联系电话： 传真电话：			主办券商：（加盖公章） 经办人签名： 联系电话： 传真电话：		

二、暂停与恢复转让业务申请相关的其他要求

主办券商审查无误后，最迟应于 T-4 日（T 日为暂停或恢复转让生效日，且为转让日）15 点前将加盖主办券商公章的《暂停（恢复）转让申请表》和其他证明材料一同传真（传真号：010-63889674）至全国股份转让系统公司，并将所有材料的电子扫描件发送至全国股份转让系统公司（电邮地址：ywbl@neeq.org.cn），同时电话确认收悉（电话：010-63889549）。主办券商应协助挂牌公司最迟在 T-1 日发布股票暂停（恢复）转让公告。T 日挂牌公司暂停（恢复）转让生效。

第五节 权益分派业务

根据《全国中小企业股份转让系统业务规则（试行）》（以下简称《业务规则》）及有关规定，挂牌公司应当在股东大会通过分配方案后 2 个月内根据以下流程完成实施权益分派的工作。挂牌公司近期如有股票发行等业务的，应当综合考虑该业务与权益分派业务的衔接，在具体操作时应当完成一项业务后再开始另一项，两种以上业务不应并行。在全国中小企业股份转让系统挂牌的企业进行权益分派需要遵循以下的程序。

一、最迟于 R-6 日向中国结算提交办理权益分派业务的材料

挂牌公司最迟应在 R-6 日（R 为股权登记日），根据中国证券登记结算有限公司（以下简称"中国结算"）发布的《中国结算北京分公司证券发行人业务指南》（以下简称《中国结算指南》），向中国结算提交委托权益分派实施业务的相关材料。其中，权益分派实施公告应按中国结算的要求编写，并按照中国结算的审核意见修改。

二、最迟于 R-4 日完成权益分派实施公告的披露

挂牌公司在收到中国结算《委托代理权益分派申请表》反馈后，最迟应于 R-4 日根据《全国中小企业股份转让系统挂牌公司持续信息披露业务指南（试行）》的规定，披露权益分派实施公告。

披露的公告应与中国结算审查过的公告一致，如不一致应在 R-1 日 14 点前完成公告更正。

三、于 R-1 日前完成权益分派相关款项的划拨

挂牌公司按照《中国结算指南》的要求做好权益分派相关款项的划拨工作。

如果挂牌公司不能按照中国结算规定的时间完成相关款项的划拨工作,全国中小企业股份转让系统有限责任公司(以下简称"全国股份转让系统公司")在接到中国结算的"推迟现金红利派发通知书"后,对其股票实施暂停转让直至推迟的分红派息日,或相关不良后果已消除之日。

四、R+1 日权益分派业务办理完成

全国股份转让系统公司完成除权除息,中国结算完成权益分派。

第六节 退出登记的程序

挂牌公司股票终止挂牌后,需要办理退出登记手续的,应当及时到中国结算办理。

挂牌公司未按照规定办理股份退出登记手续的,中国结算可将其证券登记数据和资料送达该挂牌公司或其代办机构,由公证机关进行公证,视同该挂牌公司推出登记手续办理完毕。

挂牌公司退出登记办理完毕后,中国结算通过全国股份转让系统指定信息披露平台和其他媒体发布关于终止为挂牌公司提供登记服务的公告。

第十章 新三板的资本运作

第一节 概述

企业通过新三板挂牌,实现从非公众公司转变为公众公司的转变,也就进入了资本市场的大平台,具备了开展资本运作的基础。随着新三板的快速发展,资本运作的舞台也随之扩大,可以采取的运作手段也日渐丰富,包括但不限于股权转让、股票发行、债券发行、派送红股、转增股本、股权回购和资产重组等。其中,资产重组又包括对企业的资产进行剥离、置换、出售、转让,或对企业进行合并、托管、收购、兼并、分立的行为。

从时间先后顺序上来看,企业在挂牌前,通过与券商的合作,可以进行一轮定向增发,其中,拟以做市方式挂牌转让的企业,可以向做市商发行一部分用于做市报价的股份。在挂牌后,即成为公众公司,享有更便利、更高额的银行贷款服务,并可进行股份的转让、定向增发、并购重组等一系列资本运作。此外,还可在新三板市场上发行债券进行直接融资,其债券利息与银行贷款基本持平。新三板还具有转板上市的特殊通道,新三板企业在满足主板、中小板、创业板上市条件后,还可转板上市,进入上交所、深交所 A 股市场的舞台。

向银行贷款的融资行为不属于通常意义而言的资本运作范畴,但通过新三板挂牌而增加的贷款类融资能力是企业长期资本、资产活动的重要一环,因此本书将银行贷款也列为本章内容中的一个组成部分进行讲解。本章将分别展现银行贷款、股份转让、定向增资、私募债、股权激励、分红扩股、并购重组、转板上市等八大类资本、运作方式及其流程。

第二节　银行贷款

在新三板挂牌上市的企业可以进行股权融资，也可以进行债权融资，相对于股权融资，债权融资成本较低，而且为了避免拉低估值，部分发展较好的优质企业在初期并不愿意出让股权，更倾向于使用债权融资工具。银行为企业提供贷款、结算、投行等方面的服务。

2013年9月4日，在第二届金融街论坛"对话股转系统"分论坛上，全国中小企业股份转让系统有限责任公司总经理谢庚指出，未来挂牌企业将受惠于银行贷款授信。随着新三板扩容，商业银行纷纷将目光投向新三板，2013年，工行、农行、中行、建行、交行、光大、兴业等7家商业银行与全国中小企业股份转让系统公司签署战略合作协议，2014年上半年，又有浦发、招商、宁波、杭州、贵阳等5家商业银行与全国中小企业股份转让系统公司签署战略合作协议。相信还会有更多的商业银行将新三板作为其对公业务的重点开拓领域。

一、银行授信

在企业运营信息方面，银行与借款企业之间始终存在信息不对称的问题，基于风险管理的考虑，银行对于其不足够了解的企业放款时存在诸多顾虑。上市公司及新三板挂牌公司的信息披露制度能部分地消除这种顾虑。企业在新三板挂牌成为公众公司，实行规范的信息披露制度，增强了企业运行的透明度，有利于获取外界的信任和关注。银行可以通过挂牌企业定期披露的经会计师事务所出具审计意见的财务报表、律师事务所的法律意见书、招股说明书、年度董事会报告等信息，详细了解公司的运营情况，从而增强对挂牌企业的信任度，给予更高的授信额度或更低的贷款利率。在同等条件下，相比非公众公司而言，公众公司能获取更高的授信额度，享有更便利的银行贷款服务，具备较高的融资议价能力。

◆ 参考案例

2014年6月，工商银行北京分行以新三板企业股权质押担保的方式发放贷款。农业银行与北京股权交易中心合作，将为该中心挂牌和拟挂牌企业提供总金额近50亿元的意向性信用额度，并提供私募债承销、股权质押贷款、知识产权质押贷款等多元化的融资支持。据悉，广发银行将每年意向性为新三板挂牌公司和拟挂牌公司提供不低于 100 亿元的授信额度，并陆续推出专门服务新三板挂牌企业的批量授信方案。

二、股权质押贷款

众所周知，上市公司的股权可以很方便地质押给银行、信托、券商等金融机构，获得股权质押贷款，新三板的挂牌企业也可以办理该项业务。相比非挂牌、非上市企业而言，挂牌企业的股份流动性更强，且在公开市场上拥有明确的报价，其价值相对容易获得评估和金融机构的认可。随着做市商制度的继续落实，市场流动性的持续增强，新三板挂牌企业的股权质押贷款也将越来越便利。

企业挂牌新三板能够给企业带来信用增进效应，企业一方面可获取直接融资，同时还能通过信用评级、市场化定价进行股权抵押，获取商业银行贷款。在发放新三板股权质押贷款时，需要在中国证券登记结算公司登记确权，银行由此也多了一层保障。此外，新三板即将推出的做市商交易制度也为银行在企业股权的处置上提供了便捷的卖出渠道。

参考案例

2014 年 6 月，中国工商银行北京分行与两家新三板挂牌企业签署合同，以股权质押担保方式为其分别发放 200 万元贷款。股权质押贷款是工行与新三板开展战略合作后，在融资领域推出的专属产品。据了解，不止工行，目前与新三板合作的 12 家商业银行多数均有意把新三板股权质押贷款作为创新性融资业务，列入下一步新三板综合金融服务体系。

股权质押贷款并非"新鲜事"，但此前该项业务通常只针对大中型企业和上市公司。"小微企业融资难很大原因是信息缺失，由于银企信息不对称，银行无法有效对企业做出评判。"工商银行的相关人士表示，企业在新三板挂牌后，作为公众公司需要充分、及时、完整地披露信息，信息的公开性和真实性相比有较大提升，这也是银行进行股权质押贷款的前提。

三、贷款保证保险

贷款保证保险是银行与保险公司合作，向企业提供贷款的创新性金融产品。企业向保险公司投保贷款保证保险，并将银行设置为被保险人，凭保险公司开具的保单向银行申请办理贷款业务。贷款保证保险的融资金额一般较低。

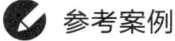
参考案例

2014年7月8日，广发银行与全国中小企业股份转让系统有限责任公司举行"总对总"战略合作协议签约仪式，并联合人保财险为首批3家北京企业批量授信，向其提供"新三板"贷款保证保险服务。广发银行北京分行与中国人民财产保险股份有限公司北京分公司合作开展该项业务，初期额度为1亿元，为在北京注册的拟挂牌企业提供单户不超过200万元的贷款。

第三节 股份转让

新三板设计的初衷是为中小企业搭建股份流通的平台，通过中小企业的股份流通，实现企业融资的目的。股份流通的方式在全国股份转让系统中有两种主要形式，股份转让和定向增发。

挂牌公司的股份转让在全国股份转让系统中进行，全国股份转让系统为股份转让提供相关设施，包括交易主机、交易单元、报盘系统及相关通信系统等。

一、股份定价

定价是股份转让过程中的核心问题。目前全国中小企业股份转让系统公司对于新三板挂牌公司非公开发行股份定价机制没有专门作出规定，考虑到新三板挂牌公司发行形式为非公开，发行对象数量有限，因此，新三板挂牌公司在确定股份发行价格方面，可以与主办券商协调沟通，在参照主办券商及其他中介机构专业意见的基础上，对于拟参与非公开发行认购的投资主体进行广泛的多次的询价活动，从而了解市场行情状况，为确立股份价格进行参考。

拟发行股份的挂牌公司及主办券商确立股份发行价格需要基本的估值依据。针对不同的行业，可以参考的估值方法也有所区别。

对于公司业务收入和利润主要依靠资产经营收入，收入构成相对稳定波动幅度不大，其他因素对于公司收入利润影响较小的企业，可以采用基于资产评估的资产基础法。结合公司资产评估价值与账面价值的差异，计算出资产的增值率，继而以评估价值为基础确定公司的股份价值。

对于公司未来业绩增长势头良好，拥有稳定现金流的企业，可以采用现金流折现的方法进行公司股份价值评估。具体而言，基于公司未来经营状况设定一系列的架设条件，对于公司未来一定期限内各个年份的营业收入、营业成本、各项费用及所得税的数值进行估测，对财务指标进行相应调整得出未来各个年份的净现金流量数值；再根据公司的行业特点，选择同类上市公司数据作为参考计算出公司权益资本成本及债务成本，利用资本资产加权平均成本模型公式计算出公司的贴现率；利用计算出的折现率将未来各个年份的净现金流进行贴现最终计算出公司按照现金流折现的发放计算出的公司股份价值。

除了上述两种常用的估值方法外，挂牌公司和主办券商还可以参照股票市场同类企业的动态市盈率、市净率指标，结合新三板市场同类挂牌公司最近的协议转让报价或者定向发行价格，根据挂牌公司具体情况进行调整，以确定更为合理的公司股份估值定价，确保公司定向发行价格得到市场及广大投资主体的认可。

参考案例

为简明地向读者展示不同估值方法，假定本案例。某汽车租赁公司，公司总资产1亿元，负债5 000万元，挂牌时年净利润1 000万元，预计未来将以10%的增长速度增长，为实现增长目标，该企业每年的净利润需要留存70%，其余的30%分红给股东。假定新三板市场股票投资人的必要收益率为15%，则按不同的估值方法其股票价值如下。

市盈率法。新三板总经理助理隋强在2014年4月15日介绍新三板的最新市场运行情况时表示，截至4月14日，新三板共有686家挂牌公司，平均市盈率为25.61倍。按这一市盈率给上述汽车租赁公司估值，则其总市值应为1 000万元的25.61倍，即2.561亿元。

市净率法。即按照公司净资产乘以一定的倍数估算企业总市值。该公司净资产为总资产减去负债，即5 000万元。全国中小企业股份转让系统于2014年1月26日公布，首批全国企业24日集体挂牌。在当天新挂牌的266家公司中，有109家公司股票有成交，成交价格最高的为71.43元，最低的为1元，从估值指标来看，这109只股票平均市盈率（PE）约为30倍，平均市净率为4.16倍。根据上述信息中的4.16倍市净率计算，则该汽车租赁公司的估值为2.8亿元。

红利折现法。挂牌当年的净利润为1 000万元，年增长10%，即挂牌次年的净利润为1 100万元，股东可享受的分红为1 100万元的30%，即330万元。股票投资人的必要收益率为15%，其与公司10%的成长性相比有5%差额，按红利折现法，该公司的总市值为330万元除以5%，即6.6亿元。

根据不同的估值方法计算的企业总市值结果是不同的，在该假定案例中，汽车租赁公司按市盈率、市净率、红利折现等方法估值的结果分别为2.561亿元、

2.8亿元、6.6亿元。在实际情况下，企业在新三板挂牌的发行价格很大程度上取决于其财务规范和主办券商的中介能力。

二、股份转让流程

挂牌公司的股份转让分为向特定对象的定向转让和向社会公众的公开转让两种。

《管理办法》规定，股票向特定对象转让应当以非公开方式协议转让。向特定对象转让应当由董事会就股票定向转让的具体方案作出决议，并提请股东大会批准。股票向特定对象转让导致股东累计超过200人的股份有限公司，应当自上述行为发生之日起3个月内，按照中国证监会有关规定制作申请文件，申请文件应当包括但不限于：定向转让说明书、律师事务所出具的法律意见书、会计师事务所出具的审计报告。股份有限公司持申请文件向中国证监会申请核准。在提交申请文件前，股份有限公司应当将有关情况通知所有股东。在3个月内股东人数降至200人以内的，可以不提出申请。

公司申请其股票向社会公众公开转让的，董事会应当依法就股票公开转让的具体方案作出决议，并提请股东大会批准，股东大会决议必须经出席会议的股东所持表决权的2/3以上通过。申请其股票向社会公众公开转让的公司，应当按照中国证监会有关规定制作公开转让的申请文件，申请文件应当包括但不限于：公开转让说明书、律师事务所出具的法律意见书、具有证券期货相关业务资格的会计师事务所出具的审计报告、证券公司出具的推荐文件、证券交易场所的审查意见。公司持申请文件向中国证监会申请核准。

经核准后的挂牌公司在取得证券简称和代码的第二日，要和主办券商一起前往中国证券登记结算有限公司深圳分公司办理股份初始登记。初始登记时挂牌公司的股份处于冻结状态。按照《业务规则》的规定，挂牌公司控股股东及实际控制人在挂牌前直接或间接持有的股票分三批解除转让限制，每批解除转让限制的数量均为其挂牌前所持股票的1/3，解除转让限制的时间分别为挂牌之日、挂牌期满一年和两年。按照《公司法》的规定，发起人持有的股份在股份公司设立之日起一年内不得转让；公司董事、监事、高级管理人员在任职期间每年转让的股份不得超过其所持有本公司股份总额的25%；上述人员离职半年内，不得转让其所持有的公司股份，在新三板挂牌的股份当然要适用这些限售的规定，因此，在实践中存在公司挂牌后无股份转让的情况。另外，按照《业务规则》规定,挂牌前十二个月以内控股股东及实际控制人直接或间接持有的股票进行过转让的,该股票的管理按照前述规定执行,即已转让股票归属于挂牌之日可转让的股票,但主办券商为开展做市业务取得的做市初始库存股除外。

股票解除转让限制,应由挂牌公司向主办券商提出,由主办券商报全国股份转让系统公司备案。全国股份转让系统公司备案确认后,通知中国证券登记结算有限公司办理解除限售登记。

在公司股票挂牌时,如存在解除首批股份限售的情形,申请挂牌公司应向主办券商提交首批解除限售申请材料,主办券商审核后出具《挂牌公司股东所持股份解除转让限制明细表》,并提交至全国股份转让系统公司业务部。全国股份转让系统公司备案确认后,出具《股份解除限售登记的函》。申请挂牌公司在进行股份初始登记时,可在初始登记的同时持全国股份转让系统公司出具的《股份解除限售登记的函》原件办理解除限售手续。

股票转让可以采取协议方式、做市方式、竞价方式或其他中国证监会批准的转让方式,挂牌公司可以选择这三种方式中的一种进行,在股份转让的方式上,新三板要比主办、中小板和创业板市场更为灵活。经全国股份转让系统公司同意,挂牌股票也可以转换转让方式。

挂牌股票采取协议转让方式的,全国股份转让系统公司同时提供集合竞价转让安排。协议转让方式下,挂牌公司的股东和适格投资者达成转让协议,确定股权转让的价格和数量等,然后在全国股份转让系统中办理股权转让及相关的登记事宜。

挂牌股票采取做市转让的,要求有2家以上做市商为其提供做市报价服务。做市商应当在全国股份转让系统持续发布买卖双向报价,并在报价价位和数量范围内履行与投资者的成交义务。做市转让方式下,投资者之间不能成交,只能和做市商成交。做市方式有助于增强挂牌公司股份的流动性。

竞价方式则类似于上海和深圳证券交易所的交易方式,挂牌公司解除限售条件的股份可以在全国股份转让系统提供的交易系统中进行股份竞价转让。在竞价市场中,证券交易价格是由市场上的买方订单和卖方订单共同驱动的。与上海、深圳证券交易所竞价方式不同之处在于全国股份转让系统对股票转让不设涨跌幅限制。

股份转让的流程如下:
1. 适格投资者开立账户

投资者买卖挂牌公司股票,应当开立证券账户和资金账户,并与主办券商签订证券买卖委托代理协议。

2. 投资者委托报价

投资者买卖挂牌公司股票，应委托主办券商办理。投资者卖出股票，须委托代理其买入该股票的主办券商办理。如需委托另一家主办券商卖出该股票，须办理股票转托管手续。

投资者委托分为意向委托、定价委托和成交确认委托。意向委托是指投资者委托主办券商按其指定价格和数量买卖股票的意向指令，意向委托不具有成交功能。定价委托是指投资者委托主办券商按其指定价格买卖不超过其指定数量股票的指令。成交确认委托是指投资者买卖双方达成成交协议，或投资者拟与定价委托成交，委托主办券商以指定价格和数量与指定对手成交的指令。

意向委托和定价委托应注明股票名称、股票代码、证券账户、买卖方向、买卖价格、买卖数量、联系方式等内容。成交确认委托应注明股票名称、股票代码、证券账户、买卖方向、成交价格、成交数量、拟成就对手的主办券商、约定号等内容。

主办券商接受投资者的买卖委托后，应当确认投资者具备相应股票或资金，并按照投资者委托的时间先后顺序向全国股份转让系统申报。买卖挂牌公司股票，申报数量应当为 1 000 股的整数倍。卖出挂牌公司股票时，余额不足 1 000 股部分，应当一次性申报卖出。股票转让的计价单位为"每股价格"。股票转让的申报价格最小变动单位为 0.01 元人民币。

3. 成交确认

在协议转让方式下，投资者可以直接联系买卖对手方，也可以委托主办券商联系对手方，进而通过协商确定股份的买卖数量和价格，达成成交协议后，买卖双方应委托其主办券商向全国股份转让系统的交易主机进行成交确认。在做市转让方式下，由做市商报价，投资者则通过其主办券商进行委托，委托的主办券商通过专用通道，按接收投资者委托的时间先后顺序向全国股份转让系统申报，由全国股份转让系统的主机撮合成交。竞价方式下，由买卖双方向主办券商进行委托，委托的主办券商通过专用通道，按接收投资者委托的时间先后顺序向全国股份转让系统申报，由全国股份转让系统的主机撮合成交。

买卖申报经交易主机成交确认后，转让即告成立，买卖双方必须承认转让结果，履行清算交收义务。

4. 股票交割

全国股份转让系统中股票和资金的结算由中国证券登记结算有限公司负责。

股票和资金的结算实行分级结算原则，中国证券登记结算有限公司根据成交确认结果办理结算才与人之间进行股票和资金的清算交收；结算参与人负责办理其与客户之间的清算交收。结算参与人与客户之间的股票划付，应当委托中国证券登记结算有限公司代为办理。

中国证券登记结算有限公司按照货银对付的原则，为挂牌公司股票转让提供逐笔全额非担保交收服务。

第四节　定向增资

优先股是国内资本市场监管部门新近出台的一种股票发行方式。优先股的定义是在股份公司利润分红及剩余财产分配的权利方面，优先于普通股的特殊股票。根据优先股发行管理办法，新三板挂牌公司作为非上市公众公司和上市公司一样拥有发行优先股的权力。

非上市公众公司非公开发行优先股应符合下列条件：
（1）公司经营合法规范，公司治理机制健全，公司在新三板市场挂牌后依法履行信息披露义务；
（2）公司已发行的优先股不得超过公司普通股股份总数的50%，且筹资金额不得超过发行前净资产的50%，已回购、转换的优先股不纳入计算；
（3）公司同一次发行的优先股，条款应当相同，每次优先股发行完毕前，不得再次发行优先股；
（4）公司不得发行可转换为普通股的优先股。

按照优先股发行试点管理办法的规定，同时存在以下问题的公司不得发行优先股：
（1）发行申请文件有虚假记载、误导性陈述或重大遗漏；
（2）最近十二个月内受到过中国证监会的行政处罚；
（3）因涉嫌犯罪正被司法机关立案侦查或涉嫌违法违规正被中国证监会立案调查；
（4）公司的权益被控股股东或实际控制人严重损害且尚未消除；
（5）公司及其附属公司违规对外提供担保且尚未解除；
（6）存在可能严重影响公司持续经营的担保、诉讼、仲裁、市场重大质疑或其他重大事项；
（7）其董事和高级管理人员不符合法律、行政法规和规章规定的任职资格；

(8) 严重损害投资者合法权益和社会公共利益的其他情形。

优先股发行试点管理办法关于优先股发行对象的规定方面，提到非上市公众公司非公开发行优先股仅向符合新三板投资者适应性规定的合格投资者发行，每次发行对象不得超过两百人，且相同条款优先股的发行对象累计不得超过两百人。

新三板挂牌公司发行优先股的程序与一般股份发行程序基本一致，由董事会制定具体的股份发行方案，再由股东大会对于优先股发行进行表决。新三板挂牌公司发行优先股需要按照非上市公众公司关于信息披露的相关规定进行及时的信息披露。非上市公众公司发行优先股的方案涉及重大资产重组的，应当符合中国证监会有关重大资产重组的规定。

新三板挂牌公司发行优先股应当考虑自身基本情况和业务发展需要。通常而言，优先股的发行为公司提供长期稳定资本，优先股一般没有表决权，可以防止公司控制权为外部投资者控制。但优先股一般也规定了固定的分红比例，新三板挂牌公司作为中小企业风险溢价较高，如果发行优先股需要支付较高比例的固定分红，对处于快速成长中的公司将带来较大的资金压力。基于上述对比，新三板挂牌公司发行优先股需要慎重考虑，结合公司未来经营计划和需要，在与潜在发行对象投资者充分沟通协商的基础上，选择符合各方利益的发行计划方案。

在全国股份转让系统中的定向发行，是指申请挂牌公司或已挂牌公司向特定对象发行股票的行为。定向发行的主体可以是挂牌公司，也可以是申请挂牌公司，也就是说公司在申请挂牌前也可以定向发行。

一、挂牌公司定向发行的条件

按照《业务规则》的规定，申请挂牌公司、挂牌公司定向发行应当符合全国股份转让系统公司的有关投资者适当性管理、信息披露等规定。

定向发行特定对象的范围包括下列机构或者自然人：

1. 公司股东；
2. 公司的董事、监事、高级管理人员、核心员工；
3. 符合投资者适当性管理规定的自然人投资者、法人投资者及其他经济组织；
4. 符合参与挂牌公司股票公开转让条件的投资者。

公司确定发行对象时，符合上述第 2 项、第 3 项规定的投资者合计不得超过 35 名。

要注意的是，核心员工不得随意认定，要由董事会提名，并向全体员工公示和征求意见，由证监会发表明确意见后，经股东大会审议批准。

申请挂牌公司、挂牌公司应当对发行对象的身份进行确认，有充分理由确信发行对象符合《管理办法》和公司的相关规定。如果投资者符合规定，公司应当与发行对象签订包含风险揭示条款的认购协议。

二、定向发行的程序

挂牌公司定向发行的程序包括：确定投资者，拟订定向发行方案，董事会、股东大会分别表决通过，认购定向发行股份，制作定向发行申请文件向全国股份转让系统公司申请审查并向中国证监会申请核准、完成变更登记。

（一）确定投资者，拟订定向发行方案

定向发行的第一步是确定投资者。在实务中，一般由主办券商提供潜在投资者名单，再由挂牌公司与潜在投资者就发行细节予以协商，当然也可以由公司寻找投资者，并在主办券商的协助下进行商谈。与投资者商谈的主要内容之一是确定发行的股份数量和价格，在双方达成初步投资意向后，主办券商应按照《业务规则》的规定，对定向发行进行尽职调查，并在尽职调查的基础上，协助挂牌公司拟订定向发行方案。定向发行方案主要内容包括定向发行的可行性、发行对象、发行股份数量、原股东配售安排、认购价格、募集资金运用等。

（二）提交董事会、股东大会审议

定向发行方案拟订后，挂牌公司应形成关于定向发行的议案，提交公司董事会依法就本次定向发行的具体方案做出决议，并提请股东大会批准，股东大会决议必须经出席会议的股东所持表决权的2/3以上通过。

（三）报全国股份转让系统公司审查或备案，向中国证监会申请核准

挂牌公司定向发行结束后，挂牌公司应分情况确定报全国股份转让系统公司审查或备案。

1. 按照《管理办法》应申请核准的定向发行

向特定对象发行股票导致股东累计超过200人，以及股东人数超过200人的公众公司向特定对象发行股票的挂牌公司，应参照新三板挂牌的程序，向全国股份转让系统公司提交申请文件，申请审查，并向中国证监会申请核准。中国证监会受理申请文件后，依法对公司治理和信息披露以及发行对象情况进行审核，作出是否核准的决定，并出具相关文件。

2. 按照《管理办法》豁免申请核准的定向发行

挂牌公司向特定对象发行股票后股东累计不超过 200 人的，或者挂牌公司在 12 个月内发行股票累计融资额低于公司净资产 20% 的，按照《管理办法》的规定，可以豁免向中国证监会申请核准，但发行对象应当符合《管理办法》的规定，并在每次发行后 5 个工作日内将发行情况报中国证监会备案。挂牌公司的定向发行符合《管理办法》规定的豁免申请核准情形的，应当在发行后向全国股份转让系统公司办理备案。

挂牌公司豁免申请批准的定向发行向全国股份转让系统公司备案的业务流程为：

（1）挂牌公司提交备案登记表及相应材料。挂牌公司在定向发行的验资完成后两个转让日内，向全国股份转让系统公司接收申请材料的服务窗口报送《挂牌公司定向发行股份备案登记表》及相应材料（原件一份、复印件两份，与书面文件一致的电子文件一份）。经全国股份转让系统公司接收服务窗口人员核对，确认备案文件齐备后，向申请人出具《备案材料接收确认单》。

（2）全国股份转让系统公司出具股份登记函。全国股份转让系统公司对材料进行审查后出具股份登记函，送达挂牌公司并送交中国证券登记结算有限公司和主办券商。涉及非现金资产认购发行股票的情形，挂牌公司还应当提供资产转移手续完成的相关证明文件。

（3）挂牌公司办理股份登记并公布相关公告。挂牌公司按照中国证券登记结算有限公司发布的《全国中小企业股份转让系统股份登记结算业务指南》的要求向中国证券登记结算有限公司申请办理股份登记，并取得股份登记证明文件。挂牌公司应在新增股份预登记的次一个转让日公布定向发行情况报告书和定向发行股票挂牌转让公告。定向发行股票挂牌转让公告应明确挂牌转让日。

（4）挂牌公司完成备案。中国证券登记结算有限公司出具的股份登记证明文件及此前挂牌公司提交的其他备案材料一并由中国证监会设在全国股份转让系统公司的行政许可受理窗口整理归档，完成《管理办法》规定的备案手续。

（5）定向发行股票挂牌转让。挂牌公司完成股份登记的办理后，定向发行的新增股票按照挂牌转让公告中安排的时间在全国股份转让系统挂牌转让。

（四）认购定向发行股份

定向发行方案经股东大会通过后，认购定向发行股份的投资者应当根据定向发行方案和认购办法认购挂牌公司的股份。认购股份的出资应当经过会计师事务所验资。按照《管理办法》规定可以豁免申请核准的定向发行，在向全国股份转让系统公司和中国证监会备案前完成认购股份并验资程序。

公司申请定向发行股票，可申请一次核准，分期发行。自中国证监会予以核准之日起，公司应当在3个月内首期发行，剩余数量应当在12个月内发行完毕。超过核准文件限定的有效期未发行的，须重新经中国证监会核准后方可发行。首期发行数量应当不少于总发行数量的50%，剩余各期发行的数量由公司自行确定，每期发行后5个工作日内将发行情况报中国证监会备案。

（五）编制并披露定向发行情况报告书

挂牌公司应当在定向发行结束后编制并披露定向发行情况报告书。定向发行情况报告书应当符合《全国股份转让系统关于定向发行情况报告书必备内容的规定》。定向发行情况报告书至少应包含以下内容：

（1）挂牌公司符合豁免申请核准定向发行情形的说明；
（2）本次发行的基本情况；
（3）发行前后相关情况对比；
（4）新增股份限售安排（如有）；
（5）现有股东优先认购安排；
（6）主办券商关于本次发行合法合规性的意见；
（7）律师事务所关于本次发行过程及发行对象合法合规性的意见；
（8）挂牌公司全体董事、主办券商以及律师事务所等相关中介机构的声明。

主办券商应按照《业务规则》的规定，履行持续督导职责，对定向发行进行尽职调查；对本次定向发行程序的合法合规性、挂牌公司是否规范履行信息披露义务、本次定向发行对象是否符合投资者适当性要求、本次定向发行定价过程是否公正公平发表意见；对挂牌公司提交的备案材料进行审查并发表书面审查意见。

律师事务所应勤勉尽责，对挂牌公司定向发行的合法合规性出具相关意见。

第五节 私募债

一、私募债概述

私募债是指发行者以少数特定投资者作为募集对象而发行的约定一定期限内还本付息的债券。私募债是相对于公募债而言的一种发行方式，就发行方式而言，专指内部发行或者不公开发行，是面向少数特定投资者非公开定向发行的方式。

中小企业已成为现代经济及国民经济增长中的重要组成部分，在实体经济的发展过程中发挥着不可替代的重要作用。政府对于广大中小企业融资困难的关注，为"中小企业私募债"的顺利推出做了良好的政策及舆论铺垫。为中小企业提供更多的融资渠道，证监会提出试点"中小企业私募债"这一新型融资产品。2012年5月22日，上交所、深交所分别发布实施了《中小企业私募债券业务试点办法》，这标志着中小企业私募债业务试点正式启动。

二、中小企业私募债券的优势

第一，备案便捷。发行采用备案制，审批速度最快。中小企业私募债发行由承销商向上交所或深交所备案。深交所规定：备案材料齐全的确认接受材料，自接受材料之日起10个工作日内决定接受备案。交易所对报送材料只进行完备性审核，并不对材料的具体内容做实质性审核。

第二，发行条件宽松。对净资产、盈利能力、资产负债率、资信评级尚未作出硬性要求，发行条件较为宽松。

第三，融资规模不受限制。中小企业私募债以非公开方式发行，发行规模不受净资产40%的限制，发行人可根据自身业务发展需求设定合理的融资规模。

第四，期限相对较长。中小企业私募债发行期限在1年以上，上交所明确发行期限在3年以下。相对于大多数中小微企业获得的银行流动性贷款，发行期限具有竞争力。发行私募债是中小企业获得中长期资金的有效途径。

第五，资金用途灵活。中小企业私募债对募集资金的用途没有进行明确约定，发行人可根据自身业务需要设定合理的募集资金用途。

第六，成本相对较低。从性质上看，中小企业私募债属于直接融资。中小企业私募债的发行利率尽管高于一般的企业债和公司债，但相比发行人的银行借款和信托产品，成本仍较低。发行人可通过发行较长期限品种，锁定较低成本。

第七，为企业提供隐性宣传。中小企业私募债虽为非公开发行，但能够参与非公开发行的合格投资者资质均较为优良，在对其进行推介的过程中，可有效提升企业的形象。中小企业私募债的成功发行可显示发行人的整体实力，增加市场认可度，或可提升银行授信额度。

三、私募债券的发行条件

（一）中小企业私募债的发行人资格

第一，中小企业私募债，顾名思义，发行主体必须是中小企业。对于中小企业的界定标准，各国有不同的认定，我国随着经济的发展和行业的不同，对中小企业的界定也有变化。

第二，企业应为非房地产或金融行业。鼓励偿债能力强的企业发行中小企业私募债券，鼓励发行人采用第三方担保。鼓励拟上市或运行规范、财务状况良好的企业发行中小企业私募债券。

第三，企业运行两个完整的会计年度。需提交经具证券期货从业资格的会计师事务所审计的最近两年财务报告。

第四，试点地区。目前，中小企业私募债试点地区扩大到十一省四市，包括北京、上海、天津、重庆、广东（含深圳）、江苏、浙江、山东、湖北、安徽、内蒙古、贵州、福建、新疆以及云南。随着中小企业私募债规模不断扩大，试点地区业有望推广至全国各地，非试点地区的企业也可以根据自身情况提前筹备。

（二）中小企业私募债券发行基本要素

第一，发行规模不受净资产的40%的限制，但一般应控制在不超过净资产规模。

第二，发行方式。非公开发行，可一次或分两期发行。发行人应当在取得备案通知书的6个月内发行。

第三，发行利率应不超过同期贷款基准利率的三倍。鉴于发行主体为中小企业且非公开发行方式，流动性受到一定限制，中小企业私募发行利率高于企业债、公司债等。

第四，对募集资金的用途无特殊限制，可用于偿还债务或补充营运资金，募集资金的用途较为灵活。

第五，对担保和评级无强制性要求，但为降低债券风险，鼓励采用第三方担保或设定财产抵（质）押担保，可采用部分担保的方式。由于采用非公开发行方式，对评级未做硬性规定。

第六，面向合格机构投资者发行（金融机构及其理财产品、符合条件的企业法人及合伙企业等），符合条件的个人投资者可投资上交所备案的债券，深交所目前不接受个人投资者。发行人的董事、监事、高级管理人员及持股比例超过5%的股东，可以参与本公司发行私募债券的认购。承销商可参与其承销私募债券的认购与转让。

第七，从控制风险的角度，要求发行方净资产规模尽可能大，净资产规模超1亿元为佳。盈利能力较强，可覆盖一年的债券利息，未来盈利具有可持续性。偿债能力较强，资产负债率不高于75%为佳。经营活动现金流为正且保持良好水平。关联交易与同业竞争不用披露。

第八，在上交所固定收益平台和深交所综合协议平台挂牌交易或证券公司进行柜台转让。投资者不得超过200个。

（三）中小企业私募债券发行程序

1. 发行流程

中小企业私募债整个发行的工作大致可分为五个阶段：

第一，前期准备阶段，需要完成以下程序：（1）讨论确定发行方案：规模、期限、担保方式、预计利率、募集资金用途等；（2）联系担保工作；（3）会计师进行审计；（4）券商、律师开展尽职调查；（5）召开董事会、股东（大）会进行表决。

第二，材料制作阶段，需要完成以下程序：（1）完成评级、担保工作；（2）签署各项协议文件（承销协议、受托管理协议、债券持有人会议规则、设立偿债保障金专户、担保函、担保协议）；（3）中介机构撰写承销协议、募集说明书、尽职调查报告等；（4）律师出具法律意见书；（5）寻找潜在投资者。

第三，申报阶段，需要完成以下程序：（1）全部文件完备；（2）申请文件报送上交所、深交所备案；（3）寻找潜在投资者。

第四，备案阶段，需要完成以下程序：（1）交易所对备案材料进行完备性审查，备案期间与主管单位持续跟踪和沟通；（2）出具《接受备案通知书》，完成备案。

第五，发行阶段，需要完成以下程序：（1）发行推介及宣传；（2）备案后6个月内择机发行债券。

总流程大致时间控制在6个月~9个月，前期准备阶段、材料制作阶段和申报材料的总计时间预计在1个月左右；备案阶段时间预计在1个月—2个月；发行阶段预计6个月内。

2. 每个阶段的重点工作

前期准备阶段，发行企业的有权部门需组织会议，出具同意发债的决议文件。一般发债事宜由董事会提案，股东大会批准后方可开展。制定审核限制股息分配措施；具有执行证券、期货相关业务资格的会计师事务所应对最近两个完整会计年度的财务报告进行审计。一般审计工作需要时间最长,而财务数据定稿决定了其他备案文件的完成时间;主承销商、律师、会计师等中介机构可一起对企业进行尽职调查,以加快项目进程。尽职调查期间,主承销商与发行人商定私募债发行的具体方案,最后,确定发行方案。

材料制作阶段,证券交易所鼓励发行人采取一定的增信措施,以提高偿债能力,降低企业融资成本,如内部增信、外部增信①。目前,受市场认可度较高的担保方式为第三方担保,考虑第三方担保需要独立机构开展调查,且发行人需要准备相应反担保物,该环节耗时长,沟通较为复杂。若采用第三方担保方式,需要尽早安排。另外,选择适当的担保机构也很重要。

申报阶段,主承销商开始寻找本期债券的潜在投资人,并与之进行前期沟通。

备案阶段,上报备案材料后,主承销商需要在备案期间与主管单位持续跟踪和沟通,保证债券顺利备案,并做好沟通协调工作。

发行阶段,需要做好发行推介工作。在证券交易所备案后6个月内,发行人可择机发行债券。此时,主承销商通过对市场的研究,与发行人共同把握发行时机。优秀的承销商能够寻求更好的发行窗口,挖掘更多潜在的投资者,以低利率发行本期债券,为发行人降低发行成本。在此阶段,主承销商正式寻找本期债券投资人,进行充分沟通,积极推介企业。私募债的合格投资者包括金融机构、金融机构发行的理财产品、企业法人、合伙企业以及高净值个人,主承销商的销售实力与寻找潜在投资人的能力直接相关,进而对公司最终融资成本产生影响,故为申报阶段的重点。

3. 中小企业债券发行主要中介机构及职责

在发行中小企业私募债的过程中,有多个参与主体,各主体各司其职,共同保证私募债的顺利发行。主承销商主要有以下职能:负责协调发行申报工作,牵头准备发行及备案文件;组织尽职调查工作,设计发行方案;市场推介;组织本次债券的发行与销售工作。会计师事务所的职责为,出具发行人最近两个完整会计年度的财务报告。律师事务所的职责包括:开展法律尽职调查;出具法律意见书;协助完成发行材料准备工作。如有信用评级机构参与,信用评级机构应履行评级职责。

---

① 外部增信的方式包括:第三方担保、保证、担保抵押(优先选择现房、国有土地使用权、在建工程等价格稳定的)、质押(如黄金、白银、股票、应收账款、专利权等)。

第六节 股权激励

一、股权激励概述

股权激励是公司在一定条件下向管理人员或技术人员等特定对象授予股权的激励模式。上市公司和国有企业的股权激励受到有关法律法规的严格监管,其他企业的股权激励没有相应监管要求。目前,我国对新三板企业的股权激励没有具体的监管要求,只需要按照非上市公司的股权激励操作流程进行即可,在实务操作中通常参照一般企业的股权激励进行操作。但考虑到股权激励对公司的重大影响,易引起投资者关注,因此,挂牌企业应当对股权激励事项履行相应的信息披露义务。

二、股权激励方案的设定

股权激励方案的设定主要包括激励模式的选择、激励对象的确定、购股资金来源、确定激励额度等关键问题。通过股权激励方案的设计,企业可以对管理人员进行很好的激励和制约,同时能够改善员工福利、稳定员工工作心志。因此,企业需要结合公司股权激励的根本目的与企业实际情况选择股权激励模式。

(一)激励模式选择

常见的股权激励模式有股票期权、虚拟股票、业绩股票、管理层收购、延期支付、储蓄股票参与计划等模式,每种模式各有利弊。在此就股票期权、虚拟股票、业绩股票和管理层收购这几种常见模式进行说明。

股票期权是指一个公司授予其员工在一定的期限(如5年)内,按照固定的期权价格购买一定份额的公司股票的权利。股票期权的优点是将经营者的报酬与公司的长远利益有效联系起来,锁定被激励对象及期权授予人的风险。股票期权一般会受到资本市场的监督,因此,其具有相对的公平性。但是,股票期权因市场风险较大,容易导致期权人为创造行权条件而追求短期利益的不当行为。

虚拟股票是指企业授予激励对象一种"虚拟"的股票、激励对象可以据此享受一定数量的分红权和股价升值收益。如果实现公司的业绩目标,则被授予人可以据此享受一定数量的分红。但被授予人没有所有权和表决权,不能转让和出售,其在离开公司时自动失效。虚拟股票是通过其持有者分享企业剩余索取权,将他们的长期收益与企业效益挂钩。虚拟股票的发行不影响企业总资本和股本结构并具有良好的激励效果,但也存在容易导致公司高管人员过分关注企业的短期利益,现金支付压力较大。

业绩股票是指公司用普通股作为长期激励性报酬支付给经营者,股权的转移由经营者是否达到了事先规定的业绩指标来决定。业绩股票能激励公司高管人员努力完成业绩目标,具有较强的约束作用,业绩股票符合国内现有法律法规,符合国际惯例。其缺点是容易导致高管人员为获取业绩股票而弄虚作假,激励成本较高。

管理层收购(MBO)是指经理层利用借贷所融资本或股权交易收购本企业,从而导致公司所有权、控制权、剩余索取权、资产等变化,进而改变企业所有制结构。通过收购使企业的经营者变成了企业的所有者。管理层收购使企业经营权与控制权统一起来,极大地降低了代理成本,长期激励作用十分明显。缺点是需要大量的资金,导致收购成本激增,可能形成新的内部人操纵。

(二)激励对象的确定

确定激励对象,需要明确哪些人适合激励、哪些人不适合激励。根据上市公司关于股权激励的有关规定,上市公司的股权激励对象不适用于独立董事、大股东和监事。独立董事如果成为激励对象将使其与公司产生利害关系,丧失应有的独立性。大股东股份较高,是企业发展的直接受益人,不通过激励也具有为公司发展尽力的动力,同时如果对大股东进行股权激励容易导致股权过于集中。监事的主要职责是监督公司高管的各项经营行为,维护公司利益和股东权益,如果成为激励对象,其将与高管具有共同的激励利益,会失去监督的动力,易导致监事与管理层串通作假,欺骗公司股东,损害公司利益。

通常来看,股权激励的激励对象主要为公司的高级管理人员,技术骨干人员等员工。他们是公司发展中不可或缺的人才,通过股权激励可以使其个人利益与公司的长远发展紧密联系,激励他们发挥更大的主观能动性为企业发展尽心尽力。

(三)购股资金的来源

公司可以通过回购已有股份或通过增加注册资本以新增股份用于股权激励,但是无论哪种方式都需要解决购股资金的来源问题。购股资金的来源可以从公司利润中提取,也可以通过其他方式解决。但公司不能为激励对象提供借款或者为其借款提供担保。

(四)确立激励额度

股权激励的实施不能影响公司股权结构的稳定,因此用于股权激励的股份数额不能占公司总股本比例太高。

三、股权激励的实施

1. 制定股权激励方案

股权激励方案的制订涉及激励模式的选择、资金来源及激励额度、合法性等专业性较强的问题，应充分考虑方案的稳定性并借鉴成功的股权激励案例使企业达到激励目标的同时，减少时间成本与人力成本。

2. 形成股权激励决议并通过

股权激励方案制定完成后，管理层可以据此形成决议、报董事会审议并提交股东大会依据法律和公司章程的规定表决通过。

3. 履行信息披露义务

股权激励方案通过后，应当将有关文件报送主办券商审查，并及时进行信息披露。

4. 方案实施

信息披露完成以后，企业按照股权激励方案设定的内容实行即可。

◆ 参考案例

员工股权激励

已在新三板挂牌的深圳市 W 数字娱乐科技股份有限公司，以下简称 W 公司。公司主要从事互联网终端及移动互联网终端界面运营的各类网络游戏制作研发。

W 公司为了对核心技术人员和管理团队进行激励，采取合伙制的形式设立南山 MW 技术开发有限合伙企业，被激励对象 35 名主要员工作为有限合伙企业的普通合伙人，通过合伙企业持有 W 公司 18% 的股权。如果公司被股权激励的员工出现离职或其他脱离公司情况，则该员工持有的有限合伙企业权益份额转让至有限合伙企业的一般合伙人或者其他指定的第三人（未受股权激励的其他公司员工）。

W 公司的创始股东余某与其他股东之间存在对赌协议，同时对赌协议已经履行。2011 年 W 公司引入北京 JK 公司等四家战略投资者入股，四家战略投资者与控制人余某签订对赌协议：如果 W 公司 2012 年实现净利润低于 2 500 万元水平，则控制人余某需要在 W 公司进行股份制改制中以上述四家战略投资者持有的股份数额为基数，按照每十股补偿四股的比例，无偿对上述四家战略投资者进行补偿。2013 年初，经审计的 W 公司 2012 年净利润为 2 320 万元，低于对赌协议约定的数额，控制人余某按照约定向四家战略投资者以股权比例无偿转让相应数额的股份作为补偿，履行了对赌协议。

第七节 并购重组

一、基本概念

（一）并购重组定义

并购重组指带来企业资产负债、收入利润、股权、企业身份、法人等结构发生变化的所有行为（活动）皆可以称之为并购重组。并购和重组最大的差别是控制权是否转移，并购会带来控制权的转移，如借壳上市、企业合并等。

（二）类型划分

并购重组从大的分类来讲，可以分为：合并、分立、资产置换、资产注入（置出）、借壳上市、债务重组等形式。

（三）实现途径

公司所有资产按流动性可以大致分为：现金、股份和资产。要实现上述并购重组的类型，需要采用不同的资产组合，比如发行股份购买资产、换股吸收合并、资产置换等。即以交易一方不用的资产作为对价购买交易对手的不同的资产类型。

二、企业并购重组流程

（一）方案筹划阶段

筹划是企业并购重组运作过程的基础环节，是组织实施的前提。筹划方案包括以下步骤。

1. 明确动因

并购重组是企业为应对社会经济发展变化所作出的能动反应，由社会经济政治和企业自身的发展需要所决定。随着企业的发展，并购重组往往成为一个多因素的综合平衡过程。因此，要首先明确企业并购重组的动因。通常来说，企业筹划并购重组的动因包括：获取资源（资质、牌照）、追求协同效应、扩大市场份额、延长产业链等。

2. 制订方案

方案是企业对并购重组活动制订的规划，其制订过程可以分为四个步骤。

（1）方案提出。方案提出是根据预期目标、限定条件（最高支付成本、支付方式等），对各种资料进行深入分析，统筹考虑，设计出多种并购重组方案，包括并购重组对象选择标准、程序、模式、支付方式、融资方式、税务安排、会计处理等。

备选方案的产生是在分析环境、发现差异的基础上进行的。在主体目标一致的情况下，按照不同的客体目标，形成各自的筹划方案，并讨论、提出各种改进建议；然后对提出的建议进行集中、整理、归纳，形成多种不同的初步方案，继而对这些初步方案进行筛选、补充和修改，进一步完善，并预测执行结果，由此形成一系列不同的备选方案。在该过程中，要至少列出两个以上备选方案。

（2）研究论证。方案提出之后，要进行研究论证。其中，撰写可行性研究报告是筹划阶段最重要工作之一。撰写可行性报告时，要客观分析主要因素，做到"知己知彼"。

3. 方案优化与决策

由于所拟订的备选方案都是为了实现并购重组这一目标的，在它们之间必然存在着一定程度的互补性，存在着有利于或者不利于并购重组的因素。因此，要对诸方案进行取长补短的讨论，反复修改完善、优化。在优化方案时还需批判性地分析每一个方案，既要预测其效果，又要审视可能产生的不良后果和潜在问题。比较分析各方案所需条件是否具备，能带来哪些长期和短期利益，同时又有遭遇哪些风险和失败的可能性，进而找出差异、分出优劣，优化方案。需要注意的是，决策者最后选择的方案可能是最好的，但不见得是最完善的，还要把被放弃的方案里面的闪光点吸收到选定方案中来，同时对准备选择的方案进行必要的补充、完善、再优化。

4. 履行批准手续

决策完成之后，要由管理层提交给出资人，按照法定章程履行批准手续。如果是上市公司，还要报证监会批准；如果并购重组涉及国有资产，还要按规定程序向国有资产监督管理部门报批。

（二）组织实施阶段

组织实施阶段是并购重组运作过程的中心环节，其具体步骤如下。

1. 成立专门的机构

企业并购重组是一项复杂而专业性极强的资本运作工程，必须由专门的机构负责组织实施。实施机构应由来自企业内部的经营、生产、发展规划、财务、会计、法律、人力资源等并购重组所涉及的部门相关人员组成。他们有专业背景，可以比较专业地把握并购重组系统的运转。

由并购重组工作的复杂性所决定，组织实施时，要做好监控工作，及时发现问题、解决问题，保障整个并购重组活动朝着预期目标推进。为此，要建立督导机构，即并购重组活动的监督指导机构。一般来说，由董事会和出资人组成督导组，从总体上监督指导并购重组工作，周期性地对实际机构成员的工作和能力做全面的评价。对中介机构和其他参与并购重组活动的外部专业人员的督导也是这个小组的任务。

2. 识别和筛选并购重组对象

识别是根据已经建立的选择标准找出一些合适的目标对象，建立识别数据库。筛选是对寻找流程的细化，要对初选的潜在对象进行评估，选择合适的目标企业。据国外一些投资银行的经验，事先确定并购标准，审慎地将目标企业排序，周密考虑并妥善执行分阶段的度划，能将整个并购活动的成本降低50%。一些并购重组主体使用详细的、合适的点系统来帮助完成目标企业的排序过程。这些方法将大多数潜在对象当作不完全合适的对象而淘汰掉，在这个过程中要注意和企业的动因保持一致。在筛选的过程中，要有针对性地进行分析，如目标企业资源是否丰富；是否有发展潜力，有无区位优势；现有的软硬件如何；负债情况和人员状况；产权归属是否清晰；主要客户及分布，市场营销网络和市场占有率等。

3. 尽职调查

尽职调查由专项调查小组负责。调查小组通常由资深经营管理专家、技术装备专家、财务管理专家组成，主要是对目标企业从战略、财务、法律和运营方面进行调查。

尽职调查要与目标企业接触，把握该企业在市场上的定位，分析其财务报表，查阅文书档案和规章制度，确定公司是否合法成立和经营，并按要求写出书面报告。

4. 信息反馈与方案调整

方案制订很大程度上是建立在静态的主观分析基础上的，难免与实际情况不一致。因此，在执行过程中要建立信息反馈和方案调整机制，在对搜集到的信息进行分析的基础上对原方案进行调整，使其更符合实际情况。

5. 竞购、谈判

一般而言，对上市公司的并购重组可以在资本市场上直接竞购，而对非上市公司则主要通过谈判。谈判过程中，并购重组双方要就主要事项达成一致意见，包括主要条件、成交价格、支付方式、董事会章程变更及其他事项。之后，双方要签订并购重组意向书，进一步磋商后，正式签订合同并全面执行。

6. 依法履行手续

并购重组组织实施阶段的最后环节是要依照法定程序履行相关手续，比如新企业的注册登记、原企业的注销登记、资产过户、工商变户、法人变更，等等。在实施过程中，一定要注意上市和非上市公司的区别。比如持有上市公司股权超过5%的时候，需要举牌，向证券监管部门报告，履行免除要约收购等相关手续。非上市公司的并购重组则没有这些规定。

（三）善后、整合阶段

企业并购重组作为一项复杂的系统工程，面临诸多的不确定因素和风险，其运作过程中任何环节出现问题都可能导致并购重组失败。KPMG、Mercer、Coopers&Lybrand 等咨询公司和研究机构 1987 年开始的全球性调查结果表明：近50% 的并购重组是失败的。如果并购重组活动面临失败，要积极采取措施做好善后工作，将损失降到最低，确保企业日常营运能够维持稳定，并要认真总结教训，以利再战。

并购重组组织实施过程完成之后，并不意味着并购重组活动的结束，还有一个非常重要的阶段：整合。美国著名并购研究专家拉杰科斯曾列举了世界上 15 项知名研究专家或研究机构对并购重组失败的研究结果，表明在导致并购重组失败的原因当中，直接与整合有关的占到了 50%。由此可见，整合成功与否，在并购重组中起着至关重要的作用。在这里还应特别强调，企业并购重组后的整合过程非常复杂，涉及大量的内部和外部因素，这些因素的复杂性加大了整合的难度。并购重组后的整合不可能一蹴而就，应按先急后缓、先易后难、先外后内的顺序进行。

并购重组整合包括组织整合、战略整合和企业文化理念整合。

1. 组织整合

组织整合是指并购重组后的煤炭企业在组织机构和制度上进行必要的调整或重建，以产生组织协同效应。并购重组后公司要重建企业的组织指挥系统，以保证企业有健全的制度和合理的组织结构，从而实现重组各方最佳的协同效应，尽可能降低内耗，提高运作效率。

2. 战略整合

战略整合是指企业完成并购重组之后，综合考虑被收购企业的实际情况和企业今后的发展目标，在新的环境和条件下，调整企业的发展战略，使目标企业能按并购重组方总体目标和战略安排运营。

3. 企业文化理念整合

美国组织心理学家、并购专家米切尔马科斯指出，忽视企业文化整合是60%~80%企业合并失败的主要原因。煤炭企业，尤其是煤炭采选加工企业，处在相对独立的环境中，不同企业之间有不同的文化，又由于煤炭企业大多处在经济欠发达地区，加之传统的计划体制的惯性思维还比较顽固，进行企业文化整合任务很重。并购重组完成后要重新进行文化设计，科学地确定企业的文化内涵，为新企业的全体员工建立起共同价值观。

参考案例

上下游企业并购重组

已在新三板挂牌的广东省B金属制品股份有限公司，以下简称B公司。

2011年末，B公司与湖南省H集团及其实际控制人胡某签署了股权转让协议，受让胡某持有的H集团下属Y公司85%的股权，转让价格为2 000万元。

2011年12月，B公司受让与公司同在一地的同行业T公司100%的股权，转让价格为900万元。2012年5月，公司受让Y公司由另一自然人辛某持有的剩余15%股权。

公司先后以原价或者低于原有评估价值的价格收购了湖南Y公司和本地T公司的资产，使其成为B公司的全资子公司。

通过非同一控制下企业合并取得的子公司——T公司。在2009年第一次增资时，股东卢某以实物增资790万元，股东洪某以实务增资450万元，何某以货币增资150万元，以实物增资230万元，上述实物增资行为均通过验资。2011年12月，T公司召开临时股东会，同意股东卢某、洪某和何某以总计900万元的价格将股份转让至B公司。股份转让方和受让方均签署了股份转让协议，转让价格为900万元，低于评估值。

公司通过同一控制下企业合并取得的子公司Y公司。公司缴纳第二期注册资本，H集团以经过评估的实物资产出资1 400万元。2011年7月，国内某家创业投资机构以货币出资360万元，公司注册资本增至2 800万元，其中B公司持有出资比例为50%。2011年11月，H集团将其持有的Y公司剩余股份以900万元的价格转让至 B 公司。

2012 年 3 月某创投机构将 360 万元货币出资股份以同样的价格转让至 B 公司的实际控制人辛某名下，而随后辛某又将相应的股份以同样的价格转移至 B 公司。从此 B 公司完全控制 Y 公司的股份，B 公司利用 Y 公司的有关厂房设备为 B 公司进行不锈钢材料的代加工。

参考案例
解决同业竞争的并购重组

已经在新三板挂牌的天津市 S 环保节能材料科技股份有限公司，以下简称 S 公司。公司主要经营用于建筑物外墙保温材料、建筑物节能系统施工安装等。

S 公司的股权结构为共同控制，其中第一大股东罗某持股 40%，第二大股东严某持股 30%，第三大股东徐某持股 15%，后两者为夫妻关系，公司没有绝对的实际控制人。为保证公司管理决策的效率，公司前三大股东签署了一致行动协议书，约定无法达成一致行动意见的情况下，由严某做最终决策。公司第一大股东罗某作为财务投资者，对于公司具体经营管理活动不直接参与，与公司没有雇佣关系，而公司的董事长和总经理等管理职位由二股东严某充任。

为解决 S 公司经营过程中长期存在的关联交易问题，扩展完善公司在建筑物节能环保工程领域的产业链。公司于 2012 年 11 月和 2013 年分两次收购下游装饰工程公司 P 公司。

在 S 公司对于 P 公司进行重组收购之前，P 公司受公司主要股东严某的实际控制。通过资产重组活动，P 公司成为 S 公司的全资子公司。重组完成前，S 公司的主要业务为建筑节能环保材料的生产和销售，P 公司的主要业务为建筑物节能环保工程施工。通过收购重组，S 公司的业务领域涵盖了建筑节能环保材料销售以及建筑物节能环保工程两大环节领域。重组活动不仅可以解决 S 公司和 P 公司之间长期存在的关联交易行为，有利于公司规范化运作，也可以扩展公司纵向一体化的产业链。

根据企业会计准则中关于合并财务报表的规范，S 公司收购 P 公司之后，在编制 S 公司财务报表时，应该视同参与合并的各方在最终控制方开始实施控制时即以目前的状态存在，对于之前的财务报表进行调整。S 公司在编制比较财务报表时从 2011 年将 P 公司纳入合并财务报表范围，并在抵销报告期内内部交易及往来项目的基础上编制财务报表。S 公司报告期内的资产重组减少了关联交易，被重组进入的业务与 S 公司重组前的业务有很大的关联性，增强了公司业务的独立性和完整性。

三、具体操作方式和案例

（一）企业合并

在操作上有吸收合并和新设合并之分。

1. 吸收合并

一个企业合并另一企业，被合并方注销，合并方继续存在。在操作中最为常见。

参考案例
金隅股份换股吸收太行水泥

金隅股份向太行水泥除金隅股份之外的其他股东按照 1.2∶1 的比例发行 A 股，将其他股东所持太行水泥的股份转换为金隅股份的股份，对异议股东提供现金选择权，在所发行的 A 股上市流通后，若上市交易日 A 股价格低于转股价格，则由中国信达提供追加选择权。在合并完成后，太行水泥注销，其债权债务、资产负债、业务人员等由金隅股份承接。通过此方案，金隅股份不仅合并吸收了太行水泥，拓展业务板块，更是实现了 A 股上市，成为 A+H 成员之一。

2. 新设合并

原来的企业全部注销，新设立一个企业，为合并后的企业。从法律形式上讲，它表现为"甲公司+乙公司=丙公司"。一般采取两种方式实现合并：(1) 原公司股东保持在新公司中的股权：新设公司发行新股，原各公司的股份可以全部转化为新公司的股份，成为新设公司的股东。在新设合并中，新设立的公司采用新的公司名称，承接原公司的全部资产和负债。(2) 原公司股东放弃在新公司中的股权：新设公司通过现金或资产的方式购买原公司的资产或股权。

3. 控股合并

合并方通过直接或间接控制被合并方 50% 以上（不含 50%）的股权，完成合并，合并方与被合并方继续存在，如赣粤高速控股合并赣粤工程、上海汽车受让通用集团持有的上海通用 1% 的股份等。通过控股合并，能有效地消除同业竞争，减少关联交易，优化企业财务报表。

（二）企业分立

1. 新设分立

新设分立又叫解散分立，指一公司将其全部财产分割，解散原公司，并分别归入两个或两个以上新公司中的行为。

2. 派生分立

派生分立又称存续分立，指一个公司将一部分财产或营业依法分出，成立两个或两个以上公司的行为。新公司取得法人资格，原公司也继续保留法人资格。

从实践中看，企业分立的案例以派生分立为主，具体方式表现在股权结构和资产结构上：

（1）从股权结构看，有以下几种类型：①派生公司与原公司股东结构一致，分立后同一股东持有了两个以上公司股权，如南方泵业；②原公司股东分别成为分立公司的股东，即部分股东继续持有分立公司的股份，部分股东持有派生公司的股份，股东互不交叉，如宝泰隆；③原公司股东分别成为分立公司的股东，即部分股东继续持有分立公司的股份，部分股东持有派生公司的股份，股东之间有交叉。实际操作中以前两者情形为主。

（2）从资产结构看，主要有以下两种类型：①同时剥离部分资产和负债设立新公司；②只分立部分资产而不分立负债的方式新设公司。其资产主要就是固定资产、无形资产、货币资金等，当然也有以持有其他公司的长期股份投资分立派生设立新公司的，如南方泵业就以其持有杭州之春绿色食品有限公司90%出资额和杭州万达钢丝有限公司78.125%出资额设立杭州金润投资。从注册资本讲，分立后的所有公司的注册资本之和为分立前的注册资本。

通过企业分立，有助于改善公司业务体系，突出公司主营业务。

（三）资产置换

会计术语"非货币性资产交换"，通俗讲是用甲资产购买乙资产。在实务中，主要是指上市公司控股股东以优质资产或现金置换上市公司的呆滞资产，或以主营业务资产置换非主营业务资产等情况，包括整体资产置换和部分资产置换等形式。

◆ 参考案例
北亚实业 ••

北亚集团拟以其持有的铁岭药用油100%股权、爱华宾馆100%股权和宇华担保33.33%股权（"置出资产"）与中航工业持有的中航投资100%股权（"置入资产"）进行置换，置入资产与置出资产评估值的差额扣除中航工业赠与北亚集团价值 449 285 665 元中航投资股权资产后的剩余部分，由北亚集团以向中航工业发行股份的方式进行支付。北亚集团向中航工业发行股份的价格以北亚集团 2007 年 4 月 27 日停牌前 20 个交易日的均价 3.89 元/股为基础，考虑北亚集团缩股和公积金转增等因素后，最终确定为 7.72 元/股。实施完成后，S*ST 北亚更名为 ST 航投。本次重组，通过将中航投资 100%股权置入上市公司、同时将与中航投资主营业务无关的相关股权资产置出上市公司的方式，使北亚集团从一家没有主营业务的上市公司转型为以证券、租赁、期货、财务公司等金融业务和财务性实业股权投资为主要业务的上市公司，从而使公司基本面得到根本改善。通过资产置换，可以改善上市公司资产状况、提高盈利能力，突出主营业务，实现借壳上市等目的。

（四）借壳上市

借壳上市则一般是指上市公司的母公司（集团公司）通过将主要资产注入上市的子公司（壳公司），来实现母公司的上市。借壳上市不同于买壳上市。买壳上市，是指非上市公司作为收购方通过协议方式或二级市场收购方式，获得壳公司的控股权，然后对壳公司的人员、资产、债务实行重组，向壳公司注入自己的优质资产与业务，实现自身资产与业务的间接上市。它们的不同点在于买壳上市的企业首先需要获得对一家上市公司的控制权，而借壳上市的企业已经拥有了对上市公司的控制权，除此之外，二者在实质上并没有区别。借壳上市从操作方式上讲有以下几种：

1. 现金收购：完全采用现金收购的实例较少，不过可以节省大量时间，智能软件集团即采用这种方式借壳上市。

2. 完全通过资产或股权置换，实现"壳"的清理和重组合并，容易使壳公司的资产、质量和业绩迅速发生变化，很快实现效果，如国金证券、海通证券均采用此方法成功上市，这也是实务中运用最广的方式。

3. 两种方式结合使用，实际上大部分借"壳"或买"壳"上市都采取这种方法。

◆ 参考案例

山东高速借壳 *ST 丹化

本次交易的方案由发行股份购买资产及股份转让不可分割的两部分组成：首先 *ST 丹化向山东高速集团发行 679 439 063 股股份作为对价，购买其拥有的路桥工程施工和养护施工业务相关的资产及负债，即路桥集团100%股权。其次＊ST丹化控股股东永同昌将其持有的公司86 529 867股股份全部转让给山东高速集团的一致行动人——山东高速投资。本次股份转让后，永同昌不再持有＊ST丹化的股份。至此，山东高速集团将直接和间接持有＊ST丹化68.38%的股权，成为上市公司控股股东，路桥集团将成为该公司的全资子公司，公司的主营业务变更为路桥工程施工和养护施工。

借壳上市的审核要点：

根据《<关于修改上市公司重大资产重组与配套融资相关规定的决定>的问题与解答》，证监会在审核借壳上市方案中，将参照首发管理办法，审核标准与IPO趋同：重点关注持续经营能力、治理与规范运作、独立性及同业竞争或者显失公平的关联交易。

此外，在实际审核中，还关注发行股份购买资产的发股价格、标的资产合规经营、交易资产的权属、资产的业务完整性、符合国家产业政策、注入资产的盈利能力、注入资产的交易作价、重组后的可持续发展、对历史债务、对职工及中小股东等利益相关。

（五）债务重组

债务重组，又称债务重整，是指债权人按照其与债务人达成的协议或法院的裁决同意债务人修改债务条件的事项。即只要修改了原定债务偿还条件的，即债务重组时确定的债务偿还条件不同于原协议的，均作为债务重组。债务重组的方式：

1. 以现金、非现金资产偿还债务；
2. 债务转换为股权；
3. 修改债务偿还条件；
4. 以上多种方式的结合

参考案例

ST 华龙

广东华龙集团股份有限公司（以下简称ST华龙）于2000年在上交所上市，2007年之前亏损一度高达每股3.04元，经过2007年和2008年债务重组后，2008年其每股收益高达1.09，一度逆袭。2007年12月，公司与重庆新渝实业发展有限公司等5家债权人签订了《债务重组协议》，豁免公司债务3 040.86万元。通过此项重组活动，公司实现营业外收入3 040.86万元，2008年再度确认债务重组损益高达 29 460.70 万元。通过债务重组，ST 华龙不仅避免了退市，并且重新焕发了生机。

四、并购重组运作过程中面临的问题

（一）新三板挂牌公司可否与投资者执行对赌协议

对赌协议是目前国内外机构投资者对于投资企业进行业绩补偿和投资风险锁定的常见手段。对赌协议，又称为估值调整协议，其主要内容是收购方（包括投资方）与出让方（包括融资方）在达成并购（或者融资）协议时，对于未来不确定情况进行的一种约定。如果约定的条件出现，投资方可以行使一种权利；如果约定的条件不出现，融资方则行使一种权利。所以，对赌协议实际上就是期权的一种形式。

最为常见的对赌协议形式是，准备投资入股企业的机构投资者与企业发起人或者控股股东实际控制人签署协议，如果投资企业在规定的期限内无法实现预先约定数额的营业收入、净利润、增长率等指标，则公司发起人和控股股东需要按照一定公式计算的比例无偿向投资机构让出部分股权或者补偿相应数额的现金。

对赌协议虽然在一定程度上解决了投资机构与企业控股股东实际控制人之间因为信息不对称而对投资企业估值的分歧，帮助需要战略投资者的企业及时获得长期外部投资。但这类业务操作手段在现实中存在很多问题。对赌协议因为对于企业发起人和控股股东不当激励或者不公平条款广受诟病外，按照国内目前的相关法律法规政策，对赌协议的法律效力也存在很大质疑。

首先是包括优先受偿权和董事会一票否决等对赌协议中常见的条款和内容不符合国内的公司法等法律规定；其次是执行对赌可能造成拟上市企业股权及经营的不稳定，甚至引起纠纷，致使企业不符合证券发行监管法规政策中的相关发行条件。

由于对赌协议对于投资机构和被投资企业控股股东实际控制人的规定要求不对等性，专业人士普遍认为对赌协议中双方权利义务明显不平等，特别是股息分配优先权、剩余财产分配优先权、超比例表决权等条款更是霸王条款，违反了公平原则，也违反了我国公司法同股同权的立法精神。而从企业经营的现实考虑，对赌协议的对赌目标促使企业为追求短期目标而非常规经营，因此无限增大了企业的风险，一定程度上会损害社会公共利益。此外，部分对赌协议设定的固定价格回购股权条款有变相借贷的嫌疑。

新三板挂牌公司大多数处于快速成长阶段的创业型中小企业，业务的快速扩展需要长期稳定的外部投资支持，因此对于私募股权融资的要求十分迫切。同时新三板公司大多数业务经营不确定性因素强，投资机构为了规避转嫁风险，经常与被投资的新三板挂牌公司控股股东或者实际控制人签署对赌协议。

目前，国内资本市场监管机构对于上市公司及准备上市企业签署的对赌协议不予以确认。对于已经在中小板和创业板市场上市的企业而言，由于证监会对于上市公司发起人控股股东股份三年禁止流通的限售措施，对赌协议中关于投资企业控股股东实际控制人通过股份转让方式履行协议条款的存在很多障碍。

相比之下，新三板现有的法规规范对于对赌协议没有作出任何明确规定。而新三板挂牌公司初始挂牌后，控股股东或者实际控制人的股份转让限制为分三年解禁，每一年解除1/3股份的限售，同时新三板挂牌公司对于协议转让的转让价格没有作出明确规定，由此控股股东和实际控制人可以在限售股份的数量范围内对投资机构以协议转让的形式进行股份无偿转让补偿。

（二）新三板挂牌公司如何利用资本市场融资优势对外进行兼并收购扩张

新三板挂牌公司大多数属于成长性较好的创业型中小企业，企业在未来快速扩张发展中，除了利用自有资源扩大公司业务经营规模范围之外，还可以考虑利用新三板市场作为资本市场的融资和资本流通的优越条件，通过对外兼并收购等形式实现企业超常规的发展，抢占市场先机，从而取得行业领先地位。

通常情况下，企业对外收购兼并的目标按照行业类别来看，可以主要分为横向收购、纵向收购和混合收购。其中，横向收购的并购对象为与企业同处于一个行业并生产同类产品存在竞争关系的企业；纵向收购的并购对象一般为处于生产服务环节产业链上下游业务关系密切的企业，一般也包括配套服务企业；混合收购的并购对象主要为与企业生产经营没有直接关系往来的其他行业企业。

企业选择收购对象和收购形式，除了考虑自身战略需要外，还要考虑企业发展现状及客观条件。如果企业现阶段主要的战略目标是迅速扩大市场份额获得更多的客户资源，相应的应该选择同类竞争企业或者下游销售企业作为并购对象；如果企业现阶段的主要战略目标是控制产业链上下游进而充分整合资源控制成本，相应的应该选择纵向并购对于上下游企业进行并购；如果企业的经营目标是多元化战略拓展全新的业务领域，则应该选择混合收购形式，并购对象选择与原有主业不相关但有发展前景的企业。

公司对外收购按照主观意图和与被收购企业经营者之间的关系来看可以分为善意收购和恶意收购，通常情况下，恶意收购一般只存在与股份可以公开交易的资本市场，对于非上市公司的收购行为主要是善意收购。

按照收购的对价支付手段而言，收购可以分为用现金形式支付、用股份形式支付、用资产形式支付以及承接债务或者承担其他条件进行对价支付。

新三板挂牌公司对外进行收购兼并有着许多不可比拟的优势条件。与国内A股上市公司相比，新三板公司对外进行收购只要收购资产规模没有达到重大资产重组条件，仅需要向全国中小企业股转系统公司进行材料申报和信息，同比上市公司增发股份购买资产需要经过证监会发审委的审核批准而言，程序相对简便容易很多，时间也较为节省。而与其他非上市公司特别是非上市广大中小企业而言，新三板挂牌公司发行的股份可以进行对外转让，具有一定的流通性，因此选择发行股份对外进行收购兼并时，被收购方企业股东接受程度较高，从现金收购的角度而言，新三板挂牌公司财务信息透明度较高，公司经营管理内部治理完善，更容易获得包括银行信贷、战略投资者在内的外部融资，也更容易筹集到并购资金，对外开展并购的条件也更为成熟。

新三板挂牌公司开展对外并购过程中，首先应与主办券商等财务顾问机构进行充分的沟通研究，制定出一整套的收购兼并方案计划。其中，最主要的内容包括：

（1）根据业务发展状况和未来发展需要寻找市场上合适的并购标的，并对并购标的的基本情况进行充分的调查研究，从而对于并购标的的潜在价值和风险作出切实的判断；

（2）制定具体的收购建议，包括收购手段、收购价格、谈判条件、收购时间表和相关融资及其他相关事务的安排；

（3）与被收购企业的控股股东及管理层团队进行接触，对于收购具体事宜进行谈判，商议收购最终协议内容；

（4）帮助挂牌公司起草收购相关的各种内部外部文件，办理收购完成后的相关事宜。

新三板挂牌公司在具体收购活动中，除了要认真谨慎地选择收购目标对象，还要注意选择合适的收购时机。不同的收购时间，对应的宏观经济环境、行业状况及目标企业的经营状况也大不相同。通过对不同收购时机的把握不仅可以在收购过程中保持主动性，提高收购行为的效率，减少收购行为的不确定性和潜在风险。特别是对于新三板挂牌公司，作为公众公司，选择合适时机进行对外收购，还可以对公司股票价格和投资者关注方面起到有利的帮助。

收购活动是一项风险程度较高的资本运作活动，对新三板挂牌公司而言尤为明显，新三板挂牌公司总体资本规模实力有限，因此对于收购失败的影响承受能力较差，特别是对于外部投资者而言，公司对外收购行为的失败将极大地打击对于公司未来发展的信心。基于上述考虑，新三板挂牌公司对外进行收购活动时一定要慎重行事，需要事先对被收购构思在市场风险、运营管理风险、反收购风险、法律道德风险、财务融资风险和并购整合风险等各方面风险进行全方位地考量，在进行综合判断的基础上制定出系统完善的并购风险应对预案，以减少并购失败对公司发展可能造成的不利影响。

此外，挂牌公司对外收购兼并活动成功与否的判断标准不仅仅在于收购行为能够如期进行，还在于公司对外收购完成后对于被收购企业的整合，特别是对于同类竞争性企业的横向并购。如果并购之后的企业业务、人员、客户和各种资源无法为公司有效地利用掌握，并购行为将无法真正体现出应有的作用和价值，甚至因为并购整合不利导致公司原有的业务正常经营也受到极大的干扰和影响，这样的并购行为得不偿失，无法达到应有的目标。

（三）新三板挂牌公司如何借助财务顾问的帮助进行反收购活动

新三板市场设立之初的目的之一就是帮助企业寻找合适的兼并收购的渠道和平台，需要进行并购的企业通过在新三板市场上寻找合适的并购标的，实现并购行为的方便有序开展，促进产业整合和资本要素的优化配置。对新三板市场来说，收购活动将成为一种常态，也是市场的主要功能之一，与收购行为伴随而来的就是反收购行为。

国内资本市场对于恶意兼并收购还没有特殊的规定，而新三板市场由于大多数挂牌公司流通股份数额有限，股份交易尚不活跃，因此，并购主体进行恶意兼并收购的条件还不具备。但不排除未来市场交易成熟后，会有相当数量的并购产业基金或者私募机构为代表并购主体对于价格低估的新三板挂牌公司进行恶意收购从中套利。新三板挂牌公司应当防患于未然，与主办券商等财务顾问机构事先制定出反恶意收购的措施，以防止潜在风险的发生。

根据国际资本市场长期以来的成熟案例，针对恶意收购的反收购措施主要有以下几种类型：

（1）管理层防卫策略，又称为金降落伞或者银降落伞策略，即实现规定如果收购方完成对于被收购企业的兼并收购后，需要支付被收购公司原有董事、高管人员团队巨额的退休金或者其他补偿金，这样可以提高收购行为的门槛和成本，为收购方顺利接管被收购企业制造很大的障碍；

（2）保持公司控制权的策略，简单而言，就是防范恶意收购公司的原有股东采取增加股份的方法。利用不同性质股票的发行，诸如通过发行优先股、表决权受限制股票及各种附加有其他条件的股票，或者通过关联方相互持股的办法，增强控股股东、实际控制人及其管理方对于公司的控制力，防止恶意收购方通过大量购入流通股票的形式取得公司控制权。在公司内部治理环节，也可以引入包括董事资格限制条件、股东大会 80% 表决权的超级多数条款等约束性条件避免公司经营权被恶意收购方控制。

（3）"毒丸"策略，这种手段是在极端情况下通过恶化公司自身的经营条件以降低公司对于恶意收购者的吸引力。具体手段包括通过大量发行债券的手段提升公司资产负债率，增加公司的潜在财务风险，从而打消收购者的并购意图；或者与被收购公司的高管核心团队签署共同协议，如果收购完成后将集体辞职，导致收购方接手被收购公司后没有管理团队维持公司正常运行，让收购方的收购行为无法真正成功。

（4）白衣骑士策略，这种手段一般是被恶意收购的公司在面临收购威胁时，选择一个关系密切的外部收购方，以更高的价格或者更为优越的条件对于被收购公司提出收购要约，相应地抬高恶意收购方的收购价格成本，迫使恶意收购方放弃收购行为。

对于具体经营过程中的新三板挂牌公司，上述很多手法违反了市场有关规定或者存在损害挂牌公司及投资者利益的可能，不是理想的防御手段。从新三板市场现状及未来发展趋势来看，新三板市场交易活动的主体还是各类主办券商，因此新三板公司进行反收购防卫活动必须依赖主办券商财务顾问的帮助。主办券商很多情况下作为挂牌公司的做市商，对于公司股票的交易对象情况了解程度很高，可以实现预知恶意收购方的来源和行为方式，并且利用自身信息优势为挂牌公司提供反收购预警。此外，主办券商拥有庞大的机构投资者关系资源，可以借助这些资源帮助挂牌公司通过高价发行股份、股东溢价回购等形式抬升股票价格，增加恶意收购方的并购难度和并购成本。

（四）新三板挂牌公司进行重大资产重组活动需要关注哪些问题？

对于新三板挂牌公司，涉及重大资产重组方面的资产交易行为一直是监管部门重点关注的内容。根据《非上市公司重大资产重组管理办法的规定》，重大资产重组是指公众公司及其控股或者控制的公司在日常经营活动之外购买、出售资产或者通过其他方式进行资产交易，导致公众公司的业务、资产发生重大变化的资产交易行为。

从重大资产重组的定义来看，资产重组不属于公司日常经营活动的范畴，而是经营活动之外的投资、资产处理买卖活动，资产重组活动的直接结果就是改变了公司原有的资产构成、业务内容乃至公司的所属行业。因此，对于投资者而言，资产重组是影响公司未来经营状况和业绩的最为重要的因素。

关于重大资产重组的判断标准，相关管理办法有专门的规定。公众公司及其控股或者控制的公司购买、出售资产，达到下列标准之一的，构成重大资产重组：

（1）购买、出售的资产总额占公众公司最近一个会计年度经审计的合并财务会计报表期末资产总额的比例达到50%以上；

（2）购买、出售的资产净额占公众公司最近一个会计年度经审计的合并财务会计报表期末净资产额的比例达到50%以上，且购买、出售的资产总额占公众公司最近一个会计年度经审计的合并财务会计报表期末资产总额的比例达到30%以上。

其中关于资产总额和资产净额有如下的规定：

第一，购买的资产为股权的，且购买股权导致公众公司取得被投资企业控股权的，其资产总额以被投资企业的资产总额和成交金额二者中的较高者为准，资产净额以被投资企业的净资产额和成交金额二者中的较高者为准；出售股权导致公众公司丧失被投资企业控股权的，其资产总额、资产净额分别以被投资企业的资产总额以及净资产额为准。

除前款规定的情形外，购买的资产为股权的，其资产总额、资产净额均以成交金额为准；出售的资产为股权的，其资产总额、资产净额均以该股权的账面价值为准。

第二，购买的资产为非股权资产的，其资产总额以该资产的账面值和成交金额二者中的较高者为准，资产净额以相关资产与负债账面值的差额和成交金额二者中的较高者为准；出售的资产为非股权资产的，其资产总额、资产净额分别以该资产的账面值、相关资产与负债账面值的差额为准。

第三，公众公司同时购买、出售资产的，应当分别计算购买、出售资产的相关比例，并以二者中比例较高者为准。

第四，公众公司在12个月内连续对同一或者相关资产进行购买、出售的，以其累计数分别计算相应数额。已按照本办法的规定履行相应程序的资产交易行为，无须纳入累计计算的范围。

交易标的资产属于同一交易方所有或者控制，或者属于相同或者相近的业务范围，或者中国证监会认定的其他情形下，可以认定为同一或者相关资产。

从购买和出售资产的资产总额和净额的认定来看，挂牌公司对于向外购买资产而言，资产总额和净额的认定标准较为严格，需要以账面价值和交易价格中较高者为准，相关规定的目的就是为了防止挂牌公司溢价收购利益相关方的资产，从而导致挂牌公司高价购买资产承担不必要的损失。因此挂牌公司在进行重大资产交易过程中，特别是对外购买资产，对于交易价格的确定一定要十分慎重。

购买和出售资产的交易价格确定，直接关系到挂牌公司的未来经营及所有股东的现实利益，挂牌公司在购买和出售资产过程中，应当聘请权威专业的评估机构对于拟购买或者出售的资产在详细全面的调查了解的基础上进行科学合理的价格评估，运用多种资产估值方法，结合资产的具体情况确定公开合理的价格。

挂牌公司购买和出售资产除了需要着重关注价格评估之外，还应当全面了解购买或者出售的资产的产权状况，相关产权界定是否清晰、产权登记是否完整合规、产权变更转让是否存在困难和不确定性。针对外购资产的情况，还需要特别注意拟购买的资产产权是否存在瑕疵，是否存在与拟购买资产有关的合同纠纷、抵押担保及其他或有事项。

挂牌公司对于经营性资产的出售和购买，除了需要科学合理评估资产自身的价格外，还需要充分分析考量资产交易行为对于挂牌公司业务经营的影响。对于经营性资产出售，要考虑到资产出售是否会影响到挂牌公司原有业务的正常开展，是否会导致公司现有的人才、技术和客户等资源的流失；对于拟购入的经营性资产，要考虑到该资产对于公司未来业务发展可以起到怎样的促进帮助作用，公司是否具备有效利用拟购买资产产生更多经济效益的能力，拟购买的资产及业务与公司现有的资产业务如何进行整合协调。挂牌公司对于经营性资产的购买和出售，不仅是单纯的买卖交易行为，不应该仅从财务数据方面进行测算，还应该从公司长远战略和业务发展的角度综合分析论证，并向投资者解释资产交易行为的科学合理性。

此外，广发银行还将联合其他金融机构，以"新三板"为平台，共同开展投贷联动，并为挂牌企业并购、资产重组提供顾问服务及融资支持，为券商提供资产托管业务。同时，还将向合作券商推荐有挂牌意向的优质中小企业，并请全国股转系统公司针对行内客户开展证券知识培训，培育小企业客户成长。

第八节 转板上市

对于众多在新三板挂牌的企业而言，通过新三板为平台，以直接转板为手段绕过证监会关于新股发行上市的监管审核，实现直接快速便捷地上市，成为登录新三板的重要目的和原因。根据最新出台的国务院关于新三板市场发展规定文件，按照国家主管部门发展多层次资本市场的规定和要求，新三板挂牌公司纳入非上市公众公司的监管范围，挂牌公司符合股票发行条件的，可以直接向证券交易所申请发行上市。

其中，针对拟在创业板发行上市的企业的股票发行要求，需要满足以下条件：依法成立并且持续经营三年以上；持续两年盈利且两年净利润不少于1 000万元，且持续增长；或者最近一年盈利净利润不少于500万元，最近一年营业收入不少5 000万元，最近两年应收增长率不低于30%；最近一期末净资产不少于2 000万元，无为弥补亏损；发行后总股本不少于3 000万元。

根据国务院官方文件指示，新三板挂牌公司转板上市或为可能。但就现实情况而言，尚无一家新三板挂牌公司不通过证监会的发行审核直接上市，直接负责新三板挂牌公司转板上市的证券交易所也没有关于转板上市程序要求的专门规定或管理办法，因此有关券商等专业机构还无法通过正式程序开始挂牌公司转板上市工作。

第十一章　新三板挂牌涉税业务解读

财务尽职调查的重要内容之一，就是看企业以往的税务处理是否合规。如果发现企业以往的税务处理存在瑕疵，企业挂牌进程很有可能就此结束。

从以往的情况看，在"新三板"挂牌中比较容易出现的税务问题主要有：未按规定税率缴税、存在自行缓缴、拖欠税款情况、偷税漏税等。有关专家特别强调，相关部门在审核挂牌企业时，主要看企业是否有偷逃税款的主观故意，如果只是会计差错导致少量补税，只要信息披露充分也是可以的。但是，如果拟挂牌企业在挂牌前出现大量临时性补税，又缺乏合理性说明，即使没有偷逃税款的主观故意，仍旧存在很大风险。

第一节　新三板挂牌企业的涉税问题

一、未按规定税率缴税

根据确定增值税税率的基本原则，我国增值税设置了一档基本税率和一档低税率，此外还有对出口货物实施的零税率。

1. 增值税

（1）税率

纳税人销售或者进口货物，除列举的外，税率均为17%；提供加工、修理修配劳务的，税率也为17%。这一税率就是通常所说的基本税率。

（2）低税率

纳税人销售或者进口下列货物的，税率为13%。这一税率即是通常所说的低税率。

①粮食、食用植物油。

②自来水、暖气、冷水、热水；煤气、石油液化气、天然气、沼气、居民用

煤炭制品。

③图书、报纸、杂志。

④饲料、化肥、农药、农机、农膜。

⑤农业产品。

⑥金属矿采选产品。

⑦非金属矿采选产品。

⑧音像制品和电子出版物（自 2007 年 1 月 1 日起）。

⑨二甲醚（自 2008 年 7 月 1 日起）、盐（自 2007 年 9 月 1 日起）。

⑩国务院规定的其他货物。

（3）零税率

纳税人出口货物，税率为零；但是，国务院另有规定的除外。

（4）其他规定

①纳税人兼营不同税率的货物或者应税劳务的，应当分别核算不同税率货物或者应税劳务的销售额。未分别核算销售额的，从高适用税率。

②纳税人销售不同税率货物或应税劳务，并兼营应属一并征收增值税的非应税劳务的，其非应税劳务应从高适用税率。

（5）营改增内容

根据财政部和国家税务总局《关于应税服务适用增值税零税率和免税政策的通知》（财税〔2011〕131 号），总结并加以解释如下：

①提供有形动产租赁服务，税率为 17%。

本条是对提供有形动产租赁服务适用增值税税率的规定：

有形动产租赁，包括有形动产融资租赁和有形动产经营性租赁。

远洋运输的光租业务和航空运输的干租业务属于有形动产经营性租赁，适用税率为增值税基本税率 17%。

②提供交通运输业服务，税率为 11%。

本条是对交通运输业服务的适用增值税税率的规定。

对远洋运输企业从事程租、期租业务，以及航空运输企业从事湿租业务取得的收入，按照交通运输业服务征税，适用税率为 11%。

铁路运输服务未纳入本次营业税改征增值税试点范畴，仍按照现行营业税规定征收营业税。

③提供现代服务业服务（有形动产租赁服务除外），税率为 6%。

本条是对提供部分现代服务业服务（有形动产租赁服务除外）适用增值税

税率的规定。

适用6%税率的部分现代服务业服务包括：研发和技术服务、信息技术服务、文化创意服务、物流辅助服务、鉴证咨询服务。

④财政部和国家税务总局规定的应税服务，税率为零。

本条是对应税服务零税率的规定。

对应税服务适用零税率，意味着应税服务能够以不含税的价格进入国际市场，从而提高了本市出口服务企业的国际竞争力，为现代服务业的深入发展和走向世界创造了条件。对于调整完善我国出口贸易结构，特别是促进服务贸易出口具有重要意义。

对于适用零税率的应税服务的具体范围，包括试点地区的单位和个人提供的国际运输服务、向境外单位提供的研发服务和设计服务适用增值税零税率。

其中，国际运输服务是指：

a. 在境内载运旅客或者货物出境；

b. 在境外载运旅客或者货物入境；

c. 在境外载运旅客或者货物。

同时，向境外单位提供的设计服务，不包括对境内不动产提供的设计服务。

2. 营业税

营业税是对有偿提供应税劳务、转让无形资产和销售不动产的单位和个人，就其营业收入额征收的一种税，涉及国民经济中第三产业这一广泛的领域。

（1）营业税税目

①交通运输业（3%），水、陆、空、人力、管道运输。

②建筑业（3%），建筑、安装、修缮、装饰、水利工程、道路修建、疏浚、平整土地、搭脚手架、管道煤气/光纤初装。

③金融保险业（5%）。

④邮电通信业（3%）。

⑤文化体育业（3%），主要包括：表演、播映、各种展览、培训活动、讲座、演讲、报告会、图书/杂志等借阅、公园/动（植）物园销售门票业务、为各种体育比赛或活动提供场所。

⑥娱乐业（5%~20%）。

⑦服务业（5%）。

⑧转让无形资产（5%）。

⑨销售不动产（5%）。

（2）营业税纳税期限

营业税具体的纳税期限，需每月在当地主管地税规定的纳税期限内申报。

3. 企业所得税

（1）相关概念

企业所得税是指对在中华人民共和国境内，企业和其他取得收入而征收的一种税。企业分为居民企业和非居民企业。居民企业，是指依法在中国境内成立，或者依照外国（地区）法律成立但实际管理机构在中国境内的企业。居民企业应当就其来源于中国境内、境外的所得缴纳企业所得税。非居民企业，是指依照外国（地区）法律成立且实际管理机构不在中国境内，但在中国境内设立机构、场所的，或者在中国境内未设立机构、场所，但有来源于中国境内所得的企业。非居民企业在中国境内设立机构、场所的，应当就其所设机构、场所取得的来源于中国境内的所得，以及发生在中国境外但与其所设机构、场所有实际联系的所得，缴纳企业所得税。非居民企业在中国境内未设立机构、场所的，或者虽设立机构、场所但取得的所得与其所设机构、场所没有实际联系的，应当就其来源于中国境内的所得缴纳企业所得税。

（2）企业所得税税率

企业所得税的税率为 25%；非居民企业在中国境内未设立机构、场所的，或者虽设立机构、场所但取得的所得与其所设机构、场所没有实际联系的，应当就其来源于中国境内的所得缴纳企业所得税，适用税率为 20%。

（3）企业所得税有两种征收方式

一种是查账征收，就是根据企业的收入减去成本、费用得出利润，再乘以相应的税率；另一种是核定征收，就是根据企业的收入直接乘以一个比率（由税务机关根据不同行业确定），不考虑企业的成本费用，得出的数字就算是企业的利润，再乘以相应的税率。

（4）企业所得税优惠政策

①国家对重点扶持和鼓励发展的产业和项目，给予企业所得税优惠。

②企业的下列收入为免税收入：A. 国债利息收入；B. 符合条件的居民企业之间的股息、红利等权益性投资收益；C. 在中国境内设立机构、场所的非居民企业从居民企业取得与该机构、场所有实际联系的股息、红利等权益性投资收益；D. 符合条件的非营利组织的收入。

③企业的下列所得，可以免征、减征企业所得税：A. 从事农、林、牧、渔业项目的所得；B. 从事国家重点扶持的公共基础设施项目投资经营的所得；C.

从事符合条件的环境保护、节能节水项目的所得；D. 符合条件的技术转让所得。

④符合条件的小型微利企业，减按 20% 的税率征收企业所得税。小型微利企业，是指从事国家非限制和禁止行业，并符合下列条件的企业：A. 工业企业，年度应纳税所得额不超过 30 万元，从业人数不超过 100 人，资产总额不超过 3 000 万元；B. 其他企业，年度应纳税所得额不超过 30 万元，从业人数不超过 80 人，资产总额不超过 1 000 万元。

⑤国家需要重点扶持的高新技术企业，减按 15% 的税率征收企业所得税。

⑥民族自治地方的自治机关对本民族自治地方的企业应缴纳的企业所得税中属于地方分享的部分，可以决定减征或者免征。自治州、自治县决定减征或者免征的，须报省、自治区、直辖市人民政府批准。

⑦企业的下列支出，可以在计算应纳税所得额时加计扣除：A. 开发新技术、新产品、新工艺发生的研究开发费用；B. 安置残疾人员及国家鼓励安置的其他就业人员所支付的工资。

⑧创业投资企业从事国家需要重点扶持和鼓励的创业投资，可以按投资额的一定比例抵扣应纳税所得额。

⑨企业的固定资产由于技术进步等原因，确需加速折旧的，可以缩短折旧年限或者采取加速折旧的方法。

⑩企业综合利用资源，生产符合国家产业政策规定的产品所取得的收入，可以在计算应纳税所得额时减计收入。

⑪企业购置用于环境保护、节能节水、安全生产等专用设备的投资额，可以按一定比例实行税额抵免。

⑫特区新成立高新技术企业所得税"两免三减半" 国务院日前规定：对经济特区和上海浦东新区内在 2008 年 1 月 1 日（含）之后完成登记注册的国家需要重点扶持的高新技术企业，在经济特区和上海浦东新区内取得的所得，自取得第一笔生产经营收入所属纳税年度起，第一年至第二年免征企业所得税，第三年至第五年按照 25% 的法定税率减半征收企业所得税。其中，经济特区是指深圳、珠海、汕头、厦门和海南经济特区。

4. 个人所得税

（1）个人所得税概念

个人所得税是在中国境内居住有所得的人，以及不在中国境内居住而从中国境内取得所得的个人，包括中国国内公民，在华取得所得的外籍人员和港、澳、台同胞，从中国境内取得所得而征收的一种税。

（2）适用税率

①工资、薪金所得，适用9级超额累进税率，税率为5%—45%（见税率表）。

表11-1　　　　　　　　　　9级超额累进税率表

级数	含税级距	不含税级距	税率（%）	速算扣除数（元）	说明
1	不超过500元的	不超过475元的	5	0	
2	超过500元至2 000元的部分	超过475元至1 825元的部分	10	25	1. 本表含税级距指以每月收入额减除费用2 000元后的余额或者减除附加减除费用后的余额。 2. 含税级距适用于由纳税人负担税款的工资、薪金所得；不含税级距适用于由他人（单位）代付税款的工资薪金所得。
3	超过2 000元至5 000元的部分	超过1 825元至4 375元的部分	15	125	
4	超过5 000元至20 000元的部分	超过4 375至16 375元的部分	20	375	
5	超过20 000元至40 000元的部分	超过16 375元至31 375元的部分	25	1 375	
6	超过40 000元至60 000元的部分	超过31 375元至45 375元的部分	30	3 375	
7	超过60 000元至80 000元的部分	超过45 375元至58 375元的部分	35	6 375	
8	超过80 000元至100 000元的部分	超过58 375元至70 375元的部分	40	10 375	
9	超过100 000元的部分	超过70 375元的部分	45	15 375	

②个体工商户的生产、经营所得和对企事业单位的承包经营、承租经营所得，适用5级超额累进税率，税率为5%—35%的超额累进税率（见税率表）。

表11-2　　　　　　　　　　5级超额累进税率表

级数	全年应纳税所得额	税率（%）	速算扣除数（元）
1	不超过5 000元的	5	0
2	超过5 000元至10 000元的部分	10	250
3	超过10 000元至30 000元的部分	20	1 250
4	超过30 000元至50 000元的部分	30	4 250
5	超过50 000元的部分	35	6 750

③稿酬所得，适用比例税率，税率为20%，并按应纳税额减征30%。

④劳务报酬所得，适用比例税率，税率为20%。对劳务报酬所得一次收入

畸高的，可以实行加成征收，具体办法由国务院规定。

5 特许权使用费所得，利息、股息、红利所得，财产租赁所得，财产转让所得，偶然所得和其他所得，适用比例税率，税率为20%。

（3）起征点

中国国内公民的起征点为2 000元/月，外籍人士的起征点为4 800元/月。

（4）征收管理

个人所得税的征收方式实行源泉扣缴与自行申报并用法，注重源泉扣缴。个人所得税的征收方式可分为按月计征和按年计征。个体工商户的生产、经营所得，对企业事业单位的承包经营、承租经营所得，特定行业的工资、薪金所得，从中国境外取得的所得，实行按年计征应纳税额，其他所得应纳税额实行按月计征，具体根据当地地税规定的纳税期限申报。

5. 消费税

（1）消费税概念

消费税是对在中华人民共和国境内生产、委托加工和进口应税消费品的单位和个人征收的一种税。

（2）税目、税率

征收消费税的消费品包括：烟、酒及酒精、化妆品、护肤护发品、贵重首饰及珠宝玉石、鞭炮烟花、汽油、柴油、汽车轮胎、小汽车、摩托车等11个税目；有的税目，如：烟、酒和酒精，还下设若干子税目。实行比例税率的有21个，实行定额税率的有4个，共有14个档次的税率，最低3%，最高45%。

6. 城市维护建设税

（1）城市建设维护税概念

城市维护建设税，是国家对缴纳增值税、消费税、营业税（简称"三税"）的单位和个人就其实际缴纳的"三税"税额为依据而征收的一种税。

（2）税率

纳税人所在地在市区的，税率为7%；纳税人所在地在县城、镇的，税率为5%；纳税人所在地不在市区、县城或镇的，税率为1%（具体可根据当地地方税务局的规定）。

（3）城市维护建设税纳税期限

每月在当地主管地税规定的纳税期限内申报。

7. 教育费附加

（1）教育费附加概念

它是对缴纳增值税、消费税、营业税的单位和个人征收的一种附加费。

（2）征收率

征收率教育费附加的征收率为3%。

（3）教育费附加税纳税期限

每月在当地主管地税规定的纳税期限内申报备注：外商投资企业外国企业暂不征收教育费附加。

8. 关税

（1）关税的概念

关税是世界各国普遍征收的一个税种，是一国海关对进出境的货物或者物品征收的一种税。关税的特点：

①关税是统一的国境征税；

②关税是以进出境货物或者物品为征收范围；

③海关是关税征收管理机关。

（2）关税的纳税人，进口货物的收货人、出口货物的发货人，是关税的纳税义务人。

（3）关税的征税对象，包括应税货物和应税物品两类。征税对象和进出口方向不同，其适用的税率也不同。

（4）关税的完税价格

①进口货物的完税价格：以海关审定的成交价格为基础的到岸价格作为完税价格。到岸价格包括货价，加上货物运抵中国关境内输入地点起卸前的包装费、运费、保险费和其他劳务费等费用。

②出口货物完税价格：是以海关审定的货物售价与境外的离岸价格，扣除出口关税后，作为完税价格。

（5）关税的缴纳

①货物进出口关税的缴纳。进出口货物的纳税人，应当自海关填发税款缴纳证的次日起七日内缴纳税款。

②物品进出口关税的缴纳。进出境物品的纳税义务人，应当在物品放行前缴纳税款。

二、自行缓缴、拖欠税款

因为现金流的紧张和企业成本压力，不少新三板拟挂牌企业存在欠缴税款的情况，欠缴税款的企业应该及时与税务部门沟通，向相关部门提供延期缴纳税款的申请，困难企业可以向税务部门提出减免税的申请。

三、偷税漏税

偷税漏税是违法行为，构成犯罪的，必须承担相应的形式责任，因为不少企业经营者存在着看重眼前利益的短视行为，导致了偷税漏税问题在不少中小企业中存在。企业的偷税漏税问题是拟挂牌企业的硬伤，是不可逆转的税务问题，将构成企业挂牌及最终在资本市场上腾飞无法逾越的障碍。

第二节 存在问题的原因分析

拟挂牌新三板进而借助资本市场腾飞的企业大都是中小型企业。这样的企业有的成立时间较短，人员及管理体系都没有建立完整的体系；有的虽然成立时间较长，但是因为企业天然倾向于重视销售和研发而轻视管理，因为管理比较混乱。因此，企业在税务问题上存在或大或小的问题，管理者无论从意识、理念到实践都无法防止税务问题的出现。除了恶意偷税漏税的少部分企业，大部分愿意将企业做大做强。拟挂牌企业存在以上问题的主要原因有以下几个方面。

一、高层管理者缺乏税务管理经验

在中小企业中，企业的高层管理者在遇到税务问题时一般都抱有一定的侥幸心理，寄托于聘请一个所谓的财务高手或者财务中介机构，应付税务部门的检查。同时，企业的高层管理者又缺乏税务管理的相关知识和经验，因此造成了高层管理者在税务问题上的一些错误的做法。

二、缺乏税务专管人员

中小型企业虽然生产和销售已经颇具规模，财务体系也相对完善，但相关的会计人员对税务知识缺乏，对税收政策理解不深入不透彻。更没有合理的税务规划，因此导致这些企业面临偷税漏税的法律风险。

三、合法节税认识模糊

拟挂牌企业需要明确，不是什么税都可以避的，如果纯粹为了避税，那么就要付出成本。实际上，任何税收设计与税务安排都要考虑成熟的商业环境环节中的大部分要素，如果硬要避税，企业为此付出的隐性成本可能反而比避税的收益高。因此,任何一个节税方案能被税务部门认可的一个基本前提就是具有合理的商业目的,也就是说,只有给予合理的商业目的而选择不同的商业模式导致的税负成本降低的节税方案才能真正没有法律风险,并且也是国家所鼓励与提倡的。

第三节 税务尽职调查

一、目的

了解目标公司的税收环境和税负水平,揭示目标公司存在的税收风险和潜在问题,考虑交易结构和并购后的税收结构重组。

二、内容

1. 目标公司税务概况

目标公司的国家及地方税务证、税务账目的明细账、税务机关的税务审查报告以及税收减免或优惠的相关证明。

2. 各项税收的具体情况

企业所得税、营业税、增值税、个人所得税、关税、印花税、房地产税、契税、城建税、教育附加税等各项税收的申报及缴纳情况。

3. 与关联企业业务往来的文件

与关联企业的业务往来情况、协议、所得税申报表、转让定价的方法与政策等。

三、税务规划

对于新三板挂牌的企业来说,要从以下几个方面来做好税收的筹划工作:

1. 税收优惠政策的选用要合理

税务规划的一个重要目的是降低企业日常经营及非日常交易过程中的整体税负,因此,要合理利用税收的优惠政策是对拟挂牌新三板企业进行税务规划的一个重要内容。拟挂牌新三板企业根据具体情况,可能享受一下税收优惠政策的部分或者全部:

(1) 双软企业税收优惠政策

2008年2月22日,财政部/国家税务总局联合发布《财政部、国家税务总局关于企业所得税若干优惠政策的通知》(财税〔2008〕1号),对软件企业的企业所得税、增值税的有关优惠政策再次进行了明确，规定软件企业经认定后其所得税"二免三减半"和增值税超过3%即征即退的税收优惠在新《企业所得税法》颁布之后继续有效。具体可以享受的税收优惠政策为

①增值税：一般纳税人销售其自行开发生产的软件产品，按17%的法定税率征收增值税后，对其增值税实际税负超过3%的部分实行即征即退政策；所得税款由于企业用于研究开发软件产品和扩大再生产，不作为企业所得税应税收入，不予征收企业所得税。

②企业所得税：新办软件生产企业经认定后，自开始获利年度起，第一年和第二年免征企业所得税，第三年至第五年减半征收企业新的税。

③国家规划布局内的重点软件生产企业：如当年未受免税优惠的，减按10%的税率征收企业所得税。

④软件生产企业的工资和培训费用，可按实际发生额在计算应纳税所得额时全额扣除。

⑤集成电路设计企业视同软件企业，享受软件企业的有关税收政策。

（2）技术先进型服务企业税收优惠

2009年4月14日，财政部、税务总局等五部委联合发布了《财政部、国家税务局、商务部、科技部、国家发改委关于技术先进型服务型企业有关税收政策问题的通知》（财税〔2009〕63号），明确规定了"技术先进型服务企业"的认定标准以及税收优惠，此规定出台不仅将此前仅适用于苏州的优惠政策扩展到了北京、天津、上海等20多个城市，同时在金融危机对出口型企业造成严重影响的情况下，对因无"核心自主知识产权"等条件限制而无法享受高新技术企业税收优惠的"技术服务外包企业"提供了及时的税收优惠。具体优惠政策为

①经认定的技术先进型服务企业可以享受15%的企业所得税税收优惠税率；

②离岸技术外包收入免征营业税；

③职工教育经费按不超过企业工资总额8%的比例据实在企业所得税税前扣除，超过部分准予在以后纳税年度结转扣除；

④享受财政补贴、资金支持、通关和融资便利等优惠政策。

（3）动漫企业税收优惠政策

2009年7月17日，财政部和国家税务总局联合发布《关于扶持动漫产业发展有关税收政策问题的通知》（财税〔2009〕65号），通知规定经过认定的动漫企业可享受增值税超过3%即征即退和企业所得税"二免三减半"等多种税收优惠政策，这些税收优惠政策的全面实施可以极大地推动动漫企业的发展，具体的

优惠政策为

①关于增值税：在 2010 年 12 月 31 日前，对属于增值税一般纳税人的动漫企业销售其自主开发生产的动漫软件，按 17% 的税率征收增值税后，对其增值税实际税负超过 3% 的部分，实行即征即退政策。退税数额的计算公式为，应退税额 = 享受税收优惠的动漫软件当期已征税款 − 享受税收优惠的动漫软件当期不含税销售额 × 3%。动漫软件出口免征增值税。上述动漫软件的范围，按照《文化部财政部国家税务总局关于印发〈动漫企业认定管理办法（试行）〉的通知》（文市发〔2008〕51 号）的规定执行。

②关于企业所得税：经认定的动漫企业自主开发、生产动漫产品，可申请享受国家现行鼓励软件产业发展的所得税优惠政策。

③关于营业税：对动漫企业为开发动漫产品提供的动漫脚本编撰、形象设计、背景设计、动画设计、分镜、动画制作、摄制、描线、上色、画面合成、配音、配乐、音效合成、剪辑、字幕制作、压缩转码（面向网络动漫、手机动漫格式适配）劳务，在 2010 年 12 月 31 日前暂减按 3% 税率征收营业税。

④关于进口关税和进口环节增值税：经国务院有关部门认定的动漫企业自主开发、生产动漫直接产品，确需进口的商品可享受免征进口关税和进口环节增值税的优惠政策。具体免税商品范围及管理办法由财政部会同有关部门另行制定。

（4）研发费用扣除

2008 年 12 月 10 日，国税总局颁发《企业研究开发费用税前扣除管理办法（试行）》（国税发〔2008〕116 号），为企业进行研发费用加计扣除优惠政策的执行提出了明确的要求。企业根据财务会计核算和研发项目的实际情况，对发生的研发费用进行收益化或资本化处理的，可按下述规定计算加计扣除：

①研发费用计入当期损益未形成无形资产的，允许再按其当年研发费用实际发生额的 50%，直接抵扣当年的应纳税所得额。

②研发费用形成无形资产的，按照该无形资产成本的 150% 在税前摊销。除法律另有规定外，摊销年限不得低于 10 年。

（5）技术转让所得税

新《企业所得税法》第二十七条第四项规定，企业技术转让所得可归于减免税的范畴。《企业所得税法实施条例》第 90 条规定，《企业所得税法》第二十七条第四项所称符合条件的技术转让所得免征、减征企业所得税，是指一个纳税年度内，居民企业技术转让所得不超过 500 万元的部分，免征企业所得税；超过 500 万元的部分，减半征收企业所得税。2009 年 4 月 24 日国家税务总局发布了

《国家税务总局关于技术转让所得减免企业所得税有关问题的通知》，对企业进行技术转让收入享受减免企业所得税优惠应满足的条件予以明确规定。

（6）离岸服务外包业务营业税减免

财政部、国家税务总局与商务部于 2010 年 7 月联合发布财税〔2010〕64 号文，通知自 2010 年 7 月 1 日起，在 21 个中国服务外包示范城市的企业从事离岸服务外包业务的，其取得收入免征营业税。此次税收优惠措施的内容涵盖了信息技术外包、技术性业务流程外包和技术性知识流程外包的服务形式，为多家服务型企业、外商投资企业提供了优惠空间。

2. 选择适合的税务规划方案

企业的税务规划方案是合法的节税方案，而真正没有法律风险且国家提倡的税务规划是基于选择不同商业模式的节税方案。企业为了实现某一个商业目的，大多有着不同的实现途径与方式，而这些不同的途径与方法在商业上的称谓便为"商业模式"。比如，为了对目标企业整体进行收购，则可以采用全部资产收购的方式，也可以采用 100% 股权收购的方式，同时还可以采用企业合并的方式。虽然最终都是达到购买方完全控制目标企业的目的，但是采取不同的商业方案所对应的法律风险、税负成本等方面是不一样的。对拟挂牌新三板的企业而言，股改阶段、引入战略投资者及挂牌后的并购重组、定向增资等多环节都涉及税务规划的问题，为实现相应的商业目的，企业应该聘请专业的中介机构为企业出具税务规划方案，进而为其提供最优税务商业解决方案。

附录1 各省市新三板挂牌补贴政策汇总

省份	地区	补贴金额	政策依据
上海	张江高科技园区	（一）改制补助最高不超过60万元； （二）挂牌补助最高不超过100万元。	《上海市张江高科技园区科技孵化及加速发展扶持办法》
	浦东新区	（一）在新三板挂牌的，给予50万元补贴； （二）挂牌后IPO上市，在上海证监局备案后，给予30万元补贴； （三）收到证监会受理函后给予70万元补贴； （四）申请提交证监会审核后，给予50万元补贴； （五）新迁入浦东并在两年内上市，奖励50万元。	《浦东新区促进金融业发展财政扶持办法实施细则》
	闵行区	（一）成功挂牌的，奖励最高不超过50万元。	闵行区人民政府关于批转闵行区加快现代服务业发展扶持政策实施细则的通知
	嘉定区	（一）补贴挂牌公司总额不超过200万元； （二）对于新落户于嘉定区的企业，额外补贴50万元。	《上海市嘉定人民政府关于鼓励企业进入代办股份转让系统和开展股权托管交易的实施意见》
	徐汇区	（一）对进入新三板挂牌的企业，由市区两级按照1:1的比例给予补贴； （二）对在股交中心挂牌的企业可由市区两级给予最高100万元补贴。如成功转板上市，可按累计不超过200万元给予差额补贴。	《上海市徐汇区人民政府印发关于推进企业上市的扶持办法（试行）的通知》
	虹口区	（一）改制过程中的手续费，按实际发生额的50%给予扶持，最高金额不超过30万元； （二）改制过程中缴纳的所得税，按50%给予扶持，最高不超过70万元。挂牌、交易费用，按实际发生额的50%给予扶持，最高不超过50万元。	《虹口区发展和改革委员会关于印发虹口区推进企业改制上市扶持细则（2013年修订版）的通知》

续表

省份	地区	补贴金额	政策依据
上海	青浦区	（一）因挂牌产生的中介费用，按50%给予扶持，累计不超过200万元； （二）区外迁至青浦成功挂牌的，再奖励50万元； （三）之前已成功挂牌的或在区外挂牌后迁至青浦并纳税的企业参照执行。	《关于鼓励企业进入代办股份转让系统和开展股权托管交易的专项扶持办法》
	奉贤区	（一）挂牌过程中的中介费用，按实际发生额给予扶持，最高不超过100万元； （二）对将注册地迁至奉贤区张江分园或区内其他区域的外区企业两年内成功挂牌的，再给予20万元奖励。	《上海市奉贤区人民政府关于印发〈奉贤区金融服务业财政扶持办法（试行）〉的通知》
	宝山区	（一）挂牌产生的中介费用按发生额的50%给予扶持，最高150万元。	《宝山区金融服务"调结构、促转型"专项资金使用管理办法》
	崇明县	（一）对成功挂牌的企业，按照实际中介服务费用发生额的50%给予扶持，最高200万元； （二）县外企业迁至崇明并成功在上海股交中心挂牌的，再给予50万元奖励。	《崇明县关于鼓励企业开展股权托管交易暂行办法》
	普陀区	（一）成功挂牌的，改制补贴最高50万元，挂牌补贴最高70万元； （二）挂牌期间缴纳的监管费、信息披露费，连续三年每年给予10万元补贴。	《普陀区金融产业专项扶持办法》
	金山区	（一）完成改制给予最高50万元的补贴； （二）成功挂牌再给予100万元的补贴； （三）转板上市的，不超过200万元给予差额补贴； （四）区外企业迁至区内并挂牌，再奖励50万元。	《金山区人民政府关于印发〈金山区推进企业改制上市工作的实施意见〉的通知》

附录1 各省市新三板挂牌补贴政策汇总

续表

省份	地区	补贴金额	政策依据
北京	北京中关村科技园区	（一）改制资助30万元。 （二）挂牌资助30万元。 （三）主办券商资助20万元。	《中关村国家自主创新示范区企业改制上市和并购支持资金管理办法》
北京	东城区	（一）完成股改后奖励100万元； （二）挂牌成功后奖励50万元； （三）融资达到3 000万元及以上的奖励100万元。	《东城区支持企业上市挂牌融资若干意见的通知》
北京	西城区	（一）与券商签订协议并备案登记后，补贴20万元； （二）申请被正式受理，补贴80万元； （三）成功挂牌的，补贴50万元。	《北京市西城区鼓励和促进企业上市办法》
北京	丰台区	（一）挂牌后奖励50万元，奖励主办券商10万元。	《丰台区支持"新三板"挂牌企业发展实施细则（试行）》
天津	天津市	（一）对符合条件的科技小巨人企业，可获得不少于500万元补贴； （二）初始融资超过500万元，补贴50万元。	《关于进一步促进科技型中小企业发展的政策措施》
天津	天津市	（一）完成股改的，给予不超过20万元补贴； （二）区县财政按1:1比例给予配套补贴。	《科技型中小企业股份制改造补贴资金管理办法》
天津	南开区	（一）在"新三板"挂牌交易的本区企业，一次性专项补助100万元。	《南开区促进企业发展扶持资金政策》
重庆	重庆市	（一）对挂牌的企业给予挂牌费用50%且累计不超过100万元的补贴； （二）对在境内外交易所成功上市的企业给予累计不超过200万元财政奖励（含挂牌费用补贴）。	《重庆市重点拟上市企业财政补贴和奖励暂行办法》
重庆	重庆市高新区	（一）对挂牌的企业给予挂牌费用50%且累计不超过100万元、市区两级累计不超过150万元的奖励； （二）成功转板上市的奖励最高200万元。	《关于进一步加快民营经济发展的实施意见》

续表

省份	地区	补贴金额	政策依据
江苏		（一）对省内企业在"新三板"成功挂牌的，省财政给予每家挂牌企业30万元奖励。	《江苏省财政厅关于促进金融业创新发展的若干意见》
	南京市	（一）股改完成后券商内核完毕材料报到发改委后，补贴80万元； （二）正式挂牌后，再补贴20万元； （三）成功融资的，再补贴20万元。	
	南京市高新区	（一）完成内核、上报材料和挂牌交易，分别补贴50万元、50万元和80万元； （二）完成挂牌后，对企业股改时用未分配利润和公积金转增股本的，企业个人股东缴纳的个人所得税，园区给予地方留成部分的50%奖励，60万元封顶； （三）实现融资的且在园区投资达到80%或1亿元以上的，按照实际募集资金的1%给予奖励，最高50万元。	《南京高新区企业"新三板"挂牌的工作指引》、《关于进一步鼓励和扶持企业进入代办股份报价转让系统挂牌的（暂行）规定》
	南京市溧水区	（一）完成改制、主管部门备案、正式挂牌新三板以及进入新三板挂牌交易不同阶段分别资助10万元、20万元、30万元、40万元，同时享受市级财政补贴； （二）实现融资且投资在区内比例达80%或1亿元以上，按其实际募集资金的1‰奖励，最高50万元。	《关于鼓励和支持企业"新三板"挂牌的若干意见》
	苏州市	（一）企业改制时，缴纳的企业所得税按地方留成部分的70%补助； （二）企业改制时，涉及土地、房产等资产所有权办理变更登记时，按规定缴纳的契税，给予地方留成部分的50%补助； （三）企业改制时，因未分配利润、盈余公积金转增股本缴纳所得税数额较大的，缓征个人所得税。以缴纳个人股东用未分配利润、盈余公积金转增股本个人所得税点算起，两年内缓征，从第三年开始分年度缴清（第三年30%，第四年30%，第五年40%）。在规定的缓征期限内，发生股权转让时一并按规定缴纳个人所得税。	《苏州市新三板挂牌企业三年培育计划》

附录1　各省市新三板挂牌补贴政策汇总

续表

省份	地区	补贴金额	政策依据
江苏	苏州工业园区	（一）分企业改制结束、递交申请材料和挂牌交易三阶段，分别补贴50万元、50万元、100万元； （二）转板上市的，再补贴300万元。	《苏州工业园区管委会关于新三板政策的抄告单》
	苏州市姑苏区	（一）企业改制时缴纳的企业所得税按区级留成部分的70%给予补助； （二）成功挂牌后，给予50万~200万元补贴； （四）区外企业迁至区内并成功挂牌，再给予其他奖励。	《关于鼓励企业进入资本市场的扶持办法》
	苏州市相城区	（一）企业改制时缴纳的企业所得税，给予区级地方留成部分的全额补助； （二）在企业改制时，涉及土地、房产等资产所有权办理变更登记时，按规定缴纳的契税，给予区级地方留成部分的全额补助； （三）在企业改制时，因未分配利润、盈余公积金转增股本缴纳所得税数额较大的，缓征个人所得税。以缴纳个人股东用未分配利润、盈余公积金转增股本个人所得税时点算起，两年内缓征，从第三年开始分年度缴清（第三年30%，第四年30%，第五年40%）。在规定的缓征期限内，发生股权转让时一并按规定缴纳个人所得税。	《关于推进新三板挂牌企业培育工作的实施意见》
	苏州市昆山市	（一）完成股改后，可获奖励资金100万元； （二）提交备案材料，可获奖励资金50万元； （三）成功挂牌交易，可获奖励资金100万元。	《关于鼓励昆山高新区企业在"新三板"市场挂牌的若干政策（试行）》
	苏州市太仓市	（一）完成股改后，给予50万元奖励； （二）挂牌申请文件被受理后，给予50万元奖励； （三）成功挂牌后，再给予100万元奖励。	《关于鼓励扶持企业在新三板、区域性股权交易市场挂牌的政策意见》
	无锡新区	（一）挂牌后首次融资500万元以上的奖励10万元。	《无锡市人民政府新区管理委员会关于推动企业上市挂牌的实施意见》
	无锡市滨湖区	（一）完成股改后奖励50万元； （二）成功挂牌的奖励30万元； （三）挂牌后首次融资的按照融资额度的2%予以奖励，最高不超过50万元。	《关于大力推进我区中小企业场外市场股权融资工作的意见》

续表

省份	地区	补贴金额	政策依据
江苏	无锡市南长区	（一）企业在股改结束、过券商内核并报送挂牌备案文件、正式挂牌后，按50万元、100万元、150万元的额度分步奖励。	《无锡市南长区关于鼓励和扶持企业上市的若干意见》
	无锡市惠山区	（一）招商银行对已上市的"新三板"企业，给予每家企业最高达300万元的信用贷款。	
	常州市高新区	（一）完成改制奖励50万元； （二）通过主管部门备案奖励50万元； （三）正式挂牌奖励50万元。	《常州国家高新区新三板企业上市资助资金管理办法（试行）》
	常州市武进区	（一）挂牌涉及的行政规费按规定的下限收取； （二）挂牌而涉及的税收地方留成部分，由区财政给予企业补贴； （三）对企业审计或评估中出现的净资产增值部分，依法补交的企业所得税地方留成部分，由区财政给予企业补贴； （四）企业成功挂牌后，自挂牌当年起三年内，以挂牌前一年实际入库的企业所得税为基数，其上缴的新增企业所得税地方留成部分，由区财政给予企业补贴； （五）企业为挂牌将未分配利润和资本公积转增为股本所缴纳的个人所得税区留成部分，在企业成功挂牌后，由区财政给予纳税人补贴。	《常州市武进区关于加快企业在新三板等场外市场交易挂牌的意见》
	常州市天宁区	（一）分阶段给予补贴共计150万元。	《关于加快企业在"新三板"等场外市场交易挂牌工作的意见》
	南通市启东市	（一）完成股改奖励10万元； （二）递交材料奖励20万元； （三）成功挂牌奖励企业有功人员20万元。	《启东市关于企业在新三板等场外市场挂牌交易的优惠政策》
	南通市海门市	（一）完成股改并注册登记奖励10万元； （二）备案材料被受理的奖励20万元； （二）成功挂牌奖励企业主要经营者及有功人员20万元。	《海门市市政府关于大力推进企业上市的若干政策意见的补充意见》

附录1 各省市新三板挂牌补贴政策汇总

续表

省份	地区	补贴金额	政策依据
江苏	连云港市	（一）完成股改的，在主管部门备案确认并受理的，奖励10万元； （二）成功挂牌的奖励60万元； （三）募集资金60%以上用于本市生产性、经营性项目（房地产项目除外）建设的，按照募集资金额的3‰给予奖励。	《市政府关于鼓励企业在"新三板"挂牌的意见》
	连云港经济技术开发区	（一）成功挂牌的，奖励100万元。	《连云港经济技术开发区关于鼓励和扶持企业上市及新三板挂牌的意见》
	徐州市	（一）完成股改并提交申请后，补贴20万元； （二）成功挂牌后补贴30万元； （三）募集资金80%（含）以上用于该市范围内生产性、经营性项目（房地产项目除外）建设的，按照融资额的5%给予奖励，最高不超过50万元。	《关于充分利用资本市场推动企业"新三板"挂牌的意见》
	徐州市邳州市	（一）成功挂牌融资的企业，所募集资金80%（含）以上用于本市范围内生产经营性项目建设的，奖励30万元。同时，按固定资产投资额的5‰再次给予企业奖励，最高不超过50万元； （二）从企业挂牌当年起，企业年纳税额以不低于15%环比增长的，超过15%部分的地方留成由受益财政给予奖励。	《关于推进企业到"新三板"、"E板"等场外资本市场挂牌融资工作的意见》
	淮安市	（一）申请文件被受理的奖励20万元； （二）成功挂牌后奖励100万元； （三）募集资金80%以上用于我市范围内生产性、经营性项目（房地产项目除处）建设的，按照融资额的2%给予奖励，最高不超过30万元。	
	盐城市	（一）2015年12月31日前挂牌奖励100万元； （二）2015年12月31日后挂牌奖励50万元； （三）成功转板上市奖励100万元。	《盐城市人民政府办公室关于加快推进企业新三板挂牌的意见》
	盐城市盐都区	（一）2015年12月31日前挂牌奖励100万元； （二）2015年12月31日后挂牌奖励50万元； （三）成功转板上市奖励100万元。	《中共盐都区委盐都区人民政府关于激励中小企业在"新三板"挂牌上市的意见》

续表

省份	地区	补贴金额	政策依据
江苏	盐城市建湖县	（一）申请材料被受理的，给予前期实际支付工作经费50%的补助，总额不超过50万元； （二）成功挂牌后，含补助前期工作经费，给予累计不超过200万元补贴。	《关于推进企业在"新三板"和股权托管交易中心挂牌的意见》
江苏	扬州市高邮市	（一）完成股改的奖励20万元； （二）正式递交材料的奖励20万元； （三）成功挂牌的奖励50万元； （四）对前三家挂牌的企业，分别奖励50万元、40万元和30万元。	《关于支持鼓励企业进入'新三板'和其他场外市场挂牌上市的政策意见》
江苏	镇江市	（一）挂牌成功可获奖励资金100万元。	《关于推荐拟在"新三板"挂牌交易企业的通知》
江苏	宿迁市	（一）申报材料被受理的奖励15万元； （二）成功挂牌的奖励30万元； （三）所融资金投资在宿迁市的，按融资额的0.1%给予奖励，最多不超过50万元。	《宿迁市市政府办公室关于印发鼓励和扶持企业利用场外市场融资意见的通知》
浙江	杭州市高新区	（一）改制结束奖励30万元； （二）挂牌成功后奖励60万元。	
浙江	杭州市余杭区	（一）完成股改并提交申报材料的奖励30万元； （二）成功挂牌交易的再奖励50万元； （三）成功进行转板的，按相应奖励标准补足差额。	《余杭区加快推进企业直接融资发展的若干意见》
浙江	宁波市	（一）对挂牌企业奖励50万元。	《宁波市企业利用多层次资本市场发展专项资金管理办法》
浙江	宁波市江东区	（一）与券商签订协议后奖励10万元； （二）材料被受理后奖励10万元； （三）成功挂牌后奖励60万元； （四）成功融资的，按融资额度的2%给予补助，最高不超过20万元。	《关于新增我区企业到"新三板"挂牌融资扶持政策》
浙江	宁波市江北区	（一）对企业因挂牌规范需要形成新增税收中的地方留成部分，补助资金不超过200万元； （二）前20家挂牌的（或实现外部股权融资500万元以上的），给予50万元奖励。	《宁波市江北区人民政府办公室关于进一步支持金融产业促进区域经济发展的实施意见》

附录1 各省市新三板挂牌补贴政策汇总

续表

省份	地区	补贴金额	政策依据
浙江	宁波市北仑区	（一）企业因股改形成的新增地方财政贡献部分，经批准后给予全额奖励； （二）拟上市企业成功上市前一年度，年实现利润比上年增长15%以上的新增地方财政贡献部分，经批准后全额奖励，最高不超过1 000万元。	《北仑区（开发区）2014年促进产业结构调整专项资金扶持政策》
	宁波市鄞州区	（一）因挂牌新增地方财政贡献部分，奖励不超过200万元； （二）成功挂牌后，奖励50万元。	《加快金融创新促进鄞州经济社会转型升级十六条》
	宁波市镇海区	（一）成功挂牌的补贴100万元。	
	温州市	（一）因股份制改造而需要补缴税款，可暂缓缴纳。 （二）成功挂牌的奖励100万元。 （三）成功转板上市的，按温州市人民政府《关于进一步加强企业上市工作的意见》统一执行。其中，各阶段性奖励不重复计算。 （四）完成上市股改时补助30万元，完成上市辅导验收时补助70万元。 （五）所融资金50%以上投资于本地的，对企业给予奖励。其中：融资额在5亿元人民币以内（含）的，奖励人民币100万元；融资额超过5亿元人民币的，每增加1亿元人民币再奖励人民币5万元。对企业实现买壳上市，注册地迁至温州，给予一次性奖励200万元。	1.《温州市人民政府办公室关于鼓励和支持企业进入全国中小企业股份转让系统挂牌的意见》 2.《温州市人民政府关于进一步加强企业上市工作的意见》
	温州市瑞安市	（一）成功挂牌奖励100万元。	《关于进一步推进企业上市工作的意见》
	温州市永嘉县	（一）成功股改奖励10万元； （二）成功挂牌奖励100万元。	《永嘉县人民政府关于鼓励和支持企业进入全国中小企业股份转让系统挂牌的意见》
	温州市苍南县	（一）成功挂牌的奖励100万元； （二）成功挂牌的企业迁入苍南县的，奖励50万元。	《苍南县鼓励和支持企业进入全国中小企业股份转让系统挂牌实施意见》

续表

省份	地区	补贴金额	政策依据
浙江	绍兴市	（一）市区企业在其改制和挂牌过程中增加的税收，市本级地方留成部分给予全额资助。其资产转让过户时，所征收的行政事业性收费在扣除工本费和上缴部分后，市本级财政留成部分全额资助，所缴纳的税收市本级地方留成部分全额补助。 （二）成功实现国内外上市且总部在市区的，一次性给予融资额2‰的奖励。实现股权再融资的，在扣除控股股东及其行动一致人认购金额后，按净融资额的2‰给予奖励，最高不超过200万元。 （三）实现国内A股买壳上市且注册地迁至市区的，一次性给予100万元奖励。 （四）贡献特别重大的挂牌企业，补助30万元。	《关于进一步促进经济转型升级若干政策的配套细则》
	绍兴市越城区	（一）首次挂牌企业的每家奖励20万元。	《越城区2014年经济奖励政策》
	绍兴市诸暨市	（一）成功挂牌的，给予30万元奖励； （二）因挂牌进行股改产生的地方财政贡献部分给予全额奖励，其中70%在股改完成后兑现，30%在实现上市（挂牌）后兑现。	《关于开展三百工程的若干政策意见》
	湖州市	（一）完成股改和挂牌的企业分别奖励50万元。	
	湖州市德清县	（一）成功挂牌的奖励200万元。	
	湖州市长兴县	（一）对挂牌企业的经营者奖励60万元，其所融资金在本地的投资额按2%予以奖励。	
	湖州市安吉县	（一）给予企业实际控制人奖励100万元。	
	嘉兴市秀洲区	（一）成功挂牌后奖励50万元； （二）挂牌后募集资金70%以上用于秀洲区项目建设的，按其募集资金额的1%给予奖励，每次最高不超过100万元人民币。	《秀洲区推进企业上市和场外市场挂牌实施意见》
	嘉兴市桐乡市	（一）完成股改并与推荐券商签约，奖励40万元； （二）成功挂牌后奖励40万元； （三）挂牌后完成定向增资、股权转让或其他形式的资本运作，给予40万元奖励。	《关于鼓励和扶持企业利用多层次资本市场促进我市经济快速发展的实施办法》

附录1　各省市新三板挂牌补贴政策汇总

续表

省份	地区	补贴金额	政策依据
浙江	嘉兴市海盐县	（一）完成股改的奖励25万元； （二）挂牌成功的奖励25万元； （二）通过融资募集资金在本县范围的实际投资额给予奖励，最高限额300万元。	《海盐县加快推进企业股改上市发展的实施意见》
	台州市	（一）成功挂牌的奖励30万元； （二）成功挂牌的企业改制时对地方财政的贡献全额奖励给企业； （三）自挂牌当年起三年内，企业对地方财政做出的贡献每年增长超出上一年度15%的部分，全额奖励给企业； （四）对于每年实现股权融资累计达到1 000万元，并且80%投在台州辖区内的企业，按2 000万元（含）以下、2 000万~5 000万元、5000万元（含）以上三档分别奖励20万元、30万元、40万元。	《台州市人民政府关于扶持企业直接融资发展的若干政策意见》
	台州市温岭市	（一）成功挂牌的奖励80万元； （二）对从区域性股权交易中心转到新三板挂牌的奖励60万元； （三）对从区域性股权交易中心创新板直接转到新三板挂牌的企业奖励80万元； （四）经新三板转板上市的，再给予50万元奖励。	《温岭市人民政府关于扶持企业直接融资发展的若干意见》
	丽水市	（一）完成股改并成功挂牌的奖励120万元； （二）对成功转板上市的奖励150万元。	《丽水市人民政府关于加快推进企业直接融资工作的意见》
	丽水市云和县	（一）完成股改的奖励60万元； （二）成功挂牌的奖励70万元。	《关于加快推进企业直接融资工作的若干意见》
广东	广州市	（一）奖励前30家挂牌企业30万元。	《广州高新技术产业开发区企业进入代办系统进行股份制转让奖励资金的申请和发放办法》
	广州市天河区	（一）对挂牌的企业奖励累计不超过80万元。	《广州高新技术产业开发区天河科技园/广州天河软件园促进园区优势产业发展的若干措施》

续表

省份	地区	补贴金额	政策依据
广东	深圳市高新区	（一）挂牌成功后，依据相关票据实报实销，不超过180万。	
	深圳市龙华新区	（一）按照股份改制、成功挂牌予以不超过实际支出费用，分别最高50万元、160万元，总计最高210万元的资助； （二）成功转板上市的，按照挂牌和上市资助（一般企业资助240万元，战略性新兴产业重点企业资助300万元）的差额予以补齐。	《龙华新区关于加快高新技术和战略性新兴产业发展的若干措施实施细则（科技企业上市资助类）》
	珠海市高新区	（一）完成股份制改造的，奖励20万元； （二）与主办券商签订协议并提交文件的奖励50万元； （三）成功挂牌的，奖励50万元； （四）首次实现融资，且募集资金主要投放在我区的奖励50万元； （五）每年享受各项扶持政策项下资金扶持的总额不超过该企业当年缴纳税收对高新区财政实际贡献的80%。	《珠海高新区关于鼓励企业进入全国股份转让系统（新三板）管理办法（试行）》
	珠海市金湾区	（一）完成股改的奖励40万元； （二）通过券商内核的奖励30万元； （三）成功挂牌的奖励20万元，奖励企业法定代表人10万元。	《金湾区促进"三高一特"产业发展暂行办法》
	佛山市南海区	（一）首次挂牌的，给予50万元补助。企业挂牌后按累计融资金额分阶段给予企业领导班子及有关人员奖励： 1. 累计融资1 000万元以下，奖励50万元； 2. 累计融资达到1 000万～5 000万元（含1 000万元），奖励100万元； 3. 累计融资达到5 000万～1亿元（含5 000万元），奖励200万元； 4. 累计融资达到1亿元（含1亿元）以上，奖励250万元。	《佛山市南海区促进优质企业上市和发展扶持办法（修订）》

附录1 各省市新三板挂牌补贴政策汇总

续表

省份	地区	补贴金额	政策依据
广东	佛山市顺德区	（一）完成股改奖励50万元； （二）主管机关正式受理挂牌文件奖励50万元； （三）成功挂牌后，根据首次募集资金规模按照以下三个档次进行奖励： 1. 首次募集金额5 000万元以下（含5 000万元）的，奖励50万元； 2. 首次募集金额5 000万元以上，1亿元以下（含1亿元）的，奖励100万元； 3. 首次募集金额1亿元以上的，奖励200万元。	《顺德区人民政府办公室关于印发顺德区企业上市扶持奖励办法（修订）的通知》
	东莞市高新区	（一）挂牌后备名单的企业，可获得资助总额达200万元； （二）对于前10名挂牌的企业，资助金额最高达300万元。	
	肇庆市	（一）完成股改的奖励30万元； （二）材料被有关部门受理，奖励50万元； （三）成功挂牌的奖励50万元； （三）成功转板上市的享受市政府有关鼓励企业上市的优惠政策； （四）对迁入肇庆高新区的企业在该区成功挂牌交易的，同样适用本办法对应的扶持及奖励的政策。	《关于印发肇庆国家高新技术产业开发区"新三板"挂牌上市企业扶持暂行办法的通知》
	江门市	（一）成功挂牌的市区企业，奖励30万元。 （二）证监会正式受理挂牌材料的，奖励30万元； （三）成功挂牌的奖励20万元。	《印发关于鼓励江门高新区企业改制进入代办股份转让系统实施意见的通知》
	江门市蓬江区	（一）证监会正式受理挂牌材料的，奖励30万元； （二）成功挂牌的奖励20万元。	《蓬江区中小微企业科技金融奖励实施细则（试行）》
	茂名市	（一）成功挂牌的奖励50万元。	《关于支持企业上市和上市再融资的若干意见》
	中山市火炬开发区	（一）前10个完成股改的企业奖励150万元，其他给予10万元奖励； （二）申报并得到证监会受理的，奖励50万元；前十家成功挂牌的企业奖励100万元，其余奖励50万元； （三）挂牌后连续两年给予补助，最高不超过1 000万元。	

续表

省份	地区	补贴金额	政策依据
福建	厦门市高新区	（一）改制结束补贴30万元，挂牌成功补贴50万元，返还挂牌当年以及第二年与上一年比较的新增财政贡献（不超过50万元）。	
	泉州市	（一）成功挂牌的奖励50万元； （二）市科技计划优先支持挂牌的非上市公司的创新项目，支持金额不低于20万元。	《关于推动泉州高新技术产业开发区非上市企业进入全国中小企业股份转让系统挂牌工作的若干意见》
	泉州市晋江市	（一）一次性奖励80万元。	
	龙岩市	（一）改制完成后奖励10万元； （二）成功挂牌的奖励30万元； （三）首次融资的按实际投资我市资金总额的2‰进行奖励，最高限额为100万元。	《关于印发龙岩市鼓励和支持企业赴"新三板"等股权交易市场挂牌融资若干意见的通知》
河北	石家庄高新区	（一）完成改制的奖励50万元； （二）成功挂牌的再奖励50万元。	《石家庄国家高新区"新三板"企业上市资助资金管理办法》
	承德市	（一）成功挂牌的奖励不低于50万元； （二）转板上市的再奖励50万元。	《承德市人民政府关于鼓励中小企业在"新三板"市场挂牌上市的实施意见》
	廊坊市	（一）成功挂牌的奖励100万元； （二）由区域性股交中心转板到新三板的奖励50万元。	《廊坊市人民政府关于印发廊坊市鼓励企业到多层次资本市场上市规定的通知》
	衡水市	（一）成功挂牌的奖励50万元。	《衡水市人民政府关于加快推进企业上市工作的意见》
	衡水市枣强县	（一）成功挂牌的奖励50万元。	《枣强县人民政府关于鼓励和扶持企业上市的若干意见》
山西	太原市	（一）成功挂牌的奖励165万元。	
吉林	长春市高新区	（一）股改阶段给予10万~20万元的补助，并对企业改制过程中企业所得税区留用部分给予补贴； （二）实现挂牌给予50万~100万元奖励，对主办券商给予10万元奖励。	《鼓励企业进入代办股权转让系统暂行办法》
	通化市	（一）成功挂牌的奖励30万~50万元； （二）转板上市的再奖励30万元。	《通化市人民政府关于推进企业上市和挂牌工作的意见》

附录1 各省市新三板挂牌补贴政策汇总

续表

省份	地区	补贴金额	政策依据
吉林	延边州	（一）与中介机构签订协议奖励20万元； （二）完成股改的奖励40万元； （三）募集资金全部在州内投资的给予扶持。其中，第一户扶持资金100万元，第二户扶持资金80万元，从第三户始扶持资金50万元。	《延边州人民政府关于扶持企业在全国中小企业股份转让系统挂牌的实施意见》
辽宁	大连市	（一）"四板"挂牌企业拟在新三板挂牌的，按照确定保荐机构、完成挂牌两个环节分别给予补贴不超过40万元和60万元； （二）转板补贴额度最高为100万元； （三）在新三板成功挂牌的，补贴160万元。	《大连市企业上市补贴专项资金管理办法的再次补充通知》
辽宁	鞍山高新区	（一）分四次发放补贴240万。	
辽宁	抚顺市	（一）新三板挂牌奖励50万元。	
辽宁	阜新市	（一）新三板挂牌奖励100万元。	
辽宁	葫芦岛市	（一）新三板挂牌奖励50万元。	《关于贯彻落实省政府促进当前经济稳增长十五条措施实施意见》
黑龙江		（一）新三板挂牌奖励200万元。	《黑龙江省人民政府关于印发黑龙江省促进经济稳增长若干措施的通知》
黑龙江	哈尔滨市	（一）新三板挂牌奖励50万元。	《哈尔滨市人民政府印发关于进一步扶持中小企业发展的若干政策的通知》
黑龙江	哈尔滨市高新区	（一）完成股改后奖励30万元； （二）材料通过主办券商内核奖励20万元； （三）成功转板的奖励50万元。	《哈尔滨高新技术产业开发区支持企业上市专项资金管理办法（暂行）》
黑龙江	大庆市高新区	（一）成功挂牌新三板可给予120万元奖励。	
黑龙江	七台河市	（一）挂牌成功的企业，奖励50万元； （二）挂牌后，在创业板或主板（中小板）上市的，分别奖励50万元和100万元。	《七台河市推进企业进入全国中小企业股份转让系统工作实施方案》
黑龙江	黑河市	（一）企业与中介机构签订协议后，奖励30万元，未实现挂牌由企业全额返还； （二）挂牌后实现转板上市的，奖励30万元； （三）爱辉区、黑河边境经济合作区、五大连池风景区对域内企业实现挂牌的，应给予不低于以上奖励标准30%的奖励资金。	《黑河市鼓励企业上市和挂牌扶持奖励办法》

续表

省份	地区	补贴金额	政策依据
陕西		（一）成功挂牌的企业最高奖励50万元。	
	西安市高新区	（一）完成股改制奖励50万元。 （二）成功挂牌后奖励100万元。 （三）企业改制时，非货币性资产经审计评估增值转增资本部分，用未分配利润和盈余公积转增股份，依法缴纳的企业所得税及个人所得税，按其纳税额高新区留成部分的60%予以奖励，最高100万元。 （四）企业挂牌后，三年内（含挂牌当年）按企业所缴纳营业税、企业所得税、增值税高新区留成部分的50%予以奖励。 （五）企业挂牌后在资本市场定向增发成功融资的，对企业管理团队按融资额的1%予以奖励，单个企业累计不超过50万元。 （六）主办券商的项目团队奖励10万元。	《西安高新区关于鼓励企业进入全国中小企业股份转让系统挂牌交易的暂行办法》
山东	济南市高新区	（一）申请经受理的奖励50万元，正式挂牌后再奖励20万元； （二）转板上市的，奖励100万元。	《济南高新区关于扶持企业改制上市工作的意见》
	青岛市高新区	（一）完成改制并通过券商内部审核的，按不超过实际发生费用的70%给予补助，每个企业最高补助金额不超过70万元。	《关于支持我市企业在全国中小企业股份转让系统挂牌有关事项通知》
	淄博市高新区	（一）给予挂牌公司50万元补贴。	
	潍坊市高新区	（一）企业改制、挂牌过程中，因正常调整以前年度应纳税所得额而补交的企业所得税地方留成部分给予等额补助； （二）企业在改制、挂牌过程中，因资产过户上缴税收地方留成部分给予等额补助； （三）正式挂牌后奖励180万元； （四）企业挂牌后3年内成功融资且融资额2 000万元（含）以下的，奖励2万元；融资额2 000万~5 000万元（含）的，奖励5万元；融资额超过5 000万元的，奖励10万元。	《高新区推进科技型中小企业"新三板"挂牌的若干规定》

附录1 各省市新三板挂牌补贴政策汇总

续表

省份	地区	补贴金额	政策依据
山东	烟台市	（一）成功挂牌的奖励200万元。	
	济宁市	（一）分阶段予以补助，最高200万元。	《关于推进济宁高新区申报"新三板"扩容试点园区的实施方案》
	威海市	（一）成功挂牌的，奖励企业高管30万元； （二）转板上市，其融资额不满5亿元的，奖励企业高管30万元；其融资额在5亿元以上的，奖励企业高管50万元。	《威海市推进企业上市融资暂行办法》
	日照市	（一）成功挂牌的奖励150万元。	《关于进一步加快全市金融业创新发展的实施意见》
	德州市	（一）成功挂牌的奖励最高80万元。	
	菏泽市	（一）成功挂牌的奖励20万元。	《菏泽市人民政府关于加快推进企业上市工作的意见》
河南	郑州市	（一）成功挂牌的奖励50万元。	《加快推进企业上市工作的意见》
	洛阳市	（一）成功挂牌的奖励30万元。	
	洛阳市高新区	（一）完成改制的奖励20万元； （二）通过券商内核奖励每家20万元。对区内前5家挂牌的企业奖励80万元；对第6家至第10家挂牌的企业奖励70万元；对于10家之后挂牌的企业，奖励60万元； （三）成功转板的，奖励200万元。	《洛阳高新区管委会关于进一步加快企业上市和挂牌交易的意见（暂行）》
	新乡市	（一）成功挂牌的前5家企业奖励50万元，第6~10家企业奖励30万元。	《新乡市人民政府关于加快推进企业在全国中小企业股份转让系统挂牌的意见》
	焦作市	（一）成功挂牌的奖励50万元； （二）转板上市的再奖励50万元。	《焦作市人民政府关于加快推进企业进入多层次资本市场的意见》
	濮阳市	（一）在挂牌当年给予不少于50万元的奖励。 （二）转板上市的企业，申报材料经受理的，奖励50万元；对已成功上市且募集资金70%以上在市内投资的，奖励150万元，对通过增发配股实现再融资的上市公司高管人员给予适当奖励。	《濮阳市人民政府关于鼓励企业进入全国中小企业股份转让系统挂牌交易的指导意见》
	漯河市	（一）成功挂牌的奖励100万元。	《关于鼓励和扶持漯河市非上市股份有限公司进入全国中小企业股份转让系统挂牌的暂行办法》

续表

省份	地区	补贴金额	政策依据
湖北	武汉市高新区	（一）完成股改的奖励20万元； （二）备案材料被受理的，奖励20万元； （三）成功挂牌的，奖励80万元； （二）成功转板上市的，省市区三级给予535万元奖励（省级奖励200万元，市级奖励150万元，区级奖励185万元）。	《武汉东湖新技术开发区关于充分利用资本市场促进经济发展的实施意见》
	黄石市	（一）成功挂牌且募集资金70%以上用于本市范围内投资项目的，按照融资额的1%给予补贴奖励，单个企业奖励上限总额为80万元，其中，大冶市、阳新县政府承担所辖受奖企业奖励总额的60%；各城区政府和黄石经济技术开发区管委会承担所辖受奖企业奖励总额的40%。	《黄石市人民政府办公室关于印发加快多层次资本市场建设发展若干意见的通知》
	十堰市	（一）成功挂牌的奖励50万元； （二）一次性直接融资额度超过5 000万元的再奖励企业10万元，超过1亿元的，奖励30万元。	《十堰市人民政府关于加快多层次资本市场建设发展的若干意见》
	荆州市	（一）前30家挂牌企业，奖励50万元。	《荆州市人民政府关于加快发展多层次资本市场的实施意见》
	宜昌市	（一）完成股改并经管理部门正式受理备案后，奖励30万元； （二）正式挂牌且募集资金70%以上用于在本市募投项目的，奖励50万元； （三）其税收在县市（含夷陵区，下同）的，正式挂牌且募集资金70%以上用于在本市募投项目的，奖励40万元。	《市人民政府关于支持鼓励企业进入"新三板"和其他场外市场挂牌上市的若干意见》
	襄阳市	（一）成功改制的，奖励10万元； （二）材料被受理的，奖励30万元； （三）正式挂牌后，奖励40万元。	《关于鼓励和促进企业在"新三板"挂牌上市的若干意见》
湖南	长沙市	（一）挂牌前后给予50万元和30万元的补助。	《长沙市人民政府办公厅关于鼓励企业在场外市场挂牌有关事项的通知》
	株洲市高新区	（一）最高补贴100万元。	

附录1　各省市新三板挂牌补贴政策汇总

续表

省份	地区	补贴金额	政策依据
湖南	湘潭市高新区	（一）成功挂牌的补贴120万元（完成股改35万元，完成资料报会35万元，完成挂牌50万元）。	《鼓励扶持企业利用资本市场发展暂行办法》
	邵阳市	（一）成功挂牌并首次定向增发融资成功，奖励50万元。	《关于鼓励企业赴新三板等资本市场挂牌融资的通知》
江西		（一）完成股改和注册登记的奖励20万元； （二）申请材料被正式受理奖励50万元。	《江西省人民政府办公厅关于推动中小微企业利用全国中小企业股份转让系统发展的实施意见》
	南昌市	（一）完成股改并注册登记的奖励50万元； （二）申请材料被受理的奖励100万元。	
	九江市	（一）完成改制的奖励20万元； （二）挂牌成功的奖励50万元。	
	上饶市	（一）完成改制的奖励20万元； （二）挂牌成功的奖励50万元。	《关于推荐拟在"新三板"挂牌交易企业的通知》
	吉安市	（一）与中介机构签订协议并完成股份制改造、提交申请材料并取得受理回执，奖励15万元。 （二）成功挂牌奖励35万元。 （三）各受益财政应于企业成功挂牌或上市后，按照不低于市财政奖励资金1.6倍（80万元）的比例予以配套奖励。	《吉安市人民政府关于落实支持企业上市和"新三板"挂牌有关政策的通知》
	赣州市	（一）完成股改和注册登记的奖励20万元； （二）申请材料被受理的奖励50万元； （三）前10名的企业奖励50万元。	《关于加快推进企业进入全国中小企业股份转让系统挂牌的实施意见》
	萍乡市	（一）完成股改和注册登记的奖励20万元； （二）申请材料被受理的奖励50万元； （三）前10名的企业奖励50万元，之后的奖励40万元。	《萍乡市人民政府办公室关于进一步加快萍乡金融业发展的实施意见》
安徽	合肥市	（一）企业进入新三板融资的，给予50万元补助。	
	合肥市高新区	（一）可分阶段获得最高70万元的财政补贴。	
	芜湖市	（一）完成股改并注册的，奖励20万元； （二）成功挂牌的，奖励30万元； （三）成功实现融资的，奖励70万元。	《鼓励企业进入全国中小企业股份转让系统挂牌交易暂行办法》

续表

省份	地区	补贴金额	政策依据
安徽	蚌埠市	（一）成功挂牌的奖励40万元，进入全省第一批挂牌的另行奖励20万元； （二）成功募集资金的按照募资总额的2‰给予奖励。	《蚌埠市人民政府关于支持进入全国中小企业股份转让系统和安徽省股权托管交易中心挂牌交易有关事项的通知》
	马鞍山市	（一）完成股改及注册，奖励50万元和20万元； （二）成功挂牌，奖励100万元，若在第一批挂牌，再给予20万元奖励； （三）成功实现股权融资并全部投资我市的，给予投资额2%的奖励，最多不超过30万元。	《关于印发马鞍山市鼓励企业进入全国中小企业股份转让系统和安徽省区域性股权交易市场挂牌交易暂行办法的通知》
	安庆市	（一）在新三板成功挂牌的企业，奖励150万元。	
	黄山市	（一）在新三板成功挂牌的企业，奖励50万元。	
	淮北市	（一）完成股份制改造的，奖励10万元； （二）获得监管部门审查备案的，奖励20万元； （三）成功挂牌的，奖励20万元； （四）成功获得融资并全部投资淮北本地的，按融资额的1%，给予最高不超过100万元奖励。	
	池州市贵池区	（一）最高可获得50万元奖励。	
	阜阳市	（一）对完成股改并注册登记的，属于市属企业的，市政府给予30万元的补助，属于县（市、区）属企业的，市政府给予15万元的补助； （二）成功挂牌的，属于市属企业的，市政府给予60万元的奖励，属于县（市、区）属企业的，市政府给予30万元的奖励； （三）挂牌后融资用于实体经济的，属于市属企业的，市财政按所募集资金总额的0.5%予以奖励，最高不超过100万元，属于县（市、区）属企业的，市财政按所募集资金总额的0.3%予以奖励，最高不超过50万元。	《阜阳市人民政府办公室关于印发阜阳市鼓励企业进入全国中小企业股份转让系统和区域性股权交易市场挂牌交易暂行办法的通知》
	宿州市	（一）企业因挂牌所产生的券商或推荐商费用及审计、法律、评估等费用，由市政府全额支付； （二）成功融资并全额投资于宿州本地的，按照200万元在扣除市政府前期支付的费用后给予一次性奖励。	《宿州市人民政府关于鼓励企业进入"新三板"和场外市场挂牌融资工作的意见》

附录1 各省市新三板挂牌补贴政策汇总

续表

省份	地区	补贴金额	政策依据
安徽	亳州市	（一）完成股改及注册的奖励30万元； （二）成功挂牌的奖励70万元； （三）成功实现股权融资并全部投资在我市的企业，给予融资金额2%的奖励，但最高不超过30万元。	《亳州市鼓励企业进入全国中小企业股份转让系统和安徽省区域性股权交易市场挂牌交易暂行办法》
四川	成都市高新区	（一）成功挂牌的分阶段给予最高100万元补贴。	《关于促进企业发展壮大的优惠政策》
四川	绵阳市高新区	（一）完成股改的，奖励30万元； （二）成功挂牌的，奖励50万元。	
贵州	贵阳市	（一）成功挂牌的，奖励150万元。	《贵阳市企业进入全国中小企业股份转让系统（即"新三板"）扶持奖励办法（试行）》
贵州	贵阳市花溪区	（一）完成股份制改造的奖励30万元； （二）主管机构正式受理后奖励30万元； （三）企业成功挂牌后奖励15万元。	《花溪区企业进入全国中小企业股份转让系统扶持奖励办法》
贵州	贵州市乌当区	（一）完成股份制改造的奖励20万元； （二）主管机构正式受理后奖励25万元； （三）企业成功挂牌后奖励30万元。	《乌当区企业进入全国中小企业股份转让系统扶持奖励办法（试行）》
云南	昆明市高新区	（一）对成功挂牌的，给予管理团队30万元奖励；	《昆明高新技术产业开发区鼓励企业上市及投融资发展暂行办法》
内蒙古		（一）成功挂牌的奖励50万元； （二）实现首次融资的，按照融资额的1.5%给予费用补贴，最高不超过100万元。	《内蒙古自治区人民政府关于进一步推进多层次资本市场融资的若干意见》
内蒙古	包头市高新区	（一）最多将获得100万元的资金补助。	《包头稀土高新技术产业开发区鼓励企业证券市场挂牌上市补助资金管理办法》
新疆		（一）在新疆股权交易中心成功挂牌的企业可享受40万元补助，交易中心挂牌企业成功转板至全国新三板可再享受财政补助20万元。	《自治区企业上市政策引导专项资金管理办法》
新疆	乌鲁木齐市高新区	（一）成功挂牌的，最高可奖励140万元。	《乌鲁木齐高新技术产业开发区（新市区）企业进入代办股份转让系统资助资金暂行管理办法》

续表

省份	地区	补贴金额	政策依据
宁夏		（一）对2014年、2015年、2016年在"新三板"挂牌的企业，分别奖励100万元、50万元、30万元。	《自治区人民政府关于加快资本市场建设的若干意见》
	银川市	（一）股份制改制阶段奖励30万元； （二）申报挂牌上市阶段奖励50万元； （三）正式挂牌后奖励70万元。	
	中卫市	（一）挂牌成功的，先享受自治区政策，对2014年、2015年、2016年在新三板挂牌的，由区、市县财政分别按50%给予100万元、50万元、30万元的奖励，再由企业纳税地财政一次性奖励100万元。	《中卫市人民政府关于中小企业直接融资扶持政策》
广西	南宁市	（一）拟挂牌获国家监管部门受理后奖励20万元； （二）正式挂牌奖励30万元。	《南宁市鼓励企业进入代办股份转让系统暂行办法》
	南宁市高新区	（一）与券商、相关中介机构签约后奖励20万元； （二）改制完成奖励30万元； （三）申请获受理后奖励50万元； （四）正式挂牌奖励50万元。	《关于鼓励企业改制并进入代办股份转让系统挂牌的暂行办法》
	柳州市	（一）改制阶段按实际发生费用给予最高40万元的奖励； （二）成功挂牌后，给予90万元的奖励，给予主办券商20万元奖励。	《支持非上市企业进入证券公司代办股份转让系统奖励资金管理暂行办法》
	防城港市	（一）挂牌成功的，可获得最高达200万元奖励。	《防城港市鼓励企业进入全国中小企业股份转让系统挂牌交易暂行办法》
	玉林市	（一）完成股改的，奖励20万元； （二）获监管部门受理的，奖励30万元； （三）正式挂牌的，奖励100万元。	《玉林市鼓励中小企业改制并进入全国中小企业股份转让系统挂牌暂行办法》

附录2　新三板挂牌企业融资信息表（2014—2015）

证券代码	证券简称	上市日期	公司属性	省份	行业	总股本（万股）	净资产（亿元）	总资产（亿元）	定向增发融资（万元）	
									2014年	2015年
830899.OC	联讯证券	2014-08-01	公众企业	广东	金融	312 617	47.95	264.82	99 999	279 137
832168.OC	中科招商	2015-03-20	民营企业	广东	金融	180 475	137.23	167.83		351 000
430719.OC	九鼎投资	2014-04-29	民营企业	北京	金融	500 000	124.45	183.09	225 000	
831900.OC	海航冷链	2015-01-29	其他企业	北京	工业	117 298	17.32	17.80		170 642
832666.OC	齐鲁银行	2015-06-29	公众企业	山东	金融	284 075	93.42	1 320.02		150 096
831963.OC	明利仓储	2015-02-16	民营企业	广西	工业	36 500	15.72	15.88		120 000
832924.OC	明石创新	2015-07-22	民营企业	北京	金融	376 897	50.65	50.95		92 359
830881.OC	圣泉集团	2014-07-28	民营企业	山东	材料	64 372	29.03	71.14		77 244
430463.OC	春茂股份	2014-01-24	民营企业	广西	工业	44 969	2.69	9.20		48 923
831099.OC	维泰股份	2014-08-29	地方国企	新疆	工业	30 000	13.95	60.66		48 377
430174.OC	沃捷传媒	2012-12-18	民营企业	北京	可选消费	20 461	6.66	8.84	13 311	32 000
430120.OC	金润科技	2012-04-27	民营企业	北京	信息技术	3 700	0.63	0.68		39 200
430358.OC	基美影业	2013-12-10	民营企业	上海	可选消费	22 532	6.27	6.36		37 985
832793.OC	同创伟业	2015-07-15	民营企业	广东	金融	4 211	6.08	6.62		35 000
830955.OC	大盛微电	2014-08-08	民营企业	河南	工业	15 200	4.97	8.35		33 400
830809.OC	安达科技	2014-06-18	民营企业	贵州	材料	16 216	4.83	5.62	3 365	29 810
430010.OC	现代农装	2006-12-08	央企	北京	工业	12 000	7.72	35.64	32 400	
430130.OC	卡联科技	2012-07-12	民营企业	北京	信息技术	4 492	1.61	5.50		32 304
430339.OC	中搜网络	2013-11-08	民营企业	北京	信息技术	11 258	1.24	4.70	10 000	19 980
832223.OC	配天智造	2015-03-31	民营企业	广东	工业	3 267	3.64	3.87		29 977
832023.OC	田野股份	2015-02-13	民营企业	广西	日常消费	12 000	6.00	6.76		29 750
830819.OC	致生联发	2014-06-24	民营企业	北京	信息技术	6 549	3.35	4.54		28 315
831896.OC	思考投资	2015-01-30	民营企业	浙江	金融	10 000	4.50	4.96		28 158
832705.OC	达瑞生物	2015-07-09	其他企业	广东	医疗保健	3 511	0.50	4.81		27 778
832219.OC	建装业	2015-04-01	民营企业	广东	可选消费	8 328	6.79	17.66		27 095
831930.OC	和君商学	2015-02-05	民营企业	北京	工业	10 120	2.96	3.43		26 500
430177.OC	点点客	2012-12-18	民营企业	上海	信息技术	27 728	3.06	3.17	1 500	22 151
430017.OC	星昊医药	2007-08-16	民营企业	北京	医疗保健	9 198	8.45	10.32		22 800
830866.OC	凌志软件	2014-07-30	民营企业	江苏	信息技术	14 638	1.98	2.27	1 949	20 230
831029.OC	银丰棉花	2014-08-29	地方国企	湖北	工业	14 288	6.67	25.34		22 063
830800.OC	天开园林	2014-06-10	民营企业	重庆	工业	9 000	6.11	11.76		21 000
831505.OC	朗顿教育	2014-12-09	民营企业	广东	可选消费	2 041	2.35	2.39		20 400

续表

证券代码	证券简称	上市日期	公司属性	省份	行业	总股本（万股）	净资产（亿元）	总资产（亿元）	定向增发融资（万元）	
									2014年	2015年
832379.OC	鑫融基	2015-04-30	民营企业	河南	金融	160 000	24.22	27.57		20 000
430051.OC	九恒星	2009-02-18	民营企业	北京	信息技术	8 486	3.35	3.55	11 050	8 580
830999.OC	银橙传媒	2014-08-13	民营企业	上海	信息技术	13 542	2.94	3.13	12 500	7 114
832305.OC	东利机械	2015-04-17	民营企业	河北	可选消费	11 000	1.11	4.64		18 000
831405.OC	赞普科技	2014-12-03	民营企业	天津	信息技术	4 320	2.25	2.61		17 925
430222.OC	璟泓科技	2013-07-02	民营企业	湖北	医疗保健	5 160	1.71	2.53	1 000	16 820
430558.OC	均信担保	2014-01-24	公众企业	黑龙	金融	34 029	5.30	9.69	17 800	
832898.OC	天地壹号	2015-08-20	民营企业	广东	日常消费	41 000	11.06	17.90		17 500
830818.OC	巨峰股份	2014-06-30	民营企业	江苏	工业	12 310	3.47	6.97		17 325
831378.OC	富耐克	2014-11-28	民营企业	河南	材料	7 170	4.92	6.62		17 290
831084.OC	绿网天下	2014-08-21	民营企业	福建	信息技术	3 420	2.35	2.65		17 000
830849.OC	平原非标	2014-07-11	民营企业	河南	工业	7 333	4.90	10.81		16 500
830933.OC	纳晶科技	2014-08-05	民营企业	浙江	材料	7 500	2.52	2.56	1 176	15 000
832029.OC	金正食品	2015-02-11	民营企业	山东	日常消费	8 000	3.82	4.01		15 600
830822.OC	海容冷链	2014-07-01	民营企业	山东	工业	6 000	3.43	7.41	2 440	13 090
430376.OC	东亚装饰	2014-01-24	民营企业	山东	材料	7 000	2.55	5.68	3 063	12 000
430229.OC	绿岸网络	2013-07-05	民营企业	上海	可选消费	6 480	3.76	4.02	5 000	10 028
430141.OC	久日新材	2012-09-07	民营企业	天津	材料	7 375	4.43	8.14	8 028	7 000
831284.OC	迈科智能	2014-11-06	民营企业	广东	信息技术	12 950	4.36	9.81		15 000
831173.OC	泰恩康	2014-10-08	民营企业	广东	医疗保健	7 770	2.35	5.71		15 000
832317.OC	观典航空	2015-04-15	民营企业	北京	信息技术	4 750	0.54	2.24		15 000
831263.OC	科华控股	2014-11-03	民营企业	江苏	可选消费	10 000	4.17	8.94		14 400
430065.OC	中海阳	2010-03-19	民营企业	北京	信息技术	20 700	8.76	21.83	14 310	
430011.OC	指南针	2007-01-23	其他企业	北京	信息技术	14 313	1.16	3.12		14 000
430555.OC	英派瑞	2014-01-24	民营企业	安徽	材料	11 025	3.41	5.93	750	13 200
830879.OC	基康仪器	2014-07-23	民营企业	北京	信息技术	12 600	3.41	3.92	3 010	10 875
831504.OC	中晟光电	2014-12-31	公众企业	上海	信息技术	8 736	1.99	2.44		13 521
831028.OC	华丽包装	2014-08-29	民营企业	河南	材料	10 885	4.22	8.83		13 481
430253.OC	兴竹信息	2013-07-23	外资企业	北京	信息技术	13 950	2.59	3.23	1 300	12 000
830931.OC	仁会生物	2014-08-11	民营企业	上海	医疗保健	10 798	6.27	7.64	3 250	10 000
430657.OC	楼兰股份	2014-02-21	民营企业	辽宁	信息技术	21 723	1.79	1.89	710	12 500
830777.OC	金达莱	2014-06-05	民营企业	江西	工业	20 000	4.56	5.84	13 000	
830821.OC	雪郎生物	2014-06-23	民营企业	安徽	日常消费	12 540	1.86	3.93	5 000	8 000

附录2 新三板挂牌企业融资信息表(2014-2015)

续表

证券代码	证券简称	上市日期	公司属性	省份	行业	总股本(万股)	净资产(亿元)	总资产(亿元)	定向增发融资(万元) 2014年	定向增发融资(万元) 2015年
830944.OC	景尚旅业	2014-08-11	民营企业	江苏	可选消费	6 550	1.98	3.39	1 000	12 000
831344.OC	中际联合	2014-11-20	民营企业	北京	工业	3 500	2.47	2.81		13 000
430505.OC	上陵牧业	2014-01-24	民营企业	宁夏	日常消费	7 500	2.56	5.83		12 750
430595.OC	唐人通服	2014-01-24	民营企业	江西	电信服务	9 693	2.44	3.72		12 700
430430.OC	普滤得	2014-01-24	民营企业	江苏	工业	5 530	1.78	2.64	536	12 000
430366.OC	金天地	2014-01-24	民营企业	北京	可选消费	19 844	2.50	2.89	2 340	10 000
430598.OC	众合医药	2014-01-24	民营企业	上海	医疗保健	14 607	1.87	1.92	12 002	
430127.OC	塞尔瑟斯	2012-06-21	民营企业	北京	工业	10 487	0.12	1.04		11 953
430736.OC	中江种业	2014-05-05	其他企业	江苏	日常消费	17 766	2.34	5.85		11 882
430452.OC	汇龙科技	2014-01-24	民营企业	陕西	信息技术	6 700	2.49	4.46		11 858
831177.OC	深冷能源	2014-10-14	公众企业	河南	工业	7 300	2.03	2.73		11 787
831074.OC	佳力科技	2014-08-20	民营企业	浙江	工业	10 616	5.05	9.69		11 599
831601.OC	威科姆	2015-01-12	公众企业	河南	信息技术	9 756	3.56	7.03		11 200
430393.OC	三景科技	2014-01-24	民营企业	江苏	工业	5 800	1.18	3.31	988	10 100
831036.OC	裕国股份	2014-08-19	民营企业	湖北	日常消费	8 750	3.86	8.56		11 000
831439.OC	中喜生态	2014-12-08	民营企业	山东	材料	6 000	3.25	4.38		11 000
832570.OC	蓝海科技	2015-06-12	民营企业	北京	信息技术	3 663	0.40	0.71		10 981
831710.OC	昊方机电	2015-01-19	民营企业	安徽	可选消费	9 000	5.07	9.94		10 800
832143.OC	海昌华	2015-03-10	民营企业	广东	工业	11 500	3.81	4.93		10 800
430476.OC	海能仪器	2014-01-24	民营企业	山东	材料	4 453	1.99	2.28		10 800
430165.OC	光宝联合	2012-11-13	民营企业	北京	电信服务	4 162	1.52	1.79		10 800
830978.OC	先临三维	2014-08-08	民营企业	浙江	信息技术	14 675	2.58	3.05	10 500	
430338.OC	银音科技	2013-11-08	民营企业	上海	信息技术	15 548	1.66	3.60		10 400
831633.OC	那然生命	2015-01-07	民营企业	浙江	工业	15 000	2.17	2.23		10 400
430324.OC	上海致远	2013-10-18	民营企业	上海	工业	8 062	2.54	4.01		10 338
430359.OC	同济医药	2013-12-20	民营企业	湖北	医疗保健	7 825	1.85	2.46	2 071	8 250
830815.OC	蓝山科技	2014-06-20	外资企业	北京	信息技术	33 840	5.93	7.45	9 090	1 106
830771.OC	华灿电讯	2014-06-03	民营企业	江苏	信息技术	7 310	4.60	8.68		10 080
430074.OC	德鑫物联	2010-10-08	民营企业	北京	信息技术	10 875	3.33	3.61	1 760	8 280
832809.OC	九森林业	2015-08-04	民营企业	湖北	材料	9 453	2.30	2.58		10 001
830838.OC	新产业	2014-07-25	公众企业	广东	医疗保健	37 040	7.02	8.25		10 000
831775.OC	巨龙生物	2015-01-20	民营企业	河南	日常消费	10 550	3.11	11.33		10 000
832268.OC	鑫秋农业	2015-04-20	民营企业	山东	日常消费	13 336	3.81	6.22		10 000

续表

证券代码	证券简称	上市日期	公司属性	省份	行业	总股本（万股）	净资产（亿元）	总资产（亿元）	定向增发融资（万元）	
									2014年	2015年
831222.OC	金龙腾	2014-10-23	民营企业	北京	工业	7 111	2.02	5.00		10 000
831496.OC	华燕房盟	2014-12-16	民营企业	上海	信息技术	12 500	2.58	3.71		10 000
832495.OC	精铟海工	2015-05-14	民营企业	广东	工业	5 625	1.20	3.00		10 000
832297.OC	新生飞翔	2015-04-22	其他企业	海南	工业	33 000	3.52	3.82		10 000
831503.OC	广安生物	2014-12-15	民营企业	河南	日常消费	7 000	2.89	6.32		9 900
831171.OC	海纳生物	2014-10-08	民营企业	广东	日常消费	8 911	2.76	3.67		9 900
430283.OC	景弘环保	2013-08-08	公众企业	湖北	工业	13 800	1.09	2.10	3 833	6 016
830829.OC	华精新材	2014-07-01	民营企业	江苏	材料	7 200	2.27	3.32		9 840
832027.OC	智衡减振	2015-02-11	民营企业	山东	可选消费	4 647	2.64	2.85		9 706
430318.OC	四维传媒	2013-10-16	民营企业	上海	可选消费	6 600	4.01	6.46	1 600	8 100
833147.OC	华江环保	2015-08-18	民营企业	陕西	工业	5 600	2.35	8.79		9 600
831397.OC	康泽药业	2014-12-02	民营企业	广东	医疗保健	7 200	2.01	3.80		9 600
831758.OC	意欧斯	2015-01-22	民营企业	浙江	工业	7 370	0.60	2.75		9 600
831031.OC	诚盟装备	2014-08-21	民营企业	江苏	工业	10 639	2.17	2.69		9 600
430159.OC	创世生态	2012-11-09	民营企业	天津	工业	6 140	3.12	6.39	2 346	7 200
430533.OC	同立高科	2014-01-24	民营企业	山东	材料	7 030	1.60	2.34	1 914	7 525
831376.OC	金洪股份	2014-11-26	民营企业	吉林	可选消费	6 600	1.80	4.58	1 250	8 100
831609.OC	壹加壹	2014-12-31	民营企业	宁夏	日常消费	12 533	2.91	3.28		9 350
832041.OC	中兴通科	2015-02-27	民营企业	北京	信息技术	11 018	1.60	2.15		9 324
831003.OC	金大股份	2014-08-19	民营企业	浙江	可选消费	6 900	1.98	2.69		9 200
832338.OC	博克森	2015-04-15	民营企业	北京	可选消费	1 230	0.13	1.51		9 200
430260.OC	布雷尔利	2013-07-22	民营企业	北京	可选消费	5 813	3.58	9.20	500	8 550
831117.OC	维恩贝特	2014-08-21	民营企业	广东	信息技术	5 336	0.89	1.95		9 000
430042.OC	科瑞讯	2009-01-15	民营企业	北京	信息技术	4 033	1.46	1.83		9 000
832357.OC	益通股份	2015-04-22	民营企业	山西	公用事业	25 111	2.73	4.32		8 965
430309.OC	易所试	2013-08-13	民营企业	上海	工业	5 006	1.20	2.03	500	8 094
831925.OC	政通股份	2015-02-13	民营企业	广西	工业	13 400	2.00	4.63		8 586
831030.OC	卓华信息	2014-08-21	民营企业	北京	信息技术	3 123	1.92	2.24		8 580
831216.OC	中林股份	2014-10-24	民营企业	浙江	工业	5 280	1.20	1.25		8 580
430609.OC	中磁视讯	2014-01-24	民营企业	山东	信息技术	5 800	2.53	3.15	1 100	7 410
430726.OC	津宇嘉信	2014-05-06	民营企业	北京	公用事业	5 743	1.53	3.19	2 416	5 999
430062.OC	中科国信	2010-01-12	民营企业	北京	信息技术	10 303	1.48	1.55	3 804	4 442
833260.OC	万辰生物	2015-08-18	民营企业	福建	日常消费	7 630	2.59	4.95		8 000

附录2 新三板挂牌企业融资信息表（2014－2015）

续表

证券代码	证券简称	上市日期	公司属性	省份	行业	总股本（万股）	净资产（亿元）	总资产（亿元）	定向增发融资（万元）	
									2014年	2015年
831207.OC	南方制药	2014－10－21	民营企业	福建	材料	8 550	2.21	3.73		8 000
830937.OC	信达智能	2014－08－11	民营企业	湖南	工业	10 300	1.41	2.63		8 000
430027.OC	北科光大	2008－02－18	民营企业	北京	信息技术	5 207	1.35	1.41		8 000
830923.OC	上元堂	2014－07－31	民营企业	江苏	日常消费	7 122	1.06	1.67	1 364	6 621
430145.OC	智立医学	2012－09－17	民营企业	北京	医疗保健	1 600	1.01	1.03		7 920
833229.OC	龙利得	2015－08－07	民营企业	安徽	材料	19 150	3.86	7.20		7 897
831529.OC	能龙教育	2014－12－19	民营企业	广东	信息技术	5 161	0.50	1.35		7 888
430457.OC	三网科技	2014－01－24	民营企业	浙江	信息技术	3 156	0.33	0.44	1 600	6 215
831262.OC	广建装饰	2014－11－04	民营企业	重庆	工业	7 700	2.31	6.92		7 800
832883.OC	德润能源	2015－07－10	民营企业	山东	能源	10 500	1.81	2.43		7 800
830837.OC	古城香业	2014－07－08	民营企业	河北	日常消费	15 606	4.13	5.01	6 336	1 400
830990.OC	鹏盾石油	2014－08－13	民营企业	上海	能源	7 217	1.86	1.91		7 681
831265.OC	宏源药业	2014－11－04	民营企业	湖北	医疗保健	7 799	3.52	10.55		7 614
831790.OC	凯昶德	2015－01－22	民营企业	广东	信息技术	7 567	2.96	4.89		7 600
831535.OC	拓斯达	2014－12－24	民营企业	广东	工业	5 435	2.56	3.58	7 600	
831098.OC	通利农贷	2014－08－15	公众企业	江苏	金融	63 300	9.16	9.95		7 560
832220.OC	海德尔	2015－04－03	民营企业	山东	信息技术	4 200	2.04	2.37		7 560
430357.OC	行悦信息	2013－12－13	民营企业	上海	信息技术	10 180	1.80	2.43	1 700	5 850
430618.OC	凯立德	2014－01－24	民营企业	广东	信息技术	34 413	5.37	5.66	7 500	
430075.OC	中讯四方	2010－11－18	民营企业	北京	信息技术	15 030	3.13	3.88	3 750	3 750
430323.OC	天阶生物	2013－10－16	民营企业	北京	医疗保健	9 939	1.52	1.84	1 210	6 201
430518.OC	嘉达早教	2014－01－24	民营企业	广东	信息技术	6 871	3.70	5.45	2 310	5 000
430714.OC	奇才股份	2014－04－30	民营企业	江苏	工业	3 627	1.03	1.13	68	7 196
430047.OC	诺思兰德	2009－02－18	民营企业	北京	医疗保健	5 052	1.11	1.35	7 230	
430152.OC	思创银联	2012－10－18	民营企业	北京	信息技术	5 009	0.76	1.88		7 214
430456.OC	和氏股份	2014－01－24	民营企业	江苏	工业	4 800	1.87	3.77		7 200
831575.OC	光辉互动	2014－12－31	民营企业	江苏	信息技术	2 400	0.96	1.01		7 200
430593.OC	华尔美特	2014－01－24	民营企业	江苏	工业	4 469	1.27	2.27	3 200	4 000
430107.OC	朗铭科技	2012－03－09	民营企业	北京	信息技术	760	0.82	0.92	168	7 000
832327.OC	海颐软件	2015－04－20	地方国企	山东	信息技术	4 350	1.12	2.48		7 150
831882.OC	众益传媒	2015－01－30	民营企业	湖南	工业	2 017	1.17	1.31		7 137
832347.OC	太矿电气	2015－05－07	民营企业	山西	工业	4 000	2.90	4.33		7 050
430549.OC	天弘激光	2014－01－24	民营企业	江苏	工业	6 432	1.96	2.87		7 040

续表

证券代码	证券简称	上市日期	公司属性	省份	行业	总股本（万股）	净资产（亿元）	总资产（亿元）	定向增发融资（万元）	
									2014年	2015年
831687.OC	亨达股份	2015-01-15	民营企业	山东	可选消费	10 775	8.65	12.40		7 000
832136.OC	蓝天园林	2015-03-24	民营企业	浙江	工业	11 330	5.35	10.30		7 000
430523.OC	泰谷生物	2014-01-24	民营企业	湖南	材料	4 663	1.71	2.81		7 000
830908.OC	普诺威	2014-07-25	民营企业	江苏	信息技术	3 900	1.29	2.19	1 000	6 000
830898.OC	华人天地	2014-08-01	民营企业	北京	可选消费	8 150	1.44	1.49		7 000
831530.OC	才府玻璃	2014-12-18	民营企业	浙江	材料	7 200	1.76	3.23		6 960
830964.OC	润农节水	2014-08-08	民营企业	河北	材料	8 000	1.61	1.90	1 800	5 100
831626.OC	胜禹股份	2015-01-05	民营企业	江苏	工业	6 950	1.68	5.46		6 726
430532.OC	北鼎晶辉	2014-01-24	外资企业	广东	可选消费	16 000	2.03	3.13		6 720
832514.OC	华旺股份	2015-05-26	民营企业	浙江	材料	7 550	1.86	6.51		6 650
831226.OC	聚宝网络	2014-10-24	民营企业	上海	可选消费	2 300	1.65	1.70		6 600
830993.OC	壹玖壹玖	2014-08-13	民营企业	四川	日常消费	8 534	1.00	4.92	1 500	4 990
831271.OC	燎原药业	2014-11-06	民营企业	浙江	材料	2 811	1.57	2.42		6 488
831118.OC	兰亭科技	2014-08-19	民营企业	广东	医疗保健	7 533	1.64	3.53		6 440
831355.OC	地源科技	2014-11-13	民营企业	江苏	工业	1 410	0.49	0.95		6 404
831666.OC	亿丰洁净	2015-01-12	民营企业	江苏	工业	3 139	0.33	1.11		6 400
430320.OC	江扬环境	2013-10-16	民营企业	湖北	工业	5 300	1.62	2.82		6 317
831478.OC	天际数字	2014-12-12	民营企业	北京	信息技术	1 391	0.25	0.33		6 300
832015.OC	基调网络	2015-02-11	民营企业	北京	信息技术	2 550	0.25	1.09		6 251
831507.OC	博广热能	2014-12-15	民营企业	河北	公用事业	8 218	2.77	4.77		6 250
832054.OC	永强岩土	2015-03-03	民营企业	福建	工业	6 262	1.14	3.82		6 240
430226.OC	奥凯立	2013-07-05	民营企业	北京	材料	3 830	2.05	2.58		6 197
831386.OC	风华环保	2014-12-02	民营企业	广东	工业	3 995	1.26	1.28		6 122
831235.OC	点米科技	2014-11-03	民营企业	江苏	工业	4 000	0.77	0.81	920	5 200
430305.OC	维珍创意	2013-08-16	外资企业	北京	信息技术	7 820	1.29	1.45	4 409	1 680
831053.OC	美佳新材	2014-08-20	民营企业	安徽	材料	7 000	3.00	7.93		6 050
832432.OC	科列技术	2015-07-15	民营企业	广东	信息技术	6 720	0.91	1.15		6 021
831562.OC	山水园林	2014-12-22	民营企业	河南	工业	14 300	2.31	5.64		6 000
430759.OC	凯路仕	2014-05-30	民营企业	广东	可选消费	11 150	2.04	4.88	2 000	4 000
832971.OC	卡司通	2015-08-06	民营企业	广东	工业	5 000	1.70	2.59		6 000
832047.OC	联洋新材	2015-03-06	民营企业	浙江	材料	3 500	1.10	2.08		6 000
830772.OC	远航科技	2014-06-03	民营企业	山东	工业	4 225	1.22	1.96		6 000
430362.OC	东电创新	2013-12-26	民营企业	北京	信息技术	3 476	0.81	0.92	1 400	4 500

附录2　新三板挂牌企业融资信息表（2014－2015）

续表

证券代码	证券简称	上市日期	公司属性	省份	行业	总股本（万股）	净资产（亿元）	总资产（亿元）	定向增发融资（万元）	
									2014年	2015年
430225.OC	伊禾农品	2013-07-05	民营企业	上海	日常消费	11 149	5.26	10.92	5 841	
430154.OC	中科通达	2012-10-25	民营企业	湖北	信息技术	5 000	1.20	1.81	5 800	
430024.OC	金和网络	2007-12-27	民营企业	北京	信息技术	6 625	0.98	1.24		5 766
832667.OC	竹林松大	2015-07-14	民营企业	河南	信息技术	5 000	0.91	1.39		5 760
430088.OC	七维航测	2011-05-31	民营企业	北京	信息技术	6 518	2.32	2.98	859	4 880
430762.OC	荣昌育种	2014-07-17	民营企业	山东	日常消费	7 321	1.04	2.17	1 338	4 366
430176.OC	中教股份	2012-12-18	民营企业	北京	可选消费	6 031	1.63	2.90		5 647
430462.OC	树业环保	2014-01-24	民营企业	广东	材料	8 268	4.05	6.80		5 616
831327.OC	飞翼股份	2014-11-12	民营企业	湖南	材料	10 800	2.70	5.19		5 600
430402.OC	吉事达	2014-01-24	民营企业	湖北	信息技术	1 419	0.67	0.86	2 794	2 760
831621.OC	中镁控股	2015-01-13	民营企业	辽宁	材料	8 847	3.01	8.31		5 506
430139.OC	华岭股份	2012-09-07	公众企业	上海	工业	8 400	1.73	2.66	5 500	
831437.OC	天劲股份	2014-12-08	民营企业	广东	信息技术	4 132	1.22	3.40		5 500
831402.OC	帝联科技	2014-12-02	民营企业	上海	信息技术	5 670	2.84	4.02		5 476
830988.OC	兴和股份	2014-08-12	民营企业	湖北	工业	6 000	2.43	4.24		5 445
831143.OC	焕鑫股份	2014-09-19	民营企业	江苏	材料	9 900	2.42	3.57	3 000	2 400
831020.OC	华阳密封	2014-08-22	民营企业	辽宁	工业	4 600	2.37	3.11		5 292
831010.OC	天佳科技	2014-08-21	民营企业	宁夏	材料	5 000	1.11	1.24		5 250
430431.OC	枫盛阳	2014-01-24	民营企业	天津	医疗保健	5 749	1.55	1.90	227	5 000
831878.OC	先锋科技	2015-01-27	民营企业	浙江	医疗保健	5 150	2.02	5.14		5 211
430637.OC	菱博电子	2014-02-19	公众企业	上海	信息技术	2 533	0.69	1.25	1 680	3 461
430644.OC	紫贝龙	2014-02-18	民营企业	北京	能源	5 100	1.52	2.46	1 674	3 445
831274.OC	瑞可达	2014-11-04	民营企业	江苏	信息技术	7 130	1.81	2.48		5 110
831180.OC	华苏科技	2014-10-14	民营企业	江苏	信息技术	6 020	1.99	3.36	3 000	2 100
831999.OC	仟亿达	2015-02-13	民营企业	北京	工业	10 100	1.38	2.63		5 100
832699.OC	南华工业	2015-07-15	民营企业	湖北	工业	3 637	1.32	2.07		5 092
430676.OC	恒立数控	2014-04-11	民营企业	浙江	可选消费	5 500	2.05	3.30		5 060
430300.OC	辰光医疗	2013-08-15	民营企业	上海	医疗保健	3 430	1.91	2.64		5 057
831195.OC	三祥科技	2014-10-16	民营企业	山东	材料	7 300	1.85	4.50		5 040
831421.OC	天富电气	2014-12-08	民营企业	广东	工业	8 265	1.22	1.67	2 040	3 000
831365.OC	华意隆	2014-11-21	民营企业	广东	工业	10 800	0.98	5.48		5 004
831456.OC	森瑞新材	2014-12-10	民营企业	贵州	材料	17 750	4.48	12.97		5 000
832196.OC	秦森园林	2015-04-01	民营企业	上海	工业	10 029	2.67	7.49		5 000

续表

证券代码	证券简称	上市日期	公司属性	省份	行业	总股本（万股）	净资产（亿元）	总资产（亿元）	定向增发融资（万元）	
									2014年	2015年
831850.OC	分豆教育	2015-01-26	民营企业	北京	信息技术	5 000	1.98	2.07		5 000
430732.OC	威马股份	2014-04-30	民营企业	山东	工业	5 625	1.24	1.88		5 000
832139.OC	沃田农业	2015-03-16	民营企业	江苏	日常消费	6 018	1.13	1.67		5 000
430451.OC	万人调查	2014-01-24	民营企业	广东	工业	4 200	0.62	0.69		5 000
833017.OC	力诺特玻	2015-08-12	民营企业	山东	材料	16 296	2.24	6.85		4 997
832028.OC	汇元科技	2015-02-12	民营企业	北京	信息技术	3 920	3.08	6.22		4 925
831131.OC	宏泰矿业	2014-09-02	民营企业	新疆	材料	16 345	7.31	12.54		4 900
832954.OC	龙创设计	2015-08-04	民营企业	上海	可选消费	2 321	0.81	1.20		4 815
831120.OC	达海智能	2014-08-18	公众企业	江苏	工业	10 800	3.73	11.36		4 800
430432.OC	方林科技	2014-01-24	民营企业	江苏	信息技术	6 760	2.51	4.10		4 800
832111.OC	双林机械	2015-03-06	民营企业	浙江	工业	5 800	1.22	3.46		4 800
430740.OC	中天超硬	2014-05-06	民营企业	广东	材料	3 533	1.29	1.76	2 800	2 000
430330.OC	捷世智通	2013-10-16	民营企业	北京	信息技术	4 280	1.56	1.79	1 400	3 360
831387.OC	华特磁电	2014-12-02	民营企业	山东	工业	6 475	3.16	5.51		4 725
831242.OC	特辰科技	2014-10-30	民营企业	广东	工业	13 327	2.55	4.22		4 680
832296.OC	天维尔	2015-04-13	民营企业	广东	信息技术	6 780	1.57	2.42		4 680
430711.OC	泓源光电	2014-04-24	民营企业	江苏	工业	4 800	1.13	1.29		4 666
832502.OC	圆融科技	2015-06-16	民营企业	安徽	信息技术	24 157	4.88	9.09		4 638
831511.OC	水治理	2014-12-17	民营企业	江苏	公用事业	3 730	0.97	1.03	1 000	3 625
832312.OC	领耀科技	2015-04-17	民营企业	广东	可选消费	4 400	0.21	0.87		4 620
830984.OC	德邦工程	2014-08-13	民营企业	江苏	材料	8 648	3.01	9.79		4 600
830996.OC	汇能精电	2014-08-13	民营企业	北京	工业	4 063	1.30	1.89		4 550
832135.OC	云宏信息	2015-03-12	民营企业	广东	信息技术	3 800	1.67	1.80		4 532
832300.OC	宏源车轮	2015-04-16	民营企业	河南	可选消费	14 737	1.68	3.03		4 515
430492.OC	老来寿	2014-01-24	民营企业	山东	医疗保健	3 950	0.88	0.94		4 510
831169.OC	百特莱德	2014-09-26	公众企业	北京	工业	3 743	0.71	1.62		4 500
832017.OC	中兴机械	2015-03-03	公众企业	河北	工业	5 950	0.53	1.02		4 500
430483.OC	森鹰窗业	2014-01-24	民营企业	黑龙	可选消费	7 000	4.35	6.10		4 500
831702.OC	源怡股份	2015-01-14	民营企业	山东	公用事业	8 158	1.31	4.50		4 500
832491.OC	奥迪威	2015-05-18	民营企业	广东	信息技术	10 050	1.96	2.73		4 500
831776.OC	中云创	2015-01-13	民营企业	河南	可选消费	5 450	1.21	2.46		4 500
830827.OC	世优电气	2014-06-27	民营企业	湖南	工业	3 750	1.02	2.19		4 500
832026.OC	海龙核科	2015-03-06	民营企业	江苏	材料	3 200	1.19	1.75		4 500

附录2　新三板挂牌企业融资信息表（2014－2015）

续表

证券代码	证券简称	上市日期	公司属性	省份	行业	总股本（万股）	净资产（亿元）	总资产（亿元）	定向增发融资（万元）	
									2014 年	2015 年
831406.OC	森达电气	2014-12-03	民营企业	福建	工业	6 000	1.24	1.71		4 500
831983.OC	春盛中药	2015-02-09	民营企业	四川	医疗保健	1 400	0.74	1.66		4 500
832325.OC	捷尚股份	2015-04-17	民营企业	浙江	信息技术	3 675	1.05	1.54		4 500
430511.OC	远大股份	2014-01-24	民营企业	山东	信息技术	4 800	1.03	1.10	4 500	
430353.OC	百傲科技	2013-11-13	民营企业	上海	医疗保健	5 108	0.74	0.93	1 500	3 000
832145.OC	恒合股份	2015-03-12	民营企业	北京	信息技术	650	0.19	0.29		4 480
830885.OC	波斯科技	2014-07-25	民营企业	广东	材料	10 510	2.31	2.65	261	4 186
430244.OC	颂大教育	2013-07-02	民营企业	湖北	信息技术	3 747	0.85	3.13	2 400	2 038
430194.OC	锐风行	2012-12-31	民营企业	北京	可选消费	2 007	0.27	0.62	1 100	3 331
430685.OC	新芝生物	2014-04-09	民营企业	浙江	医疗保健	2 260	0.52	1.03	800	3 600
830877.OC	康莱宝	2014-07-21	民营企业	浙江	可选消费	2 446	0.55	0.94	899	3 500
831101.OC	奥维云网	2014-08-18	民营企业	北京	信息技术	3 030	0.65	0.69	350	4 000
831608.OC	易建科技	2014-12-31	其他企业	海南	信息技术	4 220	3.37	5.99		4 341
430037.OC	联飞翔	2008-12-05	民营企业	北京	可选消费	11 161	2.96	3.93		4 326
430374.OC	英富森	2014-01-24	民营企业	北京	信息技术	5 207	0.84	0.89	252	4 072
831858.OC	海誉科技	2015-01-29	民营企业	贵州	信息技术	2 979	0.64	0.81		4 323
831004.OC	宝泰股份	2014-08-22	民营企业	江苏	材料	7 200	2.90	5.79		4 320
831239.OC	云南文化	2014-11-03	民营企业	云南	可选消费	3 560	1.61	1.74		4 290
430596.OC	新达通	2014-01-24	民营企业	广东	信息技术	10 802	3.01	7.16	416	3 816
430341.OC	呈创科技	2013-11-06	民营企业	北京	信息技术	2 453	0.68	1.40	2 400	1 800
830855.OC	盈谷股份	2014-07-04	民营企业	宁夏	信息技术	11 935	3.76	5.11		4 200
831152.OC	昆工恒达	2014-09-24	民营企业	云南	材料	7 000	0.86	1.84		4 200
831082.OC	汇鑫嘉德	2014-09-19	民营企业	河北	工业	7 400	0.66	1.71	1 800	2 400
831428.OC	数据堂	2014-12-10	民营企业	北京	信息技术	1 757	0.22	0.71		4 200
831792.OC	海思堡	2015-01-16	民营企业	山东	可选消费	7 300	1.30	2.72		4 199
831737.OC	地浦科技	2015-01-13	民营企业	江苏	材料	5 000	1.01	1.52		4 160
831083.OC	东润环能	2014-08-15	民营企业	北京	信息技术	6 609	0.96	1.53		4 060
831237.OC	飞宇科技	2014-10-28	民营企业	江苏	工业	5 040	1.06	1.33		4 032
430682.OC	中天羊业	2014-04-11	民营企业	甘肃	日常消费	7 600	2.74	6.24		4 031
430449.OC	蓝泰源	2014-01-24	民营企业	广东	信息技术	5 600	0.88	0.99		4 000
430263.OC	蓝天环保	2013-07-22	民营企业	北京	工业	9 331	1.54	4.70		4 000
831794.OC	正大富通	2015-02-03	民营企业	江苏	可选消费	9 050	1.18	3.44		4 000
430737.OC	斯达科技	2014-04-30	民营企业	江苏	工业	2 800	0.81	0.92		4 000

续表

证券代码	证券简称	上市日期	公司属性	省份	行业	总股本（万股）	净资产（亿元）	总资产（亿元）	定向增发融资（万元）	
									2014年	2015年
830921.OC	海阳保安	2014-08-11	民营企业	上海	工业	5 000	0.69	0.75		4 000
831472.OC	ST复娱	2014-12-08	民营企业	上海	信息技术	6 100	0.07	0.72		4 000
833382.OC	长江绿海	2015-08-28	民营企业	云南	工业	3 680				4 000
832036.OC	康复得	2015-03-12	外资企业	湖北	医疗保健	1 060	0.12	0.79		4 000
833451.OC	璧合科技	2015-08-31	民营企业	北京	可选消费	1 607	0.19	0.83		4 000
833359.OC	天涯社区	2015-08-26	民营企业	海南	信息技术	9 300	0.13	1.49		3 999
832802.OC	保丽洁	2015-07-24	民营企业	江苏	信息技术	3 360	1.26	1.74		3 989
831622.OC	攀特电陶	2015-01-08	民营企业	江苏	信息技术	3 960	1.12	1.39		3 960
830970.OC	艾录股份	2014-08-13	民营企业	上海	材料	12 542	3.20	4.04	733	3 225
830828.OC	万绿生物	2014-07-04	外资企业	云南	日常消费	5 700	1.67	3.02	1 800	2 125
430193.OC	搜装科技	2012-12-26	民营企业	北京	信息技术	4 423	0.41	0.41		3 923
831129.OC	领信股份	2014-09-01	民营企业	山东	信息技术	2 203	0.69	0.71		3 900
832123.OC	环球石材	2015-03-26	央企	广东	材料	30 750	9.72	21.14		3 885
430591.OC	明德生物	2014-01-24	民营企业	湖北	医疗保健	4 994	0.90	1.06	1 694	2 179
830947.OC	金柏股份	2014-08-06	民营企业	辽宁	工业	5 650	1.47	3.13		3 850
832178.OC	递家股份	2015-04-07	民营企业	辽宁	工业	8 559	1.01	1.81		3 840
430379.OC	昂盛智能	2014-01-24	民营企业	上海	信息技术	3 400	0.63	1.04	1 462	2 340
832006.OC	郑州水务	2015-03-13	民营企业	河南	工业	6 255	0.70	2.44		3 765
832455.OC	传视影视	2015-06-30	民营企业	江苏	可选消费	1 218	0.58	0.99		3 700
430378.OC	山本光电	2014-01-24	公众企业	广东	信息技术	7 250	0.93	1.56	3 500	195
831975.OC	温迪数字	2015-02-13	民营企业	广东	工业	3 630	0.60	0.68		3 612
831367.OC	红山河	2014-11-19	民营企业	宁夏	日常消费	8 200	1.23	2.23		3 600
430198.OC	微创光电	2012-12-31	民营企业	湖北	信息技术	5 196	0.94	1.33		3 600
831331.OC	华奥科技	2014-11-14	民营企业	湖北	信息技术	4 110	0.69	1.30		3 600
832106.OC	中设正泰	2015-03-11	民营企业	广东	信息技术	5 040	0.49	0.93		3 600
832490.OC	金洋新材	2015-05-21	民营企业	江西	材料	5 520	0.43	0.92		3 600
430375.OC	星立方	2014-01-24	民营企业	北京	信息技术	4 715	0.60	0.68		3 600
830886.OC	太尔科技	2014-07-23	民营企业	福建	信息技术	4 485	0.67	1.27	576	3 021
833093.OC	希科普	2015-07-31	民营企业	广东	信息技术	5 000	0.51	1.39		3 570
430664.OC	联合永道	2014-03-07	民营企业	北京	信息技术	3 706	0.41	0.51	556	3 000
430208.OC	优炫软件	2013-01-29	民营企业	北京	信息技术	7 095	1.37	1.60	3 206	332
430471.OC	豪威尔	2014-01-24	民营企业	河南	信息技术	3 026	0.90	1.30	500	3 011
831996.OC	永裕竹业	2015-02-16	民营企业	浙江	日常消费	7 283	1.74	4.79		3 505
832063.OC	鸿辉光通	2015-03-05	民营企业	上海	信息技术	6 500	3.28	4.93		3 500
832740.OC	芝星炭业	2015-07-13	民营企业	福建	材料	5 200	1.78	2.73		3 500
430481.OC	吉瑞祥	2014-01-24	民营企业	新疆	可选消费	5 000	0.64	1.49	3 500	

附录2 新三板挂牌企业融资信息表（2014－2015）

续表

证券代码	证券简称	上市日期	公司属性	省份	行业	总股本（万股）	净资产（亿元）	总资产（亿元）	定向增发融资（万元）	
									2014年	2015年
430420.OC	易城股份	2014－01－24	民营企业	上海	工业	2 211	0.74	1.21		3 500
833109.OC	灵犀金融	2015－08－07	民营企业	浙江	金融	4 200	0.41	0.41		3 500
831706.OC	领航科技	2015－01－14	央企	四川	材料	7 500	0.98	3.43		3 500
430396.OC	亿汇达	2014－01－24	民营企业	黑龙	工业	7 161	0.95	1.54	690	2 806
831178.OC	科马材料	2014－10－10	民营企业	浙江	可选消费	5 680	1.68	2.39		3 480
830843.OC	沃迪装备	2014－07－09	民营企业	上海	工业	3 960	1.15	2.28	1 000	2 457
831204.OC	汇通控股	2014－10－20	民营企业	安徽	可选消费	3 508	0.61	1.90		3 444
430738.OC	白兔湖	2014－04－30	民营企业	安徽	工业	11 000	2.64	7.70		3 420
430184.OC	北方跃龙	2012－12－26	民营企业	北京	信息技术	4 346	0.50	0.54		3 413
430276.OC	晟矽微电	2013－08－08	民营企业	上海	信息技术	4 081	0.71	1.56	1 825	1 581
831210.OC	圣海林	2014－10－17	民营企业	北京	工业	5 000	0.92	0.97	3 400	
831533.OC	绩优股份	2014－12－18	民营企业	上海	工业	1 347	0.67	0.92		3 367
831639.OC	达仁资管	2015－01－12	民营企业	广东	金融	18 000	10.94	11.45		3 360
430516.OC	文达通	2014－01－24	民营企业	山东	信息技术	6 072	0.51	1.07	1 700	1 652
830949.OC	中窑股份	2014－08－01	民营企业	广东	工业	7 800	2.22	4.20		3 300
430434.OC	万泉河	2014－01－24	民营企业	广东	信息技术	4 443	0.46	0.54	1 269	2 000
832180.OC	绿洲森工	2015－04－08	民营企业	安徽	材料	12 000	1.91	3.45		3 250
832095.OC	爱芯环保	2015－03－10	民营企业	福建	工业	1 518	0.19	0.55		3 250
831320.OC	路骋国旅	2014－11－10	民营企业	上海	工业	1 487	0.41	0.48		3 250
830929.OC	幸美股份	2014－08－06	民营企业	广东	日常消费	8 590	1.73	3.75		3 243
831680.OC	麒润文化	2015－01－15	民营企业	上海	工业	1 667	0.52	0.54		3 240
830782.OC	泰安众诚	2014－06－04	民营企业	山东	工业	6 232	2.25	2.59	3 203	
831950.OC	亚太能源	2015－02－26	民营企业	河南	工业	7 300	1.21	1.84		3 200
831727.OC	中钢网	2015－01－16	民营企业	北京	信息技术	3 600	0.41	2.53		3 198
831460.OC	光和光学	2014－12－22	公众企业	上海	材料	1 751	0.63	0.77		3 190
831463.OC	凯雪冷链	2014－12－08	民营企业	河南	工业	5 927	1.07	2.45		3 173
430289.OC	华索科技	2013－08－08	民营企业	北京	信息技术	10 235	1.68	2.12		3 156
830834.OC	信达化工	2014－07－09	民营企业	山东	材料	6 200	1.14	1.73	3 150	
430428.OC	陕西瑞科	2014－01－24	民营企业	陕西	材料	4 700	1.10	1.24		3 120
830767.OC	网虫股份	2014－05－30	民营企业	宁夏	信息技术	3 930	0.57	0.62	110	3 000
430111.OC	北京航峰	2012－04－10	民营企业	北京	工业	4 106	0.82	0.93	3 100	
831964.OC	储翰科技	2015－02－11	民营企业	四川	信息技术	4 000	0.75	1.93		3 080
831345.OC	海特股份	2014－11－13	民营企业	江苏	可选消费	2 308	0.62	1.01		3 080
831425.OC	致善生物	2014－12－09	民营企业	福建	医疗保健	1 110	0.47	0.62		3 080
831543.OC	松炀股份	2014－12－22	民营企业	广东	材料	5 400	0.79	2.67		3 073
831353.OC	力源环保	2014－11－13	民营企业	浙江	工业	6 450	1.29	2.51		3 060

续表

证券代码	证券简称	上市日期	公司属性	省份	行业	总股本（万股）	净资产（亿元）	总资产（亿元）	定向增发融资（万元）	
									2014年	2015年
831303.OC	澳凯富汇	2014-11-10	民营企业	河南	信息技术	2 021	0.44	1.26		3 039
430574.OC	星奥股份	2014-01-24	民营企业	北京	信息技术	2 840	0.31	0.81		3 022
832184.OC	陆特能源	2015-03-30	民营企业	浙江	工业	6 300	2.07	3.74		3 000
831839.OC	广达新网	2015-01-15	民营企业	四川	信息技术	9 480	1.94	3.38		3 000
831827.OC	宝来利来	2015-01-19	民营企业	山东	日常消费	3 775	1.62	3.16		3 000
430605.OC	阿科力	2014-01-24	民营企业	江苏	材料	6 500	1.86	2.75	3 000	
832799.OC	陆海石油	2015-07-16	民营企业	山东	工业	2 240	1.05	2.65		3 000
430325.OC	精英智通	2013-10-16	民营企业	北京	信息技术	1 650	1.55	2.42	3 000	
833073.OC	威盛电子	2015-08-28	民营企业	陕西	信息技术	6 600	1.59	2.29		3 000
831338.OC	山东信和	2014-11-10	民营企业	山东	材料	2 600	0.43	1.31		3 000
831266.OC	一铭软件	2014-11-06	民营企业	广西	信息技术	3 050	0.39	1.15		3 000
831035.OC	中天利	2014-08-22	民营企业	江苏	材料	2 892	0.52	0.88		3 000
430633.OC	卡姆医疗	2014-02-14	民营企业	上海	医疗保健	1 093	0.57	0.82	3 000	
430575.OC	迈科网络	2014-01-24	民营企业	江苏	信息技术	2 628	0.67	0.70		3 000
430501.OC	超宇环保	2014-01-24	民营企业	福建	材料	2 000	0.52	0.63		3 000
831454.OC	皇品文化	2014-12-08	民营企业	福建	可选消费	1 200	0.35	0.37		3 000
430262.OC	神州云动	2013-07-18	民营企业	北京	信息技术	706	0.09	0.11		3 000
832212.OC	汇茂科技	2015-04-01	外资企业	广东	信息技术	1 000	0.13	0.71		3 000
430055.OC	达通通信	2009-04-28	民营企业	北京	信息技术	5 284	0.90	0.98		3 000
430175.OC	科新生物	2012-12-26	民营企业	上海	医疗保健	7 920	2.58	2.87	2 400	596
832288.OC	三人行	2015-04-21	民营企业	陕西	工业	3 700	0.46	1.15		2 976
831088.OC	华恒生物	2014-08-22	民营企业	安徽	医疗保健	4 588	1.27	2.48	1 000	1 968
832615.OC	双发股份	2015-06-17	民营企业	河南	能源	5 089	0.86	1.74		2 945
831730.OC	河北亚诺	2015-02-17	民营企业	河北	材料	5 337	1.06	3.54		2 940
832188.OC	科安达	2015-04-01	民营企业	广东	信息技术	6 190	1.72	2.64		2 907
430556.OC	雅达股份	2014-01-24	民营企业	广东	信息技术	12 532	3.11	3.67	599	2 300
831188.OC	正兴玉	2014-10-14	民营企业	四川	材料	5 962	0.84	1.38		2 896
430395.OC	奥盖克	2014-01-24	民营企业	山东	材料	9 500	1.46	2.70	1 190	1 700
832689.OC	德尔能	2015-07-20	民营企业	广东	工业	1 550	0.52	1.47		2 880
830875.OC	千草生物	2014-07-17	民营企业	四川	日常消费	4 800	1.00	1.27	2 856	
831340.OC	金童股份	2014-11-11	民营企业	江苏	工业	3 280	0.36	0.47		2 840
831696.OC	赤诚生物	2015-01-12	民营企业	湖北	医疗保健	2 495	0.49	0.90		2 831
430085.OC	新锐英诚	2011-04-01	民营企业	北京	信息技术	3 372	0.75	1.19	2 013	803
832586.OC	圣兆药物	2015-06-26	民营企业	浙江	医疗保健	5 800	1.03	1.39		2 810
830780.OC	永鹏科技	2014-06-09	民营企业	重庆	信息技术	4 000	0.90	3.36		2 800
831366.OC	国龙医疗	2014-12-03	民营企业	宁夏	医疗保健	4 110	0.02	1.55	2 800	

附录2 新三板挂牌企业融资信息表（2014－2015）

续表

证券代码	证券简称	上市日期	公司属性	省份	行业	总股本（万股）	净资产（亿元）	总资产（亿元）	定向增发融资（万元）	
									2014 年	2015 年
831670.OC	捷福装备	2015-01-15	民营企业	湖北	工业	1 837	0.15	0.70		2 800
430199.OC	了望股份	2012-12-31	民营企业	北京	工业	1 210	0.35	0.35	268	2 520
831892.OC	新玻电力	2015-02-04	民营企业	天津	材料	3 448	0.61	0.83		2 788
430068.OC	纬纶环保	2010-06-08	民营企业	北京	工业	5 000	0.64	1.72		2 775
430707.OC	欧神诺	2014-04-25	民营企业	广东	工业	14 550	5.85	20.03		2 750
430662.OC	罗曼股份	2014-03-05	民营企业	上海	工业	5 500	1.06	1.45		2 750
430447.OC	广信科技	2014-01-24	民营企业	湖南	工业	5 937	1.45	2.77		2 748
830841.OC	长牛股份	2014-07-08	民营企业	广东	工业	3 600	0.35	0.92		2 742
830902.OC	长仪股份	2014-07-31	民营企业	四川	工业	3 691	1.15	1.60	1 428	1 313
430475.OC	陆道股份	2014-01-24	民营企业	上海	工业	3 458	0.84	1.39		2 739
832251.OC	众深股份	2015-04-13	民营企业	上海	工业	1 825	0.88	1.17		2 723
430148.OC	科能腾达	2012-09-28	民营企业	北京	信息技术	2 549	0.30	0.54	1 300	1 416
832814.OC	昌耀新材	2015-07-15	民营企业	湖北	材料	6 200	1.11	2.34		2 716
830807.OC	恒瑞能源	2014-06-18	民营企业	安徽	公用事业	9 653	1.03	2.00	820	1 890
430594.OC	盈光科技	2014-01-24	民营企业	广东	信息技术	2 726	0.26	0.46	710	2 000
831277.OC	钢钢网	2014-11-04	民营企业	上海	信息技术	5 238	0.77	0.84		2 709
832872.OC	飞新达	2015-08-20	民营企业	广东	工业	3 300	0.70	1.53		2 700
830783.OC	广源精密	2014-05-28	民营企业	山东	工业	3 900	0.54	1.18	1 800	900
831415.OC	城兴股份	2014-12-04	民营企业	河北	工业	3 500	0.51	0.53		2 700
430196.OC	宣爱智能	2012-12-26	民营企业	北京	信息技术	3 683	0.95	1.71	648	2 051
430346.OC	哇棒传媒	2013-12-04	民营企业	北京	可选消费	4 666	0.73	1.31	1 116	1 555
430272.OC	世富环保	2013-08-08	民营企业	上海	材料	1 480	0.55	0.98	328	2 340
831275.OC	睿力物流	2014-11-04	民营企业	北京	工业	7 000	2.15	3.08		2 660
832074.OC	慧景科技	2015-03-03	民营企业	浙江	信息技术	2 320	0.73	0.93		2 656
831287.OC	启奥科技	2014-11-07	民营企业	河北	信息技术	3 775	1.99	2.67		2 625
832407.OC	华翼微	2015-05-06	民营企业	山东	信息技术	5 925	0.43	0.82		2 625
430539.OC	扬子地板	2014-01-24	民营企业	安徽	材料	10 035	2.53	3.19		2 610
832465.OC	众益科技	2015-05-19	民营企业	福建	可选消费	6 520	0.97	1.37		2 600
832243.OC	力合节能	2015-04-07	民营企业	河南	公用事业	6 700	0.82	1.08		2 600
831837.OC	硕泉园林	2015-01-22	外资企业	广东	工业	2 315	1.38	2.30		2 600
832281.OC	和氏技术	2015-04-20	民营企业	广东	工业	3 500	0.27	0.74		2 592
830851.OC	骏华农牧	2014-07-08	民营企业	宁夏	日常消费	6 505	1.66	2.02		2 576
430621.OC	固安信通	2014-01-24	民营企业	河北	工业	6 800	1.43	2.70	2 560	
430163.OC	三众能源	2012-11-16	民营企业	北京	工业	3 918	0.48	1.33		2 555
831000.OC	吉芬设计	2014-08-13	民营企业	北京	可选消费	6 240	2.14	2.33		2 551
430629.OC	国科海博	2014-04-11	民营企业	四川	信息技术	6 720	1.12	3.38	960	1 579

续表

证券代码	证券简称	上市日期	公司属性	省份	行业	总股本（万股）	净资产（亿元）	总资产（亿元）	定向增发融资（万元）	
									2014年	2015年
832332.OC	巨鹏食品	2015-04-28	民营企业	甘肃	日常消费	7 255	1.79	3.05		2 530
831309.OC	雷迪特	2014-11-07	民营企业	湖北	可选消费	4 000	0.85	2.97		2 500
831524.OC	康耀电子	2014-12-19	民营企业	河南	信息技术	5 600	1.09	1.97		2 500
430617.OC	欧迅体育	2014-01-24	民营企业	北京	可选消费	1 200	0.60	1.55		2 500
831627.OC	力王股份	2015-01-16	民营企业	广东	工业	3 000	0.76	1.42		2 500
833281.OC	派诺生物	2015-08-13	民营企业	吉林	日常消费	6 125	1.02	1.25		2 500
430421.OC	华之邦	2014-01-24	民营企业	上海	工业	3 200	0.52	0.67		2 500
833369.OC	朗尼科	2015-08-28	民营企业	广东	信息技术	2 950	0.51	0.51		2 500
430136.OC	ST安普能	2012-09-07	民营企业	北京	工业	3 500	0.03	0.29		2 500
831105.OC	桓伟电子	2014-08-18	民营企业	上海	信息技术	2 700	0.05	0.21		2 500
832568.OC	阿波罗	2015-06-17	民营企业	上海	工业	11 042	1.99	5.82		2 500
831357.OC	黄国粮业	2014-11-12	民营企业	河南	日常消费	12 960	3.26	8.01		2 496
831908.OC	古麒羽绒	2015-01-28	民营企业	安徽	可选消费	9 200	0.91	2.68		2 496
831600.OC	润迪环保	2014-12-30	民营企业	辽宁	材料	7 000	1.51	2.42		2 475
832034.OC	正阳生物	2015-02-12	民营企业	湖南	医疗保健	1 455	0.16	0.47		2 475
831049.OC	赛莱拉	2014-08-14	民营企业	广东	材料	6 504	1.19	1.75		2 464
831489.OC	天衡股份	2014-12-11	民营企业	湖南	可选消费	4 700	0.46	1.13		2 460
831110.OC	荣腾科技	2014-08-14	民营企业	江苏	工业	3 988	0.29	2.58	2 450	
430582.OC	华菱西厨	2014-01-24	民营企业	安徽	材料	4 950	1.69	2.48		2 430
831926.OC	丰荣航空	2015-01-28	民营企业	北京	工业	3 270	0.69	1.68		2 430
830805.OC	德马科技	2014-06-10	民营企业	浙江	工业	5 201	0.69	3.17	2 423	
831399.OC	参仙源	2014-12-09	民营企业	辽宁	日常消费	10 040	4.28	7.44	2 400	
831290.OC	金达照明	2014-11-10	民营企业	广东	可选消费	8 600	2.26	4.50		2 400
831723.OC	恒晟农贷	2015-01-12	民营企业	江苏	金融	13 000	1.93	2.22		2 400
831979.OC	林格贝	2015-02-25	民营企业	黑龙	医疗保健	7 337	1.13	2.08		2 400
831067.OC	根力多	2014-08-21	民营企业	河北	材料	6 270	1.16	1.81		2 400
831278.OC	泰德股份	2014-11-04	民营企业	山东	可选消费	5 500	0.89	1.51		2 400
831912.OC	金三元	2015-01-30	民营企业	辽宁	工业	3 400	0.93	1.37		2 400
831162.OC	天河股份	2014-09-26	民营企业	江苏	可选消费	4 650	0.96	1.34		2 400
430725.OC	九五智驾	2014-05-06	民营企业	北京	信息技术	4 535	0.83	1.14		2 400
831643.OC	仙剑文化	2015-01-12	民营企业	上海	可选消费	3 150	0.95	1.00		2 400
430426.OC	长城软件	2014-01-24	民营企业	四川	信息技术	2 035	0.73	0.76		2 400
832079.OC	华邦云	2015-03-06	民营企业	广东	信息技术	4 200	0.57	0.63		2 400
430269.OC	新网程	2013-07-23	民营企业	上海	信息技术	1 240	0.39	0.47		2 400
831346.OC	木联能	2014-11-11	民营企业	北京	信息技术	1 230	0.61	0.73		2 380
831392.OC	天迈科技	2014-12-02	民营企业	河南	信息技术	4 635	1.40	1.97	1 494	886

附录2 新三板挂牌企业融资信息表（2014－2015）

续表

证券代码	证券简称	上市日期	公司属性	省份	行业	总股本（万股）	净资产（亿元）	总资产（亿元）	定向增发融资（万元）	
									2014年	2015年
430752.OC	索泰能源	2014－05－30	民营企业	湖北	工业	3 510	0.49	1.08	475	1 893
833290.OC	瑞必达	2015－08－27	民营企业	广东	信息技术	17 740	2.15	3.84		2 350
831492.OC	安信种苗	2014－12－09	民营企业	山东	日常消费	2 130	0.60	1.06		2 345
830795.OC	骏汇股份	2014－06－13	民营企业	广东	可选消费	5 156	0.76	2.11		2 344
830808.OC	中智华体	2014－06－25	民营企业	北京	工业	1 700	0.44	0.46		2 322
430238.OC	普华科技	2013－07－04	民营企业	上海	信息技术	3 690	1.17	1.26	1 104	1 215
832582.OC	众源新材	2015－06－11	民营企业	安徽	材料	9 330	2.65	5.87		2 310
830907.OC	瑞丽洗涤	2014－07－25	民营企业	浙江	工业	1 470	0.36	0.75		2 310
830974.OC	凯大催化	2014－08－13	民营企业	浙江	材料	4 400	0.60	0.61		2 310
831585.OC	鸿业科技	2014－12－30	民营企业	河南	信息技术	1 210	0.27	0.51		2 310
831866.OC	蔚林股份	2015－02－02	民营企业	河南	材料	7 756	3.69	5.85		2 304
830878.OC	智信股份	2014－07－16	公众企业	云南	信息技术	2 500	0.41	0.51	1 300	1 000
430123.OC	速原中天	2012－06－08	民营企业	北京	工业	2 782	0.43	0.87		2 300
430640.OC	摩威环境	2014－02－21	民营企业	上海	工业	2 813	0.27	0.67	300	2 000
430459.OC	华艺园林	2014－01－24	民营企业	安徽	工业	7 170	2.92	5.45		2 280
831034.OC	红光股份	2014－08－15	民营企业	江苏	信息技术	4 218	0.55	1.73		2 280
430604.OC	三炬生物	2014－01－24	民营企业	福建	材料	2 820	0.47	0.48	2 263	
831537.OC	莱恩股份	2015－01－05	民营企业	湖北	工业	3 502	0.60	0.86		2 260
831851.OC	绿健神农	2015－01－26	民营企业	贵州	日常消费	5 695	0.66	1.24		2 256
430369.OC	威门药业	2014－01－24	民营企业	贵州	医疗保健	10 900	2.56	4.79	2 250	
833220.OC	思比科	2015－08－10	民营企业	北京	信息技术	5 250	1.10	2.37		2 250
830891.OC	轩辕网络	2014－07－30	民营企业	广东	信息技术	3 978	0.73	1.26		2 250
830816.OC	卡特股份	2014－06－25	民营企业	湖北	工业	3 450	0.53	0.76		2 250
831185.OC	众智软件	2014－10－09	民营企业	河南	信息技术	1 650	0.47	0.52		2 250
832113.OC	中康国际	2015－03－09	民营企业	山东	医疗保健	3 900	0.48	0.51		2 250
831108.OC	茶乾坤	2014－08－29	民营企业	浙江	日常消费	2 500	0.35	0.49		2 250
831012.OC	岳能科技	2014－08－22	民营企业	北京	信息技术	4 335	0.57	0.85	1 250	992
830982.OC	中易腾达	2014－08－12	民营企业	广东	信息技术	4 138	0.74	0.94		2 236
831521.OC	汉龙科技	2014－12－16	民营企业	江苏	工业	1 181	0.53	1.04		2 231
831193.OC	新健康成	2014－10－13	民营企业	四川	医疗保健	2 168	0.90	1.48		2 226
831052.OC	金开利	2014－08－14	民营企业	广东	工业	7 950	1.18	1.92	220	2 000
831464.OC	创高安防	2014－12－10	民营企业	福建	信息技术	3 996	0.75	0.82		2 214
430486.OC	普金科技	2014－01－24	民营企业	广东	信息技术	3 668	0.76	0.93		2 214
832218.OC	德长环保	2015－04－13	民营企业	浙江	工业	14 300	2.31	9.43		2 210
831400.OC	优博创	2014－12－08	民营企业	四川	信息技术	2 748	0.56	1.99		2 200
831055.OC	三优光电	2014－08－29	民营企业	福建	信息技术	2 830	0.52	1.28		2 200

续表

证券代码	证券简称	上市日期	公司属性	省份	行业	总股本（万股）	净资产（亿元）	总资产（亿元）	定向增发融资（万元）	
									2014年	2015年
430566.OC	虹越花卉	2014-01-24	民营企业	浙江	日常消费	4 800	2.58	4.47		2 192
831560.OC	盈建科	2014-12-25	民营企业	北京	信息技术	4 170	0.52	0.56		2 189
832367.OC	慧图科技	2015-04-22	外资企业	北京	信息技术	4 650	0.57	1.10		2 188
831128.OC	大汉印邦	2014-09-10	民营企业	浙江	工业	6 091	1.37	1.64		2 181
430757.OC	天翔昌运	2014-05-30	民营企业	北京	工业	2 454	0.32	0.38		2 176
430230.OC	银都传媒	2013-07-05	民营企业	湖北	可选消费	3 324	0.68	1.18	2 172	
831256.OC	新疆银丰	2014-10-31	地方国企	新疆	工业	9 600	1.79	9.33		2 160
832090.OC	时代装饰	2015-03-17	民营企业	广东	工业	9 333	1.07	7.57		2 160
430552.OC	亚成微	2014-01-24	民营企业	陕西	信息技术	2 880	0.47	0.72		2 160
832070.OC	磁谷科技	2015-02-13	民营企业	江苏	工业	5 716	0.72	1.35		2 148
430087.OC	威力恒	2011-05-31	民营企业	北京	医疗保健	1 511	0.39	0.51		2 144
430597.OC	博安通	2014-01-24	民营企业	广东	信息技术	3 575	0.39	0.58	118	2 000
430746.OC	七星科技	2014-05-05	民营企业	新疆	工业	9 378	2.07	8.22		2 109
831916.OC	商中在线	2015-01-30	民营企业	福建	信息技术	1 674	0.45	1.35		2 108
831294.OC	中德科技	2014-11-06	公众企业	浙江	工业	6 645	1.39	3.45		2 100
831048.OC	天成股份	2014-08-22	民营企业	河北	材料	2 000	0.46	1.55	2 100	
830994.OC	金友电缆	2014-08-13	民营企业	上海	工业	2 410	0.66	1.36		2 100
831546.OC	美林数据	2014-12-22	民营企业	陕西	信息技术	2 246	0.89	1.19		2 100
832214.OC	太川股份	2015-04-02	民营企业	广东	信息技术	2 210	0.62	1.02		2 100
831441.OC	瓷爵士	2014-12-11	民营企业	浙江	材料	2 018	0.36	0.39		2 100
430156.OC	科曼股份	2012-10-26	民营企业	上海	可选消费	3 550	1.10	1.81		2 090
833231.OC	天准科技	2015-08-11	民营企业	江苏	工业	6 550	1.22	1.69		2 070
430748.OC	恒均科技	2014-04-30	民营企业	安徽	材料	4 450	0.58	0.86	2 000	70
430090.OC	同辉佳视	2011-06-17	民营企业	北京	信息技术	8 002	0.96	1.80	1 568	499
831891.OC	行动教育	2015-01-28	民营企业	上海	可选消费	3 122	1.67	3.68		2 063
831132.OC	临风股份	2014-09-01	民营企业	山东	工业	5 429	0.82	1.59		2 050
831093.OC	鑫航科技	2014-08-29	民营企业	河北	材料	6 808	0.56	1.05		2 050
430135.OC	三益能环	2012-09-05	民营企业	北京	工业	3 261	0.43	0.59	1 000	1 044
430454.OC	百大能源	2014-01-24	民营企业	广东	工业	2 170	0.78	1.00		2 040
831826.OC	华菱医疗	2015-01-23	民营企业	江苏	医疗保健	770	0.11	0.63		2 040
832080.OC	七色珠光	2015-03-19	民营企业	广西	材料	6 310	1.97	3.65		2 015
830774.OC	百博生物	2014-05-30	民营企业	山东	医疗保健	1 234	0.11	0.32	139	1 873
830925.OC	鄂信钻石	2014-08-01	民营企业	湖北	材料	4 730	1.77	3.24	2 000	
831860.OC	驰翔精密	2015-01-26	民营企业	江苏	工业	5 670	1.70	2.31		2 000
831981.OC	中浩紫云	2015-02-09	民营企业	湖北	可选消费	6 000	0.80	2.20		2 000
831954.OC	协昌科技	2015-02-06	民营企业	江苏	信息技术	5 500	0.65	2.18		2 000

附录2 新三板挂牌企业融资信息表(2014-2015)

续表

证券代码	证券简称	上市日期	公司属性	省份	行业	总股本(万股)	净资产(亿元)	总资产(亿元)	定向增发融资(万元)	
									2014年	2015年
831296.OC	奥拓福	2014-12-04	民营企业	辽宁	工业	8 500	0.92	1.67		2 000
831452.OC	宝特龙	2014-12-10	民营企业	湖北	材料	2 629	0.30	1.65		2 000
833389.OC	金钱猫	2015-08-25	民营企业	福建	信息技术	5 366	0.77	1.39		2 000
831130.OC	环宇装备	2014-09-02	民营企业	河南	材料	3 500	0.47	1.24		2 000
832620.OC	中安股份	2015-06-09	民营企业	山东	信息技术	5 180	0.64	1.11		2 000
832245.OC	慧翰股份	2015-04-03	民营企业	福建	信息技术	5 000	0.79	1.04		2 000
831071.OC	北塔软件	2014-08-18	民营企业	上海	信息技术	3 620	0.67	0.80		2 000
832231.OC	恒盛环保	2015-04-09	民营企业	河北	工业	4 000	0.50	0.61		2 000
831847.OC	中兵环保	2015-01-23	民营企业	浙江	工业	2 500	0.21	0.52		2 000
832423.OC	德卡科技	2015-05-07	民营企业	广东	信息技术	2 200	0.36	0.47		2 000
831395.OC	智通建设	2014-12-04	民营企业	上海	工业	600	0.34	0.43		2 000
831657.OC	贝克福尔	2015-01-08	民营企业	江苏	能源	1 000	0.20	0.42		2 000
832112.OC	网智天元	2015-03-10	民营企业	北京	信息技术	3 000	0.37	0.40		2 000
830853.OC	天加新材	2014-07-14	民营企业	江苏	材料	4 000	0.34	0.37		2 000
430201.OC	腾实信	2012-12-28	民营企业	北京	信息技术	750	0.26	0.37		2 000
430290.OC	和隆优化	2013-08-05	民营企业	北京	信息技术	2 000	0.19	0.36		2 000
430435.OC	数聚股份	2014-01-24	民营企业	上海	信息技术	2 400	0.29	0.33		2 000
832144.OC	软智科技	2015-03-13	民营企业	江苏	信息技术	2 500	0.25	0.28		2 000
430730.OC	先大药业	2014-05-06	民营企业	山东	日常消费	3 000	0.49	0.67		2 000
831479.OC	湘联股份	2014-12-12	民营企业	湖南	工业	3 444	0.31	1.52		1 998
832244.OC	佳瑞高科	2015-04-07	民营企业	河南	材料	8 600	1.61	1.89		1 980
832149.OC	利尔达	2015-03-24	民营企业	浙江	信息技术	15 340	3.26	8.96		1 972
831335.OC	时空客	2014-11-13	民营企业	辽宁	可选消费	3 849	0.82	1.22		1 966
430211.OC	丰电科技	2013-01-30	民营企业	北京	工业	4 119	0.69	1.30		1 965
831026.OC	熙浪股份	2014-08-20	民营企业	浙江	信息技术	5 310	0.52	0.66	957	1 008
832003.OC	同信通信	2015-02-11	民营企业	黑龙	信息技术	3 500	0.74	0.82		1 960
831713.OC	天源环保	2015-01-14	民营企业	湖北	公用事业	5 517	0.61	0.79		1 955
831458.OC	联科股份	2014-12-08	民营企业	山东	材料	11 025	1.11	4.11		1 950
831836.OC	澳坤生物	2015-01-22	民营企业	山西	材料	9 070	3.42	4.01		1 950
831112.OC	哥伦布	2014-08-15	民营企业	江苏	工业	3 300	0.67	0.81		1 950
831889.OC	天信投资	2015-01-28	民营企业	福建	金融	3 300	0.41	0.62		1 950
830862.OC	丰海科技	2014-07-15	民营企业	广东	信息技术	1 766	0.25	0.68	140	1 800
831835.OC	苏柯汉	2015-01-26	外资企业	山东	医疗保健	3 776	0.53	0.75		1 940
831214.OC	中晶股份	2014-10-21	民营企业	浙江	材料	5 460	0.72	0.89		1 935
832482.OC	菁茂农业	2015-05-18	民营企业	甘肃	日常消费	5 224	1.25	2.32		1 932
830938.OC	可恩口腔	2014-08-12	民营企业	山东	医疗保健	3 600	1.22	1.54		1 925

续表

证券代码	证券简称	上市日期	公司属性	省份	行业	总股本（万股）	净资产（亿元）	总资产（亿元）	定向增发融资（万元）	
									2014年	2015年
830992.OC	磐合科仪	2014-08-13	民营企业	上海	材料	761	0.38	0.58	300	1 620
831697.OC	海优新材	2015-01-22	民营企业	上海	材料	4 906	1.48	2.80		1 920
831085.OC	博冠股份	2014-08-19	民营企业	广东	信息技术	2 160	1.08	1.35		1 920
831194.OC	派拉软件	2014-10-14	民营企业	上海	信息技术	1 120	0.19	0.39	100	1 800
430169.OC	融智通	2012-11-30	民营企业	北京	信息技术	700	0.47	0.66	480	1 400
430673.OC	天佑铁道	2014-04-11	民营企业	上海	工业	1 810	0.27	0.43	61	1 800
831559.OC	天高股份	2015-01-16	民营企业	湖北	材料	3 399	1.06	1.59		1 857
430020.OC	建工华创	2007-09-28	民营企业	北京	材料	4 123	0.81	1.05	1 830	
832294.OC	鑫乐医疗	2015-04-16	民营企业	河北	医疗保健	2 600	0.37	0.54		1 820
430478.OC	禾益化学	2014-01-24	民营企业	安徽	材料	1 350	1.01	1.30	808	1 000
831518.OC	波长光电	2014-12-16	民营企业	江苏	信息技术	3 844	0.78	1.26		1 806
430467.OC	深圳行健	2014-01-24	民营企业	广东	信息技术	2 530	0.89	1.09		1 805
430311.OC	达美盛	2013-08-12	民营企业	北京	信息技术	2 951	0.30	0.44	520	1 280
430296.OC	平安力合	2013-08-08	民营企业	北京	信息技术	5 550	0.75	1.38		1 800
830859.OC	金旭农发	2014-07-21	地方国企	湖北	日常消费	14 755	2.42	5.01		1 800
430161.OC	光谷信息	2012-11-06	民营企业	湖北	信息技术	3 800	0.75	1.11		1 800
831942.OC	天一生物	2015-02-16	民营企业	陕西	医疗保健	3 100	0.36	1.07		1 800
830872.OC	长信畅中	2014-07-23	民营企业	湖南	信息技术	3 132	0.44	0.79		1 800
831230.OC	双申医疗	2014-10-23	民营企业	上海	医疗保健	2 450	0.55	0.68		1 800
430170.OC	金易通	2012-12-12	民营企业	北京	工业	4 804	0.52	0.66	1 800	
831389.OC	万和过滤	2014-12-02	民营企业	河南	工业	3 000	0.43	0.62		1 800
831620.OC	宝信平台	2015-01-08	民营企业	湖南	工业	3 600	0.47	0.53		1 800
430380.OC	成明节能	2014-01-24	民营企业	陕西	工业	900	0.15	0.20		1 800
831566.OC	盛世大联	2014-12-31	外资企业	上海	金融	6 060	1.26	1.57	1 000	800
830830.OC	新昶虹	2014-07-07	民营企业	江苏	工业	10 445	1.14	1.57	1 782	
430237.OC	大汉三通	2013-07-04	民营企业	上海	电信服务	3 126	0.48	0.60	408	1 360
832125.OC	乐克科技	2015-03-11	民营企业	山东	材料	3 528	0.47	0.61		1 764
831092.OC	乾元泽孚	2014-08-29	民营企业	山东	材料	2 718	0.50	0.74		1 760
831149.OC	奥美环境	2014-09-18	民营企业	山东	工业	2 757	0.33	0.48		1 760
831398.OC	东联动漫	2014-12-05	民营企业	内蒙	可选消费	4 509	0.65	1.00		1 759
831150.OC	金越交通	2014-09-22	民营企业	吉林	可选消费	6 500	1.12	2.08		1 750
831961.OC	创远仪器	2015-03-17	民营企业	上海	工业	5 041	1.92	3.05		1 741
430649.OC	绿清科技	2014-02-18	民营企业	天津	能源	3 700	0.51	0.94		1 730
832071.OC	晶华光学	2015-03-05	民营企业	广东	工业	10 000	3.37	5.59		1 728
430613.OC	腾晖科技	2014-01-24	民营企业	广东	信息技术	3 000	0.44	0.46		1 718
832287.OC	金凯光电	2015-04-14	民营企业	广东	信息技术	6 710	1.89	2.69		1 703

附录2 新三板挂牌企业融资信息表（2014－2015）

续表

证券代码	证券简称	上市日期	公司属性	省份	行业	总股本（万股）	净资产（亿元）	总资产（亿元）	定向增发融资（万元）	
									2014年	2015年
832201.OC	澄星航模	2015-04-13	民营企业	广东	可选消费	3 000	0.59	1.22		1 700
430092.OC	金刚游戏	2011-06-21	民营企业	北京	信息技术	2 850	0.39	0.41	1 000	700
430508.OC	中视文化	2014-01-24	民营企业	海南	可选消费	6 500	1.25	2.10		1 680
430512.OC	芯朋微	2014-01-24	民营企业	江苏	信息技术	3 520	1.10	1.32	1 680	
832585.OC	精英科技	2015-06-24	民营企业	山西	信息技术	6 450	1.00	1.21		1 680
831816.OC	兴锐科技	2015-01-29	民营企业	广东	信息技术	3 300	0.72	0.95		1 680
833384.OC	新在线	2015-08-26	民营企业	安徽	工业	4 480	0.44	0.67		1 680
430491.OC	蓝斯股份	2014-01-24	民营企业	福建	信息技术	1 180	0.68	1.04		1 668
831450.OC	金宏气体	2014-12-15	民营企业	江苏	材料	6 150	3.08	8.36		1 650
430607.OC	大树智能	2014-01-24	民营企业	江苏	工业	6 098	0.37	1.69	1 650	
430484.OC	求实智能	2014-01-24	外资企业	福建	信息技术	4 158	0.81	1.15	672	972
430733.OC	御食园	2014-05-06	民营企业	北京	日常消费	8 348	1.93	2.86		1 640
430570.OC	蓝星科技	2014-01-24	民营企业	湖北	信息技术	13 369	1.15	1.89		1 640
430686.OC	华盛控股	2014-04-08	民营企业	安徽	工业	5 890	0.96	1.78		1 635
430284.OC	科胜石油	2013-08-08	民营企业	北京	能源	4 184	0.58	0.67	304	1 326
831396.OC	许继智能	2014-12-03	民营企业	河南	工业	3 900	0.78	2.83		1 625
831571.OC	大洋股份	2015-01-21	民营企业	江苏	工业	4 680	0.58	0.76		1 620
430356.OC	雷腾软件	2013-12-10	民营企业	上海	信息技术	1 450	0.52	1.05	408	1 200
430303.OC	百文宝	2013-08-09	公众企业	北京	信息技术	2 100	0.25	0.25	1 600	
430614.OC	星通联华	2014-01-24	民营企业	北京	信息技术	2 960	1.19	2.00		1 600
831260.OC	东方碾磨	2014-11-04	民营企业	安徽	材料	2 000	0.78	1.72		1 600
831517.OC	凯伦建材	2014-12-16	民营企业	江苏	材料	5 400	0.98	1.66		1 600
430214.OC	建中医疗	2013-05-17	民营企业	上海	医疗保健	3 153	0.84	1.59	1 600	
832255.OC	建通测绘	2015-04-09	民营企业	广东	信息技术	3 200	0.85	1.29		1 600
832235.OC	中环技术	2015-04-15	民营企业	辽宁	工业	3 000	0.45	0.96		1 600
832974.OC	鲜美种苗	2015-07-24	民营企业	广东	日常消费	3 800	0.68	0.95		1 600
430312.OC	伟力盛世	2013-08-08	民营企业	天津	工业	1 678	0.56	0.82	1 600	
831416.OC	大成医药	2014-12-08	民营企业	江苏	材料	2 400	0.43	0.62		1 600
831089.OC	金东唐	2014-08-15	民营企业	上海	信息技术	860	0.41	0.53		1 600
430261.OC	易维科技	2013-07-22	民营企业	湖北	信息技术	2 573	0.39	0.47	1 600	
430622.OC	顺达智能	2014-01-24	民营企业	江苏	工业	5 443	1.31	4.28	966	633
831767.OC	知音文化	2015-01-21	民营企业	上海	可选消费	4 730	0.78	1.19		1 591
831714.OC	福航环保	2015-01-08	民营企业	山东	工业	2 265	0.38	1.38		1 590
832267.OC	诸君安	2015-04-08	民营企业	北京	信息技术	1 965	0.32	0.41		1 590
830789.OC	博富科技	2014-06-06	民营企业	江苏	材料	14 792	1.29	2.07		1 584
831509.OC	中科英秦	2014-12-16	公众企业	山东	信息技术	2 500	0.43	0.89		1 570

续表

证券代码	证券简称	上市日期	公司属性	省份	行业	总股本（万股）	净资产（亿元）	总资产（亿元）	定向增发融资（万元）	
									2014年	2015年
831743.OC	立高科技	2015-01-13	民营企业	黑龙	工业	3 520	0.61	1.51		1 560
430600.OC	徽电科技	2014-01-24	民营企业	安徽	工业	3 226	0.90	1.56		1 555
430668.OC	笃诚科技	2014-03-31	民营企业	江苏	医疗保健	3 300	0.77	1.14		1 554
430124.OC	汉唐自远	2012-06-08	民营企业	北京	信息技术	2 655	0.31	0.58		1 550
831734.OC	展通电信	2015-01-20	民营企业	浙江	信息技术	3 850	0.60	0.70		1 540
831841.OC	中扬科技	2015-01-22	民营企业	河北	信息技术	970	0.32	0.43		1 540
832049.OC	广德环保	2015-03-05	民营企业	江西	医疗保健	3 375	0.53	0.65		1 530
830910.OC	安证通	2014-07-25	民营企业	北京	信息技术	670	0.21	0.25		1 530
832563.OC	帮豪种业	2015-06-08	民营企业	重庆	日常消费	9 800	1.57	2.04		1 527
832262.OC	德惠商业	2015-04-10	民营企业	四川	可选消费	5 600	1.73	2.95		1 524
430509.OC	银利智能	2014-01-24	民营企业	广东	信息技术	1 304	0.30	0.43		1 520
832663.OC	金苹果	2015-06-30	民营企业	甘肃	日常消费	12 180	1.74	3.80		1 515
830914.OC	海赛电装	2014-08-11	民营企业	湖南	工业	2 398	0.39	0.46		1 512
831005.OC	华维电瓷	2014-08-20	民营企业	江西	工业	2 935	0.96	1.35		1 508
831061.OC	中瀛鑫	2014-08-29	民营企业	广东	信息技术	6 677	1.38	2.63		1 507
430695.OC	浩海科技	2014-04-11	民营企业	山东	信息技术	2 700	0.38	0.55		1 502
430334.OC	科洋科技	2013-11-06	民营企业	上海	工业	2 128	1.00	1.57		1 500
831147.OC	合建重科	2014-09-18	民营企业	浙江	工业	7 156	1.01	2.53		1 500
831314.OC	深科达	2014-11-11	民营企业	广东	工业	4 950	0.90	1.91		1 500
831438.OC	生力材料	2014-12-08	民营企业	湖南	材料	2 500	0.48	1.25		1 500
831486.OC	索尔科技	2014-12-09	民营企业	江苏	信息技术	2 970	0.35	0.71		1 500
831669.OC	永晟科技	2015-01-16	民营企业	广东	工业	2 400	0.33	0.61		1 500
832224.OC	积硕科技	2015-04-02	民营企业	福建	信息技术	1 676	0.20	0.50		1 500
831302.OC	飞扬天下	2014-11-06	民营企业	北京	信息技术	1 200	0.37	0.45		1 500
430743.OC	尚思传媒	2014-05-06	民营企业	广东	可选消费	1 800	0.07	0.31		1 500
831145.OC	阿路美格	2014-09-17	民营企业	江苏	材料	3 467	0.79	1.38	1 500	
831243.OC	晓鸣农牧	2014-10-30	民营企业	宁夏	日常消费	5 167	1.70	2.64		1 499
832122.OC	泽辉股份	2015-03-17	民营企业	山东	材料	4 055	0.53	1.90		1 494
832186.OC	惠尔顿	2015-04-01	民营企业	浙江	可选消费	2 000	0.32	1.26		1 482
830936.OC	约克股份	2014-08-12	民营企业	河南	信息技术	2 590	0.39	0.41		1 474
831499.OC	立通通信	2014-12-09	民营企业	浙江	信息技术	3 800	0.63	1.33		1 472
833216.OC	海涛股份	2015-08-26	民营企业	北京	可选消费	2 210	0.21	2.15		1 470
430082.OC	博雅英杰	2011-03-28	民营企业	北京	信息技术	3 399	0.63	0.70		1 469
430749.OC	金化高容	2014-05-06	民营企业	湖南	材料	4 964	0.52	0.68	1 464	
430557.OC	希芳阁	2014-01-24	民营企业	河南	工业	1 047	0.23	0.28	456	1 008
831752.OC	蓝图新材	2015-01-20	民营企业	贵州	材料	5 600	0.76	1.10		1 455

附录2 新三板挂牌企业融资信息表（2014－2015）

续表

证券代码	证券简称	上市日期	公司属性	省份	行业	总股本（万股）	净资产（亿元）	总资产（亿元）	定向增发融资（万元）	
									2014年	2015年
831196.OC	恒扬科技	2014-10-14	民营企业	广东	信息技术	6 240	0.67	1.39		1 452
430004.OC	绿创环保	2006-06-07	民营企业	北京	工业	10 007	0.92	1.41	501	948
430046.OC	圣博润	2009-02-18	民营企业	北京	信息技术	3 138	0.39	0.99		1 444
430670.OC	东芯通信	2014-03-28	民营企业	安徽	信息技术	4 053	0.32	0.46	1 200	242
832354.OC	益运股份	2015-04-21	民营企业	湖南	工业	5 400	1.09	4.16		1 440
831375.OC	三强股份	2014-11-21	民营企业	上海	工业	6 480	1.41	4.01		1 440
832308.OC	旺盛园林	2015-04-17	民营企业	山东	工业	4 400	0.83	1.71		1 440
430280.OC	索享股份	2013-08-08	民营企业	北京	信息技术	1 800	0.19	0.20	1 440	
832735.OC	德源药业	2015-07-14	民营企业	江苏	医疗保健	3 130	1.39	2.35		1 430
831111.OC	智明恒	2014-08-14	民营企业	北京	能源	1 495	0.24	0.25	501	915
831267.OC	法福来	2014-11-03	民营企业	宁夏	日常消费	7 780	1.22	2.04		1 410
831811.OC	中普防雷	2015-01-23	民营企业	湖南	工业	3 025	0.44	0.62		1 407
831023.OC	北展股份	2014-08-14	民营企业	辽宁	工业	3 578	0.62	0.90		1 403
430445.OC	仙宜岱	2014-01-24	民营企业	广东	可选消费	10 200	2.57	3.77		1 400
831330.OC	普适导航	2014-11-10	民营企业	上海	信息技术	5 076	0.77	1.02		1 400
831072.OC	瑞聚股份	2014-08-21	民营企业	福建	信息技术	3 420	0.41	0.59		1 400
831481.OC	瑞铃企管	2015-01-08	民营企业	浙江	工业	2 000	0.29	0.32		1 400
830890.OC	海魄科技	2014-07-31	民营企业	上海	信息技术	1 939	0.18	0.22		1 400
832681.OC	宇邦新材	2015-06-26	民营企业	江苏	材料	5 750	3.57	4.24		1 385
832147.OC	斯菱股份	2015-03-18	民营企业	浙江	可选消费	2 270	0.36	1.91		1 375
831056.OC	千叶药包	2014-09-02	民营企业	贵州	医疗保健	3 405	0.67	1.08	350	1 020
832114.OC	中爆数字	2015-03-09	民营企业	广东	信息技术	3 000	0.35	0.37		1 368
831373.OC	电科电源	2014-11-21	民营企业	广东	工业	7 210	1.80	2.91		1 365
831212.OC	耐磨科技	2014-10-22	地方国企	云南	材料	6 620	0.87	2.19		1 364
831797.OC	爱乐祺	2015-01-13	民营企业	北京	可选消费	2 360	0.27	0.40		1 360
430219.OC	拓川股份	2013-05-17	民营企业	北京	工业	2 011	0.24	0.50	1 350	
832014.OC	绿之彩	2015-02-25	民营企业	广东	工业	7 330	1.06	3.12		1 350
831778.OC	鸿森重工	2015-01-16	民营企业	山东	工业	5 800	0.72	1.11		1 350
830883.OC	联桥新材	2014-07-28	民营企业	山东	材料	1 600	0.33	0.65		1 350
830845.OC	芯邦科技	2014-07-14	外资企业	广东	信息技术	10 880	1.69	2.03		1 350
832316.OC	添正医药	2015-04-15	民营企业	吉林	医疗保健	7 000	0.91	1.26		1 340
832046.OC	天安智联	2015-03-09	民营企业	江苏	信息技术	2 400	0.15	0.47		1 340
831091.OC	精治源	2014-08-19	民营企业	北京	材料	3 185	0.43	0.70		1 337
831286.OC	竹林伟业	2014-11-05	民营企业	天津	材料	3 999	0.47	1.32		1 333
430206.OC	尚远环保	2012-12-28	民营企业	湖北	工业	4 200	0.73	1.25	1 326	
430367.OC	力码科	2014-01-24	民营企业	北京	信息技术	2 000	0.27	0.32	365	960

续表

证券代码	证券简称	上市日期	公司属性	省份	行业	总股本(万股)	净资产(亿元)	总资产(亿元)	定向增发融资(万元)	
									2014年	2015年
831986.OC	东方基业	2015-02-17	民营企业	北京	信息技术	1 600	0.08	0.11		1 320
430497.OC	威硬工具	2014-01-24	民营企业	山东	工业	3 165	0.87	1.10		1 319
831244.OC	星展测控	2014-10-30	民营企业	陕西	信息技术	2 400	0.37	0.64		1 316
831594.OC	赛力克	2014-12-31	民营企业	广东	材料	2 606	0.39	0.53		1 314
832064.OC	同里印刷	2015-03-09	民营企业	江苏	工业	2 000	0.24	0.52		1 311
833206.OC	影达传媒	2015-08-13	民营企业	上海	可选消费	2 440	0.29	0.41		1 306
430239.OC	信诺达	2013-07-05	民营企业	北京	信息技术	749	0.25	0.66	1 300	
831729.OC	维钛克	2015-01-27	民营企业	辽宁	工业	1 226	0.30	0.37		1 300
430632.OC	希奥股份	2014-02-14	民营企业	上海	信息技术	1 450	0.24	0.29	200	1 085
832458.OC	红枫种苗	2015-05-14	民营企业	河南	日常消费	5 860	1.88	2.15		1 280
430191.OC	波尔通信	2012-12-26	民营企业	北京	信息技术	3 354	0.44	0.80		1 280
831833.OC	红冠庄	2015-01-21	民营企业	江苏	医疗保健	1 170	0.17	0.31		1 278
832229.OC	孚尔姆	2015-04-07	民营企业	江苏	材料	2 150	0.51	1.65		1 275
430209.OC	康孚科技	2013-01-22	民营企业	北京	工业	4 928	0.76	1.56		1 265
430721.OC	瑞杰塑料	2014-04-30	民营企业	江苏	材料	3 120	1.20	2.20	1 260	
832038.OC	宁夏新龙	2015-02-25	民营企业	宁夏	材料	1 070	0.39	1.89		1 260
830912.OC	科汇电自	2014-08-04	民营企业	山东	工业	6 800	1.25	2.79		1 254
832559.OC	熊猫乳业	2015-06-16	民营企业	浙江	日常消费	5 500	1.07	2.45		1 250
831647.OC	联瑞新材	2015-01-15	民营企业	江苏	材料	5 750	1.14	1.83		1 250
830850.OC	万企达	2014-07-14	民营企业	江苏	工业	11 677	1.78	2.72	767	473
430394.OC	伯朗特	2014-01-24	民营企业	广东	工业	3 450	0.64	1.07	800	424
831501.OC	远方动力	2014-12-22	民营企业	北京	工业	2 222	0.41	0.62		1 221
830799.OC	艾融软件	2014-06-09	民营企业	上海	信息技术	2 016	0.32	0.42	1 000	220
430164.OC	思倍驰	2012-11-06	民营企业	北京	信息技术	2 000	0.38	0.45		1 203
832987.OC	牡丹联友	2015-08-12	公众企业	北京	工业	6 900	0.97	1.56		1 200
831613.OC	雷帕得	2015-01-12	民营企业	山东	可选消费	3 830	0.73	2.85		1 200
831945.OC	安泽电工	2015-02-27	民营企业	安徽	工业	5 480	1.09	1.93		1 200
831859.OC	祁药股份	2015-01-27	民营企业	甘肃	医疗保健	4 000	0.91	1.89		1 200
831939.OC	博琳包装	2015-02-17	民营企业	河北	材料	2 954	0.47	1.54		1 200
831784.OC	贝尔机械	2015-01-22	民营企业	江苏	材料	3 000	0.34	0.93		1 200
830766.OC	博锐尚格	2014-05-30	民营企业	北京	信息技术	4 000	0.60	0.82	1 200	
430541.OC	翼兴节能	2014-01-24	民营企业	辽宁	材料	3 340	0.34	0.75		1 200
430472.OC	安泰得	2014-01-24	民营企业	云南	信息技术	2 160	0.56	0.70		1 200
832386.OC	深凯瑞德	2015-05-04	民营企业	广东	信息技术	1 800	0.09	0.69		1 200
831491.OC	佳音王	2014-12-12	民营企业	广东	信息技术	2 200	0.36	0.52		1 200
831977.OC	通宇电子	2015-04-09	民营企业	安徽	可选消费	1 000	0.21	0.50		1 200

附录2 新三板挂牌企业融资信息表（2014–2015）

续表

证券代码	证券简称	上市日期	公司属性	省份	行业	总股本（万股）	净资产（亿元）	总资产（亿元）	定向增发融资（万元）	
									2014年	2015年
831887.OC	长潮股份	2015-01-29	民营企业	福建	信息技术	1 651	0.32	0.44		1 200
831718.OC	青鸟软通	2015-01-26	民营企业	山东	信息技术	2 650	0.32	0.43		1 200
831709.OC	瑞特爱	2015-01-21	民营企业	北京	公用事业	2 336	0.19	0.37		1 200
832001.OC	黑碳节能	2015-02-16	民营企业	贵州	工业	1 200	0.29	0.30		1 200
830884.OC	华盛供水	2014-07-22	民营企业	北京	工业	1 180	0.14	0.29	465	735
831482.OC	和信基业	2014-12-09	民营企业	山西	信息技术	1 200	0.11	0.18		1 200
831308.OC	华博教育	2014-11-12	外资企业	福建	信息技术	1 840	0.23	0.27		1 200
430114.OC	永瀚星港	2012-04-10	民营企业	北京	医疗保健	1 750	0.06	0.19		1 197
430076.OC	国基科技	2010-12-08	民营企业	北京	信息技术	4 887	0.81	1.60		1 188
430482.OC	河源富马	2014-01-24	民营企业	广东	材料	5 790	1.12	1.86		1 188
430500.OC	亚奥科技	2014-01-24	民营企业	江苏	信息技术	3 360	0.94	1.13		1 188
430701.OC	立德股份	2014-04-24	民营企业	江苏	材料	810	0.38	0.56	1 000	180
831700.OC	华信精工	2015-01-21	民营企业	湖南	材料	3 000	0.53	0.92		1 176
830846.OC	格林检测	2014-07-14	民营企业	山东	工业	2 000	0.33	0.36		1 175
430192.OC	东展科博	2012-12-26	民营企业	北京	工业	1 717	0.25	0.37	1 170	
830976.OC	电通微电	2014-08-13	民营企业	广东	信息技术	2 660	0.29	0.64		1 160
430646.OC	上海底特	2014-02-21	外资企业	上海	可选消费	3 883	0.80	1.38		1 150
430703.OC	高山水	2014-04-23	民营企业	广东	工业	2 979	0.91	1.37		1 146
833376.OC	圣尼特	2015-08-26	民营企业	江西	工业	1 660	0.14	0.40		1 140
832181.OC	永成双海	2015-04-07	民营企业	浙江	可选消费	3 000	0.35	1.43		1 134
831116.OC	腾远食品	2014-08-22	民营企业	上海	可选消费	1 900	0.22	0.31	1 133	
831651.OC	保通食品	2015-01-19	民营企业	广西	日常消费	13 250	3.40	9.21		1 125
831021.OC	华雁信息	2014-08-15	民营企业	四川	信息技术	5 225	1.41	1.97		1 125
832314.OC	四砂泰益	2015-04-15	民营企业	山东	材料	3 023	0.41	0.89		1 118
830833.OC	九生堂	2014-07-04	民营企业	湖北	医疗保健	1 200	0.23	0.42		1 113
832190.OC	河之阳	2015-04-08	民营企业	河南	材料	900	0.18	0.38		1 110
430182.OC	全网数商	2012-12-21	民营企业	北京	信息技术	2 650	0.30	0.36	1 106	
832044.OC	奥油化工	2015-02-25	公众企业	河南	能源	3 919	0.32	1.58		1 100
430128.OC	广厦网络	2012-07-05	民营企业	北京	信息技术	5 152	0.92	2.28		1 100
430554.OC	金正方	2014-01-24	民营企业	广东	工业	4 750	0.53	1.34	1 100	
430578.OC	差旅天下	2014-01-24	民营企业	吉林	工业	3 218	0.43	1.13		1 100
832018.OC	固特超声	2015-02-16	民营企业	广东	工业	5 300	0.59	1.05		1 100
832202.OC	沪鸽口腔	2015-04-10	民营企业	山东	医疗保健	2 640	0.29	0.72		1 100
430306.OC	永铭医学	2013-08-09	民营企业	北京	医疗保健	1 100	0.18	0.58		1 100
831940.OC	网高科技	2015-02-10	民营企业	北京	电信服务	2 500	0.32	0.45		1 100
831096.OC	物润船联	2014-08-21	民营企业	江苏	信息技术	1 146	0.20	0.23		1 100

续表

证券代码	证券简称	上市日期	公司属性	省份	行业	总股本（万股）	净资产（亿元）	总资产（亿元）	定向增发融资（万元）	
									2014年	2015年
831922.OC	长宝科技	2015-01-29	民营企业	广东	信息技术	1 222	0.26	0.77		1 100
831724.OC	信而泰	2015-01-16	民营企业	北京	信息技术	647	0.22	0.24		1 100
831556.OC	文正股份	2014-12-26	民营企业	山东	可选消费	2 122	0.48	0.91		1 088
831159.OC	安达物流	2014-09-24	民营企业	天津	工业	5 260	1.39	1.92		1 087
831258.OC	龙蛙农业	2014-11-03	民营企业	黑龙	日常消费	3 180	0.38	2.52		1 080
832270.OC	骏驰科技	2015-04-13	民营企业	广东	可选消费	4 340	0.86	1.59		1 080
831805.OC	微企信息	2015-01-20	民营企业	上海	信息技术	1 110	0.16	0.32		1 080
430212.OC	六合伟业	2013-01-31	民营企业	北京	能源	4 410	1.37	1.52		1 073
830844.OC	鸿远电气	2014-07-18	民营企业	天津	工业	1 487	0.18	0.41		1 073
832171.OC	志晟信息	2015-03-23	民营企业	河北	信息技术	2 000	0.27	0.43		1 070
430038.OC	信维科技	2008-12-16	民营企业	北京	信息技术	2 552	0.95	1.05		1 065
430592.OC	凯德自控	2014-01-24	民营企业	湖南	信息技术	3 459	0.60	1.31	1 063	
430412.OC	晓沃环保	2014-01-24	民营企业	天津	工业	2 120	0.31	0.59	1 060	
831069.OC	瑞明节能	2014-08-21	民营企业	浙江	工业	5 600	1.83	4.23		1 050
831009.OC	合锐赛尔	2014-08-14	民营企业	北京	工业	5 210	0.96	3.15		1 050
430292.OC	威控科技	2013-08-02	民营企业	北京	信息技术	700	0.21	0.25		1 050
831248.OC	瑞德设计	2014-11-03	民营企业	浙江	工业	4 550	0.66	1.11		1 040
430724.OC	芳笛环保	2014-05-05	民营企业	湖北	工业	1 127	0.97	1.33		1 026
831445.OC	龙泰竹业	2014-12-10	民营企业	福建	可选消费	3 300	0.47	0.72		1 020
430580.OC	云天软件	2014-01-24	民营企业	浙江	信息技术	1 900	0.13	0.24		1 020
831516.OC	金科环保	2014-12-16	民营企业	湖北	工业	5 128	1.20	2.61		1 010
830812.OC	约伴传媒	2014-06-20	民营企业	辽宁	可选消费	1 601	0.19	0.21		1 005
831041.OC	兆鋆新材	2014-08-21	民营企业	江苏	材料	5 400	0.98	1.93	299	703
832005.OC	永盛新材	2015-03-09	民营企业	湖南	材料	1 335	0.24	0.36		1 002
831033.OC	朗星照明	2014-08-22	民营企业	福建	信息技术	2 530	0.51	0.87		1 001
430259.OC	华宿电气	2013-07-23	民营企业	上海	信息技术	3 131	0.36	0.56		1 000
831567.OC	南达农业	2014-12-26	民营企业	新疆	日常消费	6 800	1.93	3.37		1 000
830792.OC	创新科技	2014-05-28	民营企业	山东	材料	4 060	0.85	2.17	1 000	
832444.OC	蓝海骆驼	2015-05-08	民营企业	广东	可选消费	1 100	0.12	1.96		1 000
832185.OC	双建管桩	2015-03-27	民营企业	河南	材料	7 500	0.81	1.89		1 000
832132.OC	民正农牧	2015-03-18	民营企业	河南	日常消费	5 850	1.22	1.88		1 000
833008.OC	舜富压铸	2015-07-31	民营企业	上海	材料	2 500	0.38	1.11		1 000
831574.OC	富翎装饰	2014-12-31	民营企业	上海	工业	2 200	0.58	1.07		1 000
830869.OC	英康科技	2014-07-18	民营企业	天津	材料	2 000	0.36	0.96	1 000	
831473.OC	江苏科幸	2014-12-12	民营企业	江苏	材料	4 350	0.42	0.66		1 000
430350.OC	万德智新	2013-11-15	民营企业	湖北	信息技术	2 919	0.33	0.63	1 000	

附录2 新三板挂牌企业融资信息表（2014－2015）

续表

证券代码	证券简称	上市日期	公司属性	省份	行业	总股本（万股）	净资产（亿元）	总资产（亿元）	定向增发融资（万元）	
									2014年	2015年
832160.OC	红鹰能源	2015-03-12	民营企业	广东	工业	3 400	0.39	0.63		1 000
831123.OC	大成空间	2014-08-21	民营企业	湖北	工业	2 220	0.39	0.61	1 000	
831614.OC	合富科技	2015-01-06	民营企业	上海	材料	3 500	0.46	0.60		1 000
832101.OC	浩亚股份	2015-03-10	民营企业	上海	信息技术	2 600	0.35	0.56		1 000
832352.OC	瑞格股份	2015-04-27	民营企业	安徽	工业	1 587	0.24	0.55		1 000
430720.OC	东方炫辰	2014-05-07	民营企业	北京	工业	1 000	0.34	0.53	1 000	
430360.OC	竹邦能源	2013-12-25	民营企业	北京	工业	3 000	0.30	0.42	1 000	
430186.OC	国承瑞泰	2012-12-20	民营企业	北京	工业	2 400	0.29	0.35	1 000	
832426.OC	灵佑药业	2015-05-07	民营企业	河南	医疗保健	3 200	0.31	0.33		1 000
832148.OC	云媒股份	2015-03-16	民营企业	山东	信息技术	2 109	0.24	0.26		1 000
832193.OC	宏晶科技	2015-04-01	民营企业	安徽	信息技术	1 225	0.15	0.24		1 000
833360.OC	致众科技	2015-08-24	民营企业	湖北	医疗保健	667	0.09	0.11		1 000
830983.OC	保得威尔	2014-08-08	外资企业	广东	工业	1 500	0.26	0.54		1 000
832828.OC	凡科股份	2015-07-21	民营企业	广东	信息技术	444	0.16	0.19		1 000
831828.OC	利特尔	2015-01-21	民营企业	江苏	材料	2 685	0.86	2.27		999
832446.OC	三瑞高材	2015-05-26	民营企业	上海	材料	3 300	0.58	1.57		999
830889.OC	深拓智能	2014-08-05	民营企业	湖南	工业	3 900	0.60	1.01		996
430183.OC	天友设计	2012-12-26	公众企业	天津	工业	3 300	0.90	1.38		990
831510.OC	特思达	2014-12-22	民营企业	江苏	信息技术	890	0.17	0.23		990
831187.OC	创尔生物	2014-10-08	民营企业	广东	医疗保健	6 142	0.98	1.09		961
831076.OC	展博股份	2014-08-21	民营企业	江苏	工业	1 480	0.22	0.36		961
831370.OC	新安洁	2014-11-25	民营企业	重庆	工业	4 370	1.12	1.45		960
830887.OC	吉美思	2014-07-28	民营企业	江苏	信息技术	4 300	0.85	1.31		960
831323.OC	长先新材	2014-11-10	民营企业	广东	材料	4 958	0.64	1.03		960
832022.OC	珈诚生物	2015-02-25	民营企业	浙江	医疗保健	1 620	0.25	0.41		960
430157.OC	腾龙电子	2012-10-29	民营企业	上海	信息技术	2 363	0.60	0.65	938	
831247.OC	盛帮股份	2014-10-30	民营企业	四川	材料	3 828	1.61	2.69		920
831825.OC	蓝海股份	2015-01-23	民营企业	上海	工业	2 040	0.10	0.85		912
430108.OC	精耕天下	2012-03-12	民营企业	北京	材料	2 945	0.79	0.84		910
830787.OC	唐朝股份	2014-06-04	民营企业	福建	工业	2 260	0.30	0.41		910
831874.OC	畅想软件	2015-01-23	民营企业	浙江	信息技术	800	0.15	0.22		910
833060.OC	顺治科技	2015-08-10	民营企业	浙江	信息技术	1 200	0.17	0.20		910
832412.OC	同益物流	2015-05-13	民营企业	江苏	工业	1 405	0.37	0.60		903
830781.OC	精鹰传媒	2014-06-04	民营企业	广东	可选消费	638	0.28	0.34		900
430100.OC	九尊能源	2011-12-02	公众企业	北京	能源	5 000	0.99	1.58	900	
831124.OC	中标节能	2014-09-02	民营企业	北京	工业	4 600	0.88	2.44		900

续表

证券代码	证券简称	上市日期	公司属性	省份	行业	总股本（万股）	净资产（亿元）	总资产（亿元）	定向增发融资（万元）	
									2014年	2015年
430440.OC	松本绿色	2014-01-24	民营企业	广东	材料	3 150	0.76	1.75		900
832057.OC	雅安茶厂	2015-03-10	民营企业	四川	日常消费	3 076	0.69	1.57		900
832320.OC	大富装饰	2015-04-17	民营企业	安徽	工业	6 000	0.64	1.42		900
831144.OC	欣影科技	2014-09-23	民营企业	上海	工业	6 300	0.79	1.08		900
830971.OC	科特环保	2014-08-08	民营企业	江苏	信息技术	4 211	0.66	0.96		900
832438.OC	润港林业	2015-05-11	民营企业	广西	材料	3 630	0.36	0.74		900
831045.OC	科慧科技	2014-08-22	民营企业	河南	工业	4 363	0.69	0.73		900
430179.OC	宇昂科技	2012-12-20	民营企业	上海	材料	1 590	0.29	0.47		900
831800.OC	高科中天	2015-01-19	民营企业	北京	信息技术	1 300	0.21	0.31		900
831040.OC	优波科	2014-08-20	民营企业	河南	材料	1 313	0.21	0.25	900	
833275.OC	神拓机电	2015-08-13	民营企业	广东	工业	2 680	0.48	0.64		900
831640.OC	碧沃丰	2015-01-16	民营企业	广东	医疗保健	1 198	0.22	0.28		894
831488.OC	华宏医药	2014-12-16	民营企业	江苏	医疗保健	3 306	0.55	1.86		890
831476.OC	硕源科技	2014-12-11	民营企业	广东	材料	1 168	0.48	0.59	259	630
832172.OC	倍通股份	2015-04-10	民营企业	广东	工业	1 074	0.23	0.34		888
430351.OC	爱科凯能	2013-11-15	民营企业	北京	医疗保健	2 131	0.36	0.54	882	
831060.OC	天香苑	2014-08-29	民营企业	广东	日常消费	4 866	0.58	0.68		880
831754.OC	康能生物	2015-01-20	民营企业	江苏	日常消费	2 321	0.39	0.64		880
430704.OC	同智伟业	2014-04-22	民营企业	山东	信息技术	1 750	0.24	0.26	240	637
831022.OC	三和视讯	2014-08-21	民营企业	河南	信息技术	731	0.15	0.16		876
430665.OC	高衡力	2014-03-13	民营企业	广东	工业	2 105	0.25	0.38		866
832208.OC	尔格科技	2015-04-16	民营企业	浙江	工业	6 043	1.13	2.21		864
830794.OC	奥派股份	2014-06-11	民营企业	江苏	信息技术	2 171	0.32	0.40		853
430256.OC	卓繁信息	2013-07-19	民营企业	上海	信息技术	1 269	0.26	0.41		846
831161.OC	伊菲股份	2014-09-25	民营企业	辽宁	材料	2 000	0.34	0.59		840
831586.OC	高奇电子	2014-12-31	民营企业	福建	信息技术	1 280	0.19	0.35		840
831480.OC	福生佳信	2014-12-09	民营企业	山东	电信服务	1 280	0.22	0.25		840
430503.OC	昌盛股份	2014-01-24	民营企业	安徽	信息技术	1 300	0.28	0.46	832	
430415.OC	钟舟电气	2014-01-24	民营企业	江苏	工业	1 050	0.18	0.19	825	
833115.OC	畅尔装备	2015-08-10	民营企业	浙江	工业	1 568	0.45	1.06		821
831319.OC	绿蔓生物	2014-11-07	民营企业	湖南	医疗保健	1 136	0.22	0.31		816
831969.OC	埃蒙迪	2015-02-11	外资企业	上海	医疗保健	1 210	0.26	0.35		816
831390.OC	宜都运机	2014-12-03	民营企业	湖北	工业	4 000	0.46	0.87		813
430416.OC	地林伟业	2014-01-24	民营企业	北京	信息技术	1 002	0.05	0.18	200	612
831854.OC	曼克斯	2015-02-05	民营企业	浙江	工业	4 600	0.78	1.80		810
832133.OC	天涌影视	2015-03-10	民营企业	上海	可选消费	1 661	0.24	0.63		807

附录 2　新三板挂牌企业融资信息表（2014－2015）

续表

证券代码	证券简称	上市日期	公司属性	省份	行业	总股本（万股）	净资产（亿元）	总资产（亿元）	定向增发融资（万元）	
									2014年	2015年
831762.OC	和达科技	2015-01-15	民营企业	浙江	信息技术	2 269	0.34	0.55		802
430698.OC	康普常青	2014-04-18	民营企业	湖北	工业	3 637	0.81	0.86	800	
831200.OC	巨正源	2014-10-17	民营企业	广东	能源	12 950	4.11	12.14		800
830957.OC	佳成科技	2014-08-12	民营企业	江苏	工业	3 267	0.35	1.48	800	
430297.OC	金硕信息	2013-08-08	民营企业	天津	信息技术	3 900	0.71	1.21		800
430546.OC	乐彩科技	2014-01-24	民营企业	河南	信息技术	2 100	0.25	1.03		800
430469.OC	必控科技	2014-01-24	民营企业	四川	信息技术	3 649	0.68	0.99	800	
831789.OC	英诺迅	2015-01-20	民营企业	江苏	信息技术	4 250	0.51	0.71		800
430405.OC	星火环境	2014-01-24	民营企业	江苏	工业	2 340	0.60	0.70	800	
430480.OC	辰维科技	2014-01-24	民营企业	河南	信息技术	1 589	0.30	0.41	800	
430178.OC	白虹软件	2012-12-25	民营企业	上海	信息技术	1 400	0.19	0.34		800
831708.OC	吉华勘测	2015-01-15	民营企业	广东	工业	1 130	0.21	0.23		800
832463.OC	月旭科技	2015-05-18	外资企业	上海	工业	1 392	0.26	0.40		800
430345.OC	天呈医流	2013-12-09	民营企业	上海	信息技术	706	0.14	0.20		800
832329.OC	吉成园林	2015-04-15	民营企业	云南	材料	5 630	0.84	2.12		792
830865.OC	南菱汽车	2014-07-16	民营企业	广东	可选消费	14 000	4.54	22.44		783
831728.OC	阿尼股份	2015-01-13	民营企业	江苏	信息技术	5 260	0.61	0.72		780
430647.OC	青鹰股份	2014-02-19	民营企业	上海	工业	3 910	0.50	0.69		775
831502.OC	东都节能	2014-12-15	民营企业	浙江	工业	3 451	0.59	0.74	768	
430577.OC	力龙信息	2014-01-24	民营企业	湖北	可选消费	1 200	0.14	0.24		760
430316.OC	巨灵信息	2013-08-29	民营企业	上海	信息技术	1 050	0.20	0.23		754
430553.OC	海红技术	2014-01-24	民营企业	甘肃	信息技术	6 306	0.84	1.58		750
831924.OC	海天物联	2015-02-06	民营企业	山东	可选消费	2 150	0.28	1.14		750
430488.OC	东创科技	2014-01-24	民营企业	浙江	信息技术	3 740	0.77	1.07		750
832162.OC	超思维	2015-03-13	民营企业	广东	信息技术	3 500	0.43	1.01		750
832304.OC	纽威科技	2015-04-27	民营企业	湖北	工业	2 734	0.31	0.87		750
831448.OC	贝欧特	2014-12-09	民营企业	江西	医疗保健	2 600	0.48	0.66		750
831119.OC	蓝钻生物	2014-08-15	民营企业	云南	医疗保健	3 500	0.55	0.59		750
832072.OC	紫晶股份	2015-03-05	民营企业	北京	工业	1 450	0.23	0.55		750
430529.OC	恒成工具	2014-01-24	民营企业	四川	工业	1 650	0.37	0.68	747	
430363.OC	上海上电	2013-12-23	民营企业	上海	工业	5 730	1.25	1.83		736
832384.OC	格瑞光电	2015-04-30	民营企业	河南	工业	873	0.08	0.17		730
430422.OC	永继电气	2014-01-24	民营企业	上海	信息技术	9 130	2.70	4.54		728
831189.OC	乔顿服饰	2014-10-10	民营企业	浙江	可选消费	5 310	1.33	2.36		722
430273.OC	永天科技	2013-08-08	民营企业	上海	信息技术	1 405	0.33	0.51		720
832248.OC	安正科技	2015-04-10	民营企业	浙江	信息技术	2 450	0.26	0.35		720

续表

证券代码	证券简称	上市日期	公司属性	省份	行业	总股本（万股）	净资产（亿元）	总资产（亿元）	定向增发融资（万元）	
									2014年	2015年
831186.OC	金鸿药业	2014-10-08	民营企业	广东	医疗保健	3 100	0.93	1.84		700
830918.OC	银发环保	2014-08-11	民营企业	云南	工业	2 473	0.68	1.51		700
832605.OC	江苏腾达	2015-06-16	民营企业	江苏	工业	4 000	0.55	1.23		700
831383.OC	楼市通网	2014-12-02	民营企业	陕西	信息技术	1 930	0.52	0.69		700
833224.OC	唐北电瓷	2015-08-18	民营企业	河北	信息技术	2 358	0.32	0.47		700
831527.OC	约顿气膜	2014-12-19	民营企业	北京	工业	1 500	0.22	0.31		700
430540.OC	五龙制动	2014-01-24	民营企业	河北	工业	2 017	0.27	0.55	180	513
830847.OC	晟嘉电气	2014-07-11	民营企业	四川	工业	2 208	0.39	0.94		683
430118.OC	中钰控股	2012-04-10	其他企业	北京	信息技术	1 300	0.08	0.09		677
831175.OC	派诺科技	2014-10-14	民营企业	广东	工业	6 150	2.81	3.50		675
430140.OC	新眼光	2012-09-07	民营企业	上海	医疗保健	7 561	1.08	1.36	675	
430180.OC	东方瑞威	2012-12-21	民营企业	北京	信息技术	4 000	0.53	0.69		675
832204.OC	易科势腾	2015-03-31	民营企业	北京	信息技术	1 000	0.17	0.20		675
830814.OC	浩博新材	2014-06-26	民营企业	江苏	材料	7 559	2.80	5.20		672
430121.OC	英福美	2012-05-14	民营企业	北京	信息技术	1 030	0.08	0.14	400	270
831929.OC	惠尔明	2015-03-19	民营企业	福建	材料	3 635	0.77	1.47		665
831936.OC	联科生物	2015-02-12	公众企业	浙江	医疗保健	800	0.15	0.23		660
430490.OC	旭龙物联	2014-01-24	民营企业	广东	信息技术	2 664	0.34	0.41		660
831361.OC	胜龙股份	2014-11-13	民营企业	河南	信息技术	1 400	0.19	0.21		660
430389.OC	意普万	2014-01-24	外资企业	广东	可选消费	2 000	0.27	0.52		660
831677.OC	有福科技	2015-01-08	民营企业	广东	材料	8 000	0.96	2.04		659
831436.OC	白水农夫	2014-12-09	民营企业	福建	日常消费	1 625	0.16	0.41	656	
430162.OC	聚利科技	2012-11-02	民营企业	北京	信息技术	5 458				652
831937.OC	建研信息	2015-02-13	民营企业	湖南	信息技术	1 161	0.10	0.15		650
831047.OC	深远石油	2014-08-19	公众企业	四川	能源	4 200	0.80	1.51		650
430355.OC	沃特能源	2013-12-09	民营企业	上海	工业	3 140	0.44	0.76	172	477
832130.OC	圣迪乐村	2015-03-23	民营企业	四川	日常消费	4 807	2.39	5.05		645
831757.OC	振华股份	2015-01-15	民营企业	河南	工业	4 730	0.70	1.52		645
831427.OC	信通电子	2014-12-05	民营企业	山东	信息技术	3 160	0.44	0.97		640
831846.OC	飞驰环保	2015-01-21	民营企业	江苏	工业	2 320	0.44	0.63		640
430489.OC	佳先股份	2014-02-17	地方国企	安徽	材料	3 920	0.98	1.24	634	
430322.OC	智合新天	2013-10-16	民营企业	北京	可选消费	1 001	0.20	0.29		633
830917.OC	网波股份	2014-08-12	民营企业	上海	信息技术	1 650	0.17	0.25		630
832279.OC	三川能源	2015-04-09	民营企业	北京	能源	3 010	0.29	0.74		628
831430.OC	天易股份	2014-12-08	民营企业	北京	工业	8 200	2.72	7.67		624
430517.OC	新吉纳	2014-01-24	民营企业	山东	信息技术	1 200	0.18	0.19		623

附录 2　新三板挂牌企业融资信息表（2014－2015）

续表

证券代码	证券简称	上市日期	公司属性	省份	行业	总股本（万股）	净资产（亿元）	总资产（亿元）	定向增发融资（万元）	
									2014年	2015年
830905.OC	成聪软件	2014-07-29	民营企业	湖南	信息技术	1 213	0.13	0.14	623	
430110.OC	百拓科技	2012-04-10	民营企业	北京	信息技术	1 124	0.03	0.16		620
831459.OC	伟诚科技	2014-12-09	民营企业	广东	信息技术	676	0.20	0.25		616
430611.OC	长信股份	2014-01-24	民营企业	上海	信息技术	3 000	0.36	0.39	612	
831163.OC	艾科新材	2014-09-25	民营企业	广东	材料	1 000	0.12	0.15	610	
430236.OC	美兰股份	2013-07-02	民营企业	北京	材料	3 672	0.63	0.97		605
832076.OC	泰鹏环保	2015-03-03	民营企业	山东	可选消费	5 100	0.74	2.87		600
430033.OC	彩讯科技	2008-10-28	民营企业	北京	信息技术	4 018	0.91	1.48	600	
831487.OC	山大合盛	2014-12-10	民营企业	山西	材料	2 150	0.39	0.90		600
831541.OC	中节环	2014-12-19	民营企业	北京	工业	4 600	0.68	0.87		600
430150.OC	创和通讯	2012-10-12	民营企业	北京	信息技术	5 100	0.59	0.82		600
831220.OC	新宁股份	2014-10-21	民营企业	安徽	工业	2 300	0.28	0.60		600
430406.OC	奥美格	2014-01-24	民营企业	广东	工业	2 250	0.31	0.55		600
831170.OC	熵能新材	2014-10-09	民营企业	广东	材料	3 000	0.47	0.53		600
833191.OC	博世德	2015-08-21	民营企业	四川	可选消费	1 128	0.19	0.52		600
830922.OC	裕荣光电	2014-08-08	民营企业	上海	工业	1 800	0.25	0.45		600
831176.OC	天鸿股份	2014-10-16	民营企业	山东	工业	1 503	0.15	0.43		600
430534.OC	天涌科技	2014-01-24	民营企业	广西	工业	1 650	0.23	0.39		600
430413.OC	沄辉科技	2014-01-24	民营企业	湖南	工业	1 500	0.22	0.34		600
430729.OC	万里智能	2014-05-05	民营企业	浙江	信息技术	1 936	0.20	0.31	600	
833338.OC	康爱瑞浩	2015-08-31	民营企业	北京	医疗保健	1 530	0.16	0.23		600
831252.OC	博润通	2014-10-31	民营企业	湖北	可选消费	950	0.13	0.21		600
830797.OC	易之景和	2014-06-18	民营企业	上海	工业	1 700	0.15	0.18		600
832142.OC	新为股份	2015-03-12	民营企业	广东	信息技术	840	0.14	0.17		600
831536.OC	太能电气	2014-12-17	民营企业	河南	工业	714	0.12	0.12		600
831166.OC	纳地股份	2014-09-25	民营企业	江苏	可选消费	3 290	0.39	0.71		600
831902.OC	万绿园林	2015-01-30	民营企业	河南	工业	5 544	0.82	2.55		599
832025.OC	川盛科技	2015-02-10	民营企业	江西	材料	2 618	0.25	0.28		590
430655.OC	今泰科技	2014-02-18	民营企业	广东	材料	1 042	0.48	0.79		584
831646.OC	汉能碳	2015-01-23	民营企业	北京	工业	1 530	0.08	0.11		583
832040.OC	神木药业	2015-03-09	民营企业	新疆	医疗保健	4 257	0.49	1.09		576
831449.OC	赛格立诺	2014-12-11	民营企业	北京	信息技术	2 200	0.27	0.45		576
832435.OC	俪德照明	2015-05-11	民营企业	上海	可选消费	1 250	0.23	0.36		570
830813.OC	熔金股份	2014-06-18	民营企业	河南	材料	3 332	1.17	2.19		565
830948.OC	捷昌驱动	2014-08-08	民营企业	浙江	工业	8 360	1.55	2.34	560	
833119.OC	得普达	2015-07-31	民营企业	山东	可选消费	1 110	0.17	0.32		560

续表

证券代码	证券简称	上市日期	公司属性	省份	行业	总股本（万股）	净资产（亿元）	总资产（亿元）	定向增发融资（万元）	
									2014年	2015年
430625.OC	联创种业	2014-01-24	民营企业	北京	日常消费	10 258	1.89	2.69		560
430409.OC	天泉鑫膜	2014-01-24	民营企业	福建	工业	3 168	0.43	0.83		552
831121.OC	力久电机	2014-08-14	民营企业	山东	工业	1 780	0.50	1.46		550
430373.OC	捷安高科	2014-01-24	民营企业	河南	信息技术	3 704	0.56	1.05		550
430319.OC	欧萨咨询	2013-10-16	民营企业	上海	工业	2 803	0.42	0.76		546
832002.OC	赛文节能	2015-02-16	民营企业	宁夏	工业	3 926	0.25	0.49		543
430645.OC	中瑞药业	2014-02-18	公众企业	天津	医疗保健	2 600	0.51	0.60	540	
430465.OC	东方科技	2014-01-24	民营企业	贵州	信息技术	3 750	1.23	1.84	540	
831606.OC	方硕科技	2014-12-30	民营企业	山东	信息技术	2 160	0.22	0.35		540
831259.OC	津福斯特	2014-11-04	民营企业	天津	医疗保健	1 150	0.14	0.19	140	400
430681.OC	芒冠股份	2014-04-10	民营企业	江苏	工业	745	0.13	0.14		540
831612.OC	维艾普	2015-01-14	民营企业	江苏	工业	7 335	1.26	2.59		532
430727.OC	金格科技	2014-05-06	民营企业	江西	信息技术	3 091	0.39	0.45		529
430411.OC	中电方大	2014-01-24	民营企业	北京	信息技术	1 375	0.17	0.21		525
831141.OC	金铠建科	2014-09-15	民营企业	辽宁	材料	1 330	0.24	0.40		520
831461.OC	百年巧匠	2014-12-09	民营企业	河北	材料	1 000	0.16	0.21	520	
430344.OC	鼎晖科技	2013-11-15	民营企业	上海	信息技术	3 210	0.40	0.81	518	
430310.OC	博易股份	2013-08-30	民营企业	北京	信息技术	2 000	0.25	0.42	517	
430584.OC	弘陆股份	2014-01-24	民营企业	上海	工业	649	0.15	0.28		515
831497.OC	事成股份	2014-12-15	民营企业	上海	信息技术	1 955	0.18	0.22		513
831140.OC	力阳科技	2014-09-16	民营企业	上海	工业	1 506	0.16	0.20		506
831619.OC	五舟科技	2015-01-09	民营企业	广东	信息技术	1 315	0.21	0.46		504
430241.OC	威林科技	2013-07-02	民营企业	湖北	材料	3 702	0.89	1.79		503
430331.OC	中环系统	2013-10-16	民营企业	天津	信息技术	1 343	0.23	0.37	501	
831526.OC	凯华材料	2014-12-19	民营企业	天津	材料	1 966	0.57	0.84		500
831051.OC	春秋鸿	2014-08-21	民营企业	北京	可选消费	1 795	0.07	4.99		500
831139.OC	江西广蓝	2014-09-09	民营企业	江西	可选消费	7 925	0.94	2.67		500
831086.OC	星城石墨	2014-08-22	民营企业	湖南	信息技术	6 200	0.74	1.22		500
832687.OC	京东农业	2015-06-29	民营企业	江苏	日常消费	5 500	0.56	1.13		500
430464.OC	方迪科技	2014-01-24	民营企业	广东	信息技术	2 250	0.41	1.08		500
831678.OC	利德浆料	2015-01-19	民营企业	湖南	工业	3 200	0.68	0.96		500
430536.OC	万通新材	2014-01-24	民营企业	重庆	材料	3 138	0.44	0.95	500	
830860.OC	奥特股份	2014-07-14	民营企业	宁夏	信息技术	2 466	0.74	0.92	500	
832131.OC	斯盛能源	2015-03-13	民营企业	广东	工业	1 125	0.22	0.76		500
430266.OC	联动设计	2013-07-23	民营企业	湖南	能源	3 500	0.41	0.53	500	
831540.OC	京源环保	2014-12-19	民营企业	江苏	工业	1 500	0.16	0.43		500

附录 2　新三板挂牌企业融资信息表（2014－2015）

续表

证券代码	证券简称	上市日期	公司属性	省份	行业	总股本（万股）	净资产（亿元）	总资产（亿元）	定向增发融资（万元）	
									2014年	2015年
831255.OC	佳和电气	2014-10-31	民营企业	浙江	材料	3 150	0.38	0.43		500
430502.OC	万隆电气	2014-01-24	民营企业	山东	可选消费	1 045	0.19	0.42	500	
830817.OC	鼎炬科技	2014-06-20	民营企业	浙江	信息技术	1 500	0.15	0.41		500
831903.OC	汇川科技	2015-01-28	民营企业	福建	信息技术	1 050	0.28	0.40		500
831676.OC	景川诊断	2015-01-22	民营企业	湖北	医疗保健	850	0.15	0.36		500
430349.OC	安威士	2013-11-13	民营企业	上海	信息技术	1 900	0.20	0.34		500
832134.OC	宇都股份	2015-03-20	民营企业	山东	工业	600	0.14	0.27		500
830867.OC	全华光电	2014-07-15	民营企业	湖北	信息技术	1 296	0.17	0.26		500
831938.OC	上海亿格	2015-02-25	民营企业	上海	信息技术	1 063	0.23	0.26		500
831623.OC	金汇膜	2015-01-05	民营企业	山东	工业	937	0.05	0.25		500
430521.OC	康捷医疗	2014-01-24	民营企业	江苏	医疗保健	1 000	0.15	0.23		500
430660.OC	益佰广通	2014-03-07	民营企业	天津	可选消费	1 200	0.20	0.21	500	
831341.OC	必由学	2014-11-10	民营企业	辽宁	信息技术	1 000	0.12	0.18		500
833407.OC	亚华智库	2015-08-27	民营企业	广东	工业	600	0.10	0.11		500
832247.OC	晶品新材	2015-04-09	外资企业	江苏	可选消费	580	0.03	0.12		500
430144.OC	煦联得	2012-09-07	民营企业	北京	工业	3 550	0.28	0.44		495
832601.OC	天鸿新材	2015-06-19	民营企业	安徽	材料	1 420	0.23	0.44		495
831642.OC	蜀虹装备	2015-01-09	民营企业	四川	工业	4 199	1.02	1.68		488
831672.OC	莲池医院	2015-01-16	民营企业	山东	医疗保健	6 600	1.06	1.50		483
832516.OC	罗曼新材	2015-05-27	民营企业	重庆	材料	1 423	0.31	0.47		480
430032.OC	凯英信业	2008-10-28	民营企业	北京	信息技术	4 228	0.76	2.45		480
430663.OC	大陆机电	2014-03-13	民营企业	山东	信息技术	3 490	0.87	2.38		480
430437.OC	食安科技	2014-01-24	民营企业	广东	工业	4 729	1.14	1.8		480
430715.OC	春泉节能	2014-04-30	民营企业	河南	工业	1 580	0.27	0.38		480
831603.OC	金润和	2014-12-31	民营企业	广东	信息技术	1 410	0.23	0.35		480
430015.OC	盖特佳	2007-06-18	民营企业	北京	信息技术	4 476	0.18	0.23	480	
830943.OC	济南科明	2014-08-05	民营企业	山东	信息技术	1 192	0.17	0.27		480
831246.OC	欧力配网	2014-11-07	民营企业	广东	工业	1 434	0.17	0.26		478
430243.OC	铜牛信息	2013-07-05	地方国企	北京	电信服务	3 227	0.50	1.21	473	
430029.OC	金泰得	2008-06-20	民营企业	北京	日常消费	3 630	0.34	0.54	460	
832021.OC	安谱实验	2015-02-11	民营企业	上海	可选消费	3 118	1.22	1.50		459
831343.OC	益通建设	2014-11-11	民营企业	湖北	工业	10 580	2.22	9.00		450
831829.OC	同方软银	2015-01-22	民营企业	辽宁	信息技术	2 300	0.36	0.77		450
831276.OC	松科快换	2014-11-04	民营企业	上海	工业	3 180	0.52	0.71		450
830941.OC	明硕股份	2014-08-01	民营企业	上海	工业	1 800	0.21	0.41	450	
830768.OC	耀通科技	2014-05-30	民营企业	山东	信息技术	2 550	0.30	0.32		450

续表

证券代码	证券简称	上市日期	公司属性	省份	行业	总股本（万股）	净资产（亿元）	总资产（亿元）	定向增发融资（万元）	
									2014年	2015年
831785.OC	恒远利废	2015-01-16	民营企业	山东	工业	2 871	0.29	1.09		445
831126.OC	元鼎科技	2014-08-21	民营企业	北京	信息技术	1 880	0.23	0.80		406
430403.OC	英思科技	2014-01-24	民营企业	湖北	信息技术	1 100	0.21	0.24	46	360
831769.OC	中马园林	2015-01-20	民营企业	浙江	工业	1 398	0.28	1.20		405
430583.OC	国贸酝领	2014-01-24	民营企业	江苏	信息技术	3 200	0.52	1.78	400	
430653.OC	同望科技	2014-02-14	民营企业	广东	信息技术	5 629	1.11	1.50		400
831881.OC	鑫聚光电	2015-01-29	民营企业	广东	信息技术	2 700	0.53	1.15		400
831122.OC	永信科技	2014-08-29	民营企业	福建	工业	2 600	0.35	0.89		400
831261.OC	天海科技	2014-11-03	民营企业	山东	可选消费	1 710	0.25	0.66		400
831369.OC	帆扬信通	2014-11-20	民营企业	北京	信息技术	1 748	0.21	0.50		400
430667.OC	三多堂	2014-03-20	民营企业	北京	可选消费	2 100	0.28	0.43		400
831142.OC	易讯通	2014-09-11	民营企业	北京	信息技术	700	0.21	0.32		400
831065.OC	鑫干线	2014-08-29	民营企业	北京	信息技术	1 100	0.17	0.19		400
831254.OC	平方科技	2014-10-31	民营企业	广东	信息技术	602	0.17	0.19		400
430122.OC	中控智联	2012-05-18	民营企业	北京	信息技术	1 200	0.12	0.13		400
430547.OC	畅想高科	2014-01-24	民营企业	河南	信息技术	1 610	0.42	0.50		396
831810.OC	本益科技	2015-01-22	民营企业	福建	工业	5 130	0.58	0.99		390
430332.OC	安华智能	2013-10-22	民营企业	湖北	信息技术	5 700	0.84	1.21		378
831856.OC	浩淼科技	2015-01-27	民营企业	安徽	可选消费	5 525	1.08	2.84		375
833288.OC	天元重工	2015-08-14	民营企业	四川	材料	6 870	0.97	1.31		372
832637.OC	华源磁业	2015-06-26	民营企业	上海	信息技术	3 772	0.40	0.58		371
831582.OC	井利电子	2014-12-30	民营企业	江苏	信息技术	4 560	0.59	1.61	360	
831466.OC	软通股份	2014-12-17	民营企业	广东	工业	6 300	0.63	1.12		360
430342.OC	天润康隆	2013-11-01	民营企业	北京	材料	1 380	0.32	0.72		360
832062.OC	爱科赛	2015-03-06	民营企业	广东	信息技术	1 700	0.27	0.55		360
831411.OC	三重股份	2014-12-02	民营企业	山东	工业	1 195	0.18	0.48		360
830972.OC	道一信息	2014-08-12	民营企业	广东	信息技术	2 010	0.21	0.41		360
832331.OC	高士达	2015-04-14	民营企业	福建	信息技术	1 080	0.20	0.34		358
831008.OC	百华悦邦	2014-08-29	民营企业	北京	信息技术	4 073	1.48	2.39		355
831037.OC	华力兴	2014-08-29	民营企业	广东	材料	5 150	1.21	2.22		351
430247.OC	金日创	2013-07-22	民营企业	北京	工业	1 976	0.44	0.90		351
831234.OC	天辰股份	2014-10-28	民营企业	山东	工业	3 150	1.08	1.79		350
832670.OC	数亮科技	2015-06-25	民营企业	浙江	信息技术	550	0.11	0.17		350
832416.OC	华美精陶	2015-05-08	民营企业	山东	材料	7 756	0.88	1.13		345
430368.OC	明波通信	2014-01-24	民营企业	上海	信息技术	1 090	0.34	0.41		342
430335.OC	华韩整形	2013-11-06	民营企业	北京	医疗保健	7 076	0.77	1.44		335

附录2 新三板挂牌企业融资信息表（2014－2015）

续表

证券代码	证券简称	上市日期	公司属性	省份	行业	总股本（万股）	净资产（亿元）	总资产（亿元）	定向增发融资（万元）	
									2014年	2015年
830793.OC	阿拉丁	2014-06-12	民营企业	上海	材料	3 511	1.59	1.88		325
831604.OC	世纪网通	2015-01-08	民营企业	广东	信息技术	1 176	0.22	0.38		325
831490.OC	成电光信	2014-12-10	民营企业	四川	信息技术	2 310	0.29	0.31	324	
832762.OC	大洋信息	2015-07-16	民营企业	广东	信息技术	3 220	0.36	0.68		322
430461.OC	视威科技	2014-01-24	民营企业	江苏	信息技术	3 240	0.45	0.51	322	
832048.OC	三艾广告	2015-03-05	民营企业	江苏	可选消费	647	0.07	0.14		315
832562.OC	盈嘉科技	2015-07-01	民营企业	广东	信息技术	2 187	0.25	0.38		309
831493.OC	赛特传媒	2014-12-10	民营企业	福建	信息技术	1 598	0.39	0.47	308	
832644.OC	固泰新材	2015-06-19	民营企业	江苏	工业	762	0.08	0.15		301
830810.OC	广东羚光	2014-06-19	地方国企	广东	材料	5 110	0.73	1.32		300
830928.OC	康定电子	2014-08-05	民营企业	广东	工业	2 750	0.70	1.07		300
831553.OC	陕中科	2014-12-31	民营企业	陕西	工业	4 700	0.62	0.95		300
430080.OC	尚水股份	2011-03-01	民营企业	北京	信息技术	2 316	0.32	0.59	300	
430585.OC	中矿微星	2014-01-24	民营企业	江苏	信息技术	1 680	0.20	0.22	300	
831027.OC	兴致科技	2014-08-22	民营企业	北京	信息技术	1 150	0.15	0.16	300	
831368.OC	阳光电通	2014-11-26	民营企业	新疆	工业	1 200	0.07	0.12	300	
831512.OC	环创科技	2014-12-16	民营企业	福建	工业	562	0.17	0.29		300
832744.OC	瑞风协同	2015-07-15	民营企业	北京	信息技术	5 085	0.86	1.11		298
832927.OC	顶峰影业	2015-07-23	民营企业	浙江	可选消费	1 115	0.26	0.65		288
833041.OC	网信机电	2015-08-25	民营企业	湖北	工业	2 140	0.33	0.58		280
831605.OC	奔速电梯	2014-12-30	民营企业	山东	工业	5 470	0.83	1.35		276
831751.OC	虎符通信	2015-01-22	民营企业	上海	信息技术	1 200	0.58	0.71		276
430522.OC	超弦科技	2014-01-24	民营企业	湖南	信息技术	2 200	0.79	0.86		264
830911.OC	标榜新材	2014-08-08	民营企业	江苏	可选消费	7 200	1.64	3.47		260
832376.OC	天原药业	2015-05-06	民营企业	河北	医疗保健	4 900	0.58	1.64		250
430608.OC	奇维科技	2014-01-24	民营企业	陕西	信息技术	4 600	0.73	1.07	250	
831883.OC	嘉翼精机	2015-01-27	民营企业	江苏	工业	1 928	0.29	0.74		250
430569.OC	安尔发	2014-01-24	民营企业	广东	信息技术	550	0.15	0.53		250
831630.OC	博安达	2015-01-09	民营企业	广东	信息技术	1 100	0.04	0.33		250
831224.OC	沈氏节能	2014-10-23	民营企业	浙江	工业	1 598	0.37	0.74		250
831962.OC	尚慧能源	2015-02-13	民营企业	江苏	信息技术	4 000	0.53	1.64		239
830924.OC	星龙科技	2014-08-13	民营企业	广东	信息技术	1 100	0.22	0.25	237	
430091.OC	东方生态	2011-06-23	民营企业	北京	公用事业	2 666	0.43	0.95	234	
831722.OC	阿迪克	2015-01-27	民营企业	湖北	工业	3 452	0.43	0.89		234
831973.OC	善为影业	2015-02-10	民营企业	广东	信息技术	632	0.14	0.19		233
430761.OC	升禾环保	2014-05-30	民营企业	广西	工业	1 020	0.21	0.52		230

续表

证券代码	证券简称	上市日期	公司属性	省份	行业	总股本（万股）	净资产（亿元）	总资产（亿元）	定向增发融资（万元）	
									2014年	2015年
831551.OC	世纪合辉	2014-12-19	民营企业	北京	医疗保健	627	0.08	0.19		225
831864.OC	华夏未来	2015-01-27	民营企业	北京	信息技术	1 100	0.17	0.38		220
430648.OC	群雁信息	2014-02-14	民营企业	上海	信息技术	1 197	0.14	0.22	211	
430576.OC	泰信电子	2014-01-24	民营企业	山东	信息技术	1 629	0.17	0.24		206
831802.OC	智华信	2015-01-15	民营企业	北京	信息技术	1 220	0.08	0.25		206
831136.OC	颖元股份	2014-09-30	民营企业	安徽	可选消费	4 880	0.54	1.23	200	
831957.OC	晨宇电气	2015-02-10	民营企业	山东	工业	5 100	0.49	1.60		200
831443.OC	黑美人	2014-12-08	民营企业	湖南	日常消费	2 440	0.38	0.65		200
430267.OC	盛世光明	2013-07-18	民营企业	北京	信息技术	1 350	0.13	0.39		200
430474.OC	恒裕灯饰	2014-01-24	民营企业	广东	可选消费	1 025	0.19	0.37	200	
831059.OC	霍斯通	2014-08-15	外资企业	广东	工业	3 125	0.41	0.79	200	
430642.OC	映翰通	2014-02-18	民营企业	北京	信息技术	3 150	0.43	0.69	183	
831291.OC	恒博科技	2014-11-06	民营企业	河南	公用事业	1 340	0.20	0.57		180
832030.OC	皆悦传媒	2015-03-13	民营企业	上海	可选消费	1 680	0.18	0.40		180
430071.OC	首都在线	2010-08-02	民营企业	北京	信息技术	7 843	1.33	1.98	168	
831228.OC	夏阳检测	2014-10-23	民营企业	安徽	工业	1 947	0.33	0.52		163
430391.OC	万特电气	2014-01-24	民营企业	河南	工业	2 273	0.87	1.37		162
831094.OC	光大灵曦	2014-08-19	民营企业	四川	信息技术	1 040	0.17	0.24		152
831015.OC	小白龙	2014-08-14	民营企业	广东	可选消费	4 310	1.17	1.69	150	
430560.OC	西部泰力	2014-01-24	民营企业	四川	工业	2 700	0.38	0.75	150	
832967.OC	利达发展	2015-08-14	民营企业	山东	工业	4 030	0.50	0.66		150
430329.OC	百林通信	2013-10-15	民营企业	上海	信息技术	1 726	0.18	0.33	150	
831539.OC	国网自控	2015-01-06	民营企业	江苏	工业	1 250	0.08	0.13		150
831394.OC	南麟电子	2014-12-25	民营企业	上海	信息技术	1 268	0.42	0.71	142	
830959.OC	爱珂照明	2014-08-13	民营企业	浙江	信息技术	1 070	0.13	0.28		140
831475.OC	春晖智控	2014-12-16	民营企业	浙江	能源	5 194	1.91	4.32		134
430377.OC	海格物流	2014-01-24	民营企业	广东	工业	5 169	3.22	6.97	128	
430336.OC	皇冠幕墙	2013-11-06	民营企业	天津	工业	5 540	0.72	1.88	125	
430185.OC	普瑞物联	2012-12-28	民营企业	北京	信息技术	800	0.04	0.09	120	
832353.OC	益泰药业	2015-04-22	民营企业	湖北	医疗保健	8 619	0.97	2.84		119
430442.OC	华昊电器	2014-01-24	民营企业	江苏	工业	1 390	0.20	0.52	117	
832355.OC	动脉智能	2015-05-08	民营企业	山东	信息技术	1 240	0.13	0.50		115
832016.OC	奥伦德	2015-02-16	民营企业	广东	信息技术	7 050	2.05	3.37		110
832232.OC	正全股份	2015-04-16	民营企业	广东	信息技术	1 089	0.13	0.14		105
430627.OC	ST页游	2014-01-24	民营企业	四川	信息技术	1 034	-0.04	0.16	102	
430689.OC	摩登百货	2014-04-15	民营企业	广东	可选消费	4 600	0.09	1.44		100

附录2 新三板挂牌企业融资信息表（2014-2015）

续表

证券代码	证券简称	上市日期	公司属性	省份	行业	总股本（万股）	净资产（亿元）	总资产（亿元）	定向增发融资（万元）	
									2014年	2015年
832182.OC	欧好光电	2015-04-14	民营企业	上海	工业	2 100	0.34	0.40		100
832086.OC	现在支付	2015-03-09	民营企业	北京	信息技术	1 050	0.29	0.36		100
832879.OC	开瑞物流	2015-07-20	民营企业	山东	工业	1 100	0.11	0.28		100
830915.OC	味群食品	2014-08-06	外资企业	河北	日常消费	8 130	1.21	2.39		100
430678.OC	蓝波绿建	2014-04-09	民营企业	广东	工业	6 002	2.27	7.62		99
430563.OC	华宇股份	2014-01-24	民营企业	江西	信息技术	880	0.05	0.12		96
832209.OC	新比克斯	2015-04-09	民营企业	广东	工业	2 753	0.40	0.44		96
831422.OC	奥根科技	2014-12-03	民营企业	重庆	信息技术	1 078	0.18	0.35		95
430234.OC	翼捷股份	2013-07-02	公众企业	上海	信息技术	1 236	0.43	0.58	90	
831418.OC	三合盛	2014-12-05	民营企业	山西	工业	1 260	0.15	0.24		90
831879.OC	龙钇科技	2015-01-29	民营企业	江西	材料	5 490	1.02	1.96		84
430515.OC	麟龙股份	2014-01-24	民营企业	辽宁	信息技术	6 780	1.64	2.57		80
831114.OC	易销科技	2014-08-22	民营企业	上海	信息技术	1 442	0.85	1.04		70
832339.OC	远大宏略	2015-04-16	民营企业	北京	工业	560	0.08	0.08		60
430384.OC	宜达胜	2014-01-24	民营企业	上海	信息技术	750	0.14	0.38	58	
831756.OC	德高化成	2015-01-22	民营企业	天津	材料	435	0.04	0.06		53
833314.OC	中诚股份	2015-08-26	民营企业	北京	信息技术	538	0.04	0.13		46
830863.OC	瑞华天健	2014-07-22	民营企业	北京	信息技术	697	0.07	0.10	37	
831648.OC	盛景科技	2015-01-14	民营企业	江苏	信息技术	528	0.08	0.08		33
430333.OC	普康迪	2013-10-23	民营企业	北京	信息技术	1 105	0.13	0.33		30
430479.OC	网阔信息	2014-01-24	民营企业	四川	信息技术	3 059	0.67	0.82	26	
430691.OC	麦稻之星	2014-04-18	民营企业	安徽	工业	521	0.07	0.21	23	
430619.OC	格纳斯	2014-01-24	民营企业	四川	信息技术	4 082	0.56	1.19	20	
430307.OC	扬讯科技	2013-08-20	民营企业	上海	电信服务	4 513	1.26	1.34	14	